키르기즈어 회화

Кыргызча сщйлёшёбщз

이욱세

키르기즈어 회화

초판 2쇄 인쇄 2018년 11월 8일
초판 2쇄 발행 2018년 11월 15일

지은이 이욱세
펴낸이 서덕일
펴낸곳 도서출판 문예림

등록번호 1962. 7. 12. 제 2-110호
주 소 경기도 파주시 회동길 366
전 화 02-499-1281~2 전송 02-499-1283

ISBN 978-89-7482-617-8 (13790)
값은 뒤표지에 있습니다.

잘못된 책은 구입하신 서점에서 교환해 드립니다.
이 책은 저작권법에 의해 보호를 받는 저작물이므로 무단전재와 복제를 금합니다.

머 리 말

  탈라스국립대학교에서 키르기즈 언어와 문학을 전공하면서, 키르기즈스탄을 방문하시는 한국인들과 한국을 방문하는 키르기즈인들을 위해서 간단한 회화 책을 만들게 되었습니다. 아무쪼록 이 작은 책이 양국 국민들이 서로 소통하는데 작은 도움이 되었으면 합니다. 마지막으로 문법적인 오류를 바로 잡아 주신 다이르(Д.О.Кенжебаев) 교수님에게 깊은 감사를 드립니다.

2010년 3월
이욱세

추천의 글

존경하는 독자 여러분! 여러분의 손에 있는 이 책은 주님의 은혜로 출판을 앞두고, 첫 발걸음을 내딛는 순간에 있습니다. 물론, 오늘과 같이 책으로 출판하기까지 이 책의 저자 이욱세는 (키르기즈어 이름: 울란 선생님) 끈질긴 노력과 수고, 키르기즈-한국 국민들 가운데에 있는 우호와 협력을 증진시키는데에 도움이 되고자 부단히 노력했습니다. 이 분야에서 이욱세 선생님은 역사적인 의무를 수행하고 있다고 해도 부족함이 없을 것입니다.

이 책에 관해서 말하자면, 위에서 밝힌 것처럼 한국뿐만 아니라 키르기즈스탄에서도 처음으로 출판하는 것입니다. 여기에는 두 언어를 배우는 사람들을 위해서 키르기즈어를 일반적인 생활에 많이 사용하는 문장과 대화의 예문들을 통해서 분명하면서도 쉽게 구성했습니다.
여러분들의 손에 있는 이 책이 미래에 키르기즈스탄와 대한민국의 우호와 협력을 위해서 조금이나 도움이 되리라 확신합니다. 이 책과 저자 이욱세 선생님에게 우리 주님의 축복을 빕니다!

탈라스 국립대학 언어학 조교수, 자연과학 및 교육학부 학장
겐제바엡 다이르벡 오룬베콥

일러두기

1. 본 회화 책은 키르기즈스탄을 방문하는 한국인들이 키르기즈스탄에서 <u>키르기즈인들과 기본적인 의사소통을 할 수 있도록 돕는 것</u>이 이 책의 목적이다. 이 회화 책의 구성과 특이점은 아래와 같다.
    1) **자주 사용하는 말들**: 키르기즈 회화에서 가장 많이 사용하는 대답들로 구성되어 있다.
    2) **테마회화**: 이 부분은 키르기즈스탄에서 경험할 수 있는 상황을 테마별로 구성해서 정리해 놓았다.
    3) **영역별 단어 정리**: 현지 사람들과 대화할 때 필요한 단어들을 영역별로 정리해서 구성해 놓았다.
    4) **주요 문형 회화**: 가장 일반적으로 많이 쓰이는 문장 형태 50개를 정리하여 간단한 대화와 예문들로 구성해 놓았다.
    5) **품사별 단어 정리**: 회화에 필요한 대명사, 형용사, 동사, 부사, 기능어를 중심으로 정리해 놓았다.

2. 대화는 현지에서 쓸 수 있는 일반적인 말들을 두 사람이 대화 하는 형식으로 구성되었다. 그리고 키르기즈어 밑에 한국어로 그 발음을 써 놓았다. 한국 사람이 보통 억양으로 써놓은 발음을 읽으면 키르기즈인들은 충분히 이해할 수 있다.

3. 한국을 방문하는 키르기즈인들에게도 한국에서 필요한 말들을 찾아서 사용할 수 있을 것이다. 그러나 이 회화책은 키르기즈스탄에 오시는 한국 분들을 일차적으로 고려해서 쓰여졌기 때문에 키르기즈 말에 한국어로 그 발음을 적어 놓았다.

키르키즈어 알파벳

문자	문자의 명칭	발음		관련 단어
		영어	한국어	
А а	а	a	아	**А**дам – 아담, **А**дил – 아딜
Б б	бэ	b	베	**Б**ала – 발라, **Б**ол – 볼
В в	вэ	w, v	*베	**В**агон – 바곤, **В**анна – 반나
Г г	гэ	g	게	**Г**азета – 가제타, **Г**щл – 궐
Д д	дэ	d	데	**Д**арбыз – 다르브즈, **Д**ан – 단
Е е	е(йе,э)	ye, e	예/에	**Е**пископ – 에피스콥
Ё ё	ё(йо)	yo	요	**Ё**лка – 욜카
Ж ж	же, дже	ǰ, ž	제	**Ж**аз – 자즈, **Ж**ука – 주카
З з	зэ	z	*제	**З**ал – 잘, **З**ым – 즘
И и	и	i	이	**И**лим – 일림, **И**шеним – 이쉐님
Й й	ий	y	*이	**Й**од – 이오드
К к	ка	k, g	카	**К**адам – 카담, **К**отор – 코토르
Л л	эл	l	엘	**Л**акап – 라캅, **Л**ифт – 리프트
М м	эм	m	엠	**М**ага – 마가, **М**окок – 모콕
Н н	эн	n	엔	**Н**ан – 난, **Н**уска - 누스카
Ъ ъ	ыъ	ŋ	응	О**ъ**ой – 옹오이, Да**ъ**ктоо – 당토
О о	о	o	오	**О**бон – 오본, **О**куя – 오쿠야
Ё ё	ё	ö	왜	**Ё**зён – 왜죈, **Ё**кщм – 왜큄
П п	пэ	p	페/뻬	**П**айда – 파이다, **П**очта – 뽀츠타
Р р	эр	r	*에르	**Р**адио – 라디오, **Р**оман – 로만

С с	эс	s	에스	Сакал – 사칼, Сом – 솜
Т т	тэ	t	테	Тайгак – 타이각, Так – 탁
У у	у	u	우	Узун – 우준, Уста – 우스타
Ү ү	ү	ü	위	Үзүм – 위쥠, Үкүч – 위퀴
Ф ф	эф	f	*에프	Фактор – 팍토르, Фокус – 포쿠스
Х х	ха	h	하	Халат – 할랕, Химия – 히미야
Ц ц	цэ	ts	*쩨	Цемент – 쩨멘트
Ч ч	чэ	č	체	Чабан – 차반, Чогуу – 초구
Ш ш	ша	š	*샤	Шамал – 샤말, Шор – 쇼르
Щ щ	ща	šš	*쌰	*키르기즈 말에는 없는 소리
ъ	ажыратуу белгиси			*분리해서 잃으라는 기호
Ы ы	ы	ï	으	Ыйла – 으일라, Ырда – 으르다
ь	ичкертщщ белгиси			*약하고 부드럽게 잃으라는 기호
Э э	э	æ	애	Эже – 애제, Эртеъ – 에르뗑
Ю ю	ю (йу)	ju	유	Юбка – 윱카, Юрист – 유리스트
Я я	я (йа)	ja	야	Ядро – 야드로, Январь – 얀바르

- 《*》 기호는 한국어에는 없는 발음이며, 비슷하게 발음할 수 있도록 한국어 발음 표기를 해 놓았습니다.
- 모음(14): а, э, о, ё, у, ү, ы, и(단모음 8개) аа, ээ, оо, ёё, уу, үү(장모음 6개)
- 자음(25): б, в, г, г(ы), д, ж, дж, з, й, к, к(ы), л, м, н, ъ, п, р, с, т, ф, х, ц, ч, ш, щ
- 모음문자(12): а, э, о, ё, у, ү, ы, и, я, ю, ё, е
- 자음문자(22): б, в, г, д, ж, з, й, к, л, м, н, ъ, п, р, с, т, ф, х, ц, ч, ш, щ

차례 (Мазмуну)

I. 자주 사용하는 말들 (Кеңири колдонулуучу сөздөр)

1. 키르기즈 사람들의 일반적인 이름 ... 12
   (Кыргыз адамдардын аттары)
2. 긍정적인 의미를 가진 대답 ... 12
   (Оң маанидеги жооптор)
3. 부정적인 의미를 가진 대답 ... 14
   (Терс маанидеги жооптор)
4. 미안하다고 말할 때 ... 15
   (Кечирим сураганда)
5. 감사 할 때 ... 16
   (Ыраазы болгондо)
6. 괜찮다고 말할 때 ... 16
   («Эч нерсе эмес», деп айтканда)
7. 어떤 것에 동의 하거나 찬성 할 때 ... 17
   (Бир нерсеге макул болгондо)
8. 누구를 환영하거나, 만나서 기쁠 때 ... 18
   (Бирөөнщ тосуп алганда, жолугуп кубанганда)
9. 축하한다는 말을 전할 때 ... 19
   (Куттуктаганда)
10. 추측, 대략의 의미로 말할 때 ... 19
    (Божомолдогондо)
11. 무엇을 필요로 할 때 ... 20
    (Бир нерсе керек болгондо)
12. 이해 정도를 물을 때 ... 21
    (Тщшщнщктөрдщ сураганда)
13. ~ 하는 것을 아십니까? 라는 질문의 대답으로 ... 22
    (Бир нерсени кылганды билесизби?)

II. 테마 회화 (Тема диалог)

1. 인사하기(Саламдашуу) ... 24
2. 소개하기(Ёзщмдщ тааныштыруу) ... 29
3. 만남(Жолугушуу) ... 31
4. 축하하기(Куттуктоо) ... 33
5. 새해/신년/설날(Жаъы жыл) ... 35
6. 안부 전하기(Салам айтуу) ... 37
7. 자기 소개하기(Ёзщм жёнщндё айтып берщщ) ... 38
8. 직업에 관하여(Кесип тууралуу) ... 45
9. 방문하기, 문안 드리기(Кабар алуу) ... 50
10. 약속하기(Убада кылуу) ... 52
11. 취미(Хобби) ... 57
12. 계절과 날씨(Жылдын мезгили жана аба-ырайы) ... 62
13. 건강과 질병(Ден-соолук жана оору) ... 82
14. 병원에서(Ооруканада) ... 89
15. 치과 의사와 함께(Тиш доктур менен) ... 95
16. 시간(Убакыт) ... 98
17. 요일의 명칭(Жумадагы кщндёрдщн аталашы) ... 105
18. 년,월,일(Жыл,ай,кщн) ... 111
19. 나이(Жаш) ... 115
20. 거리에서(Кёчёдё) ... 121
21. 택시(Такси) ... 126
22. 매점에서(Киоскада) ... 132
23. 물건 사기(Сатып алуу) ... 135
24. 모자 가게에서(Баш кийим дщкёнщндё) ... 141
25. 신발 가게에서(Бут кийим дщкёнщндё) ... 146
26. 옷 가게에서(Кийим кече дщкёнщ) ... 152
27. 이발소 / 미용실에서(Чач тарачта) ... 158
28. 우체국에서(Почтада) ... 160

29.	시계 가게에서(Саат дщкёнщндё)	...	164
30.	은행에서(Банкта)	...	168
31.	호텔에서(Мейманканада)	...	171
32.	식당에서(Ашканада)	...	179
33.	레스토랑에서(Ресторанда)	...	184
34.	식탁에서(Дастаркондо)	...	188
35.	사진관에서(Сщрёт канада)	...	193
36.	전화(Телефон)	...	197
37.	기차 여행(Поездеги саякат)	...	202
38.	항공 여행(Учактагы саякат)	...	208
39.	공항에서(Аэропортто)	...	213
40.	계절(Жыл мезгили)	...	220
41.	음악회에서(Концертте)	...	227
42.	춤(Бий)	...	232
43.	스포츠(Спорт)	...	235

Ⅲ. 영역별 단어 정리
(Сандык, мезгилдик, заттык тщшщнщктщ билдирген сёздёр)

1.	수 / 숫자(Эсептик сан)	...	242
2.	서수(Иреттик сан)	...	256
3.	월과 날짜(Ай жана айдын кщндёрщ)	...	260
4.	요일(Жуманын кщндёрщ)	...	264
5.	시간(Убакыт)	...	265
6.	계절(Жыл мезгили)	...	273
7.	가족, 친척을 부르는 명칭	...	275
	(Туугандык байланыштарды билдирщщчщ сёздёр)		
8.	사람 몸의 기관들(Адамдын дене мщчёлёрщ)	...	278
9.	병, 질병(Оору)	...	282
10	집을 구성하는 부분들의 명칭(Щй)	...	285
11.	집에 속한 물건들(Щй эмеректери)	...	287

12.	음식의 이름과 재료(Тамактын аты жана азык-тщлщк)	...	289
13.	과일, 열매(Мёмё жемиш)	...	292
14.	음료수(Суусундук)	...	294
15.	옷(Кийим)	...	295
16.	신발(Бут кийим)	...	297
17.	문구 용품(Концелярдык буюмдар)	...	298
18.	색깔(Тщс)	...	299
19.	교통수단(Транспорт / унаа)	...	301
20.	장소(Жай)	...	303
21.	야채(Жашылчалар)	...	306
22.	동물들(Айбандар)	...	307
23.	운동 / 스포츠(Спорт)	...	309

IV. 주요 문형 회화 (Маанилщщ формадагы сщйлёмдёр)

1. 이것은 무엇 입니까? ... 311
   Бул эмне?

2. 이분은 누구 입니까? ... 313
   Бул ким?

3. 당신은 지금 어디에 가십니까? ... 315
   Сиз азыр каякка барасыз?

4. 당신은 지금 어디에 있습니까? ... 318
   Сиз азыр кайдасыз?

5. 그는 당신이 떠난 후에 왔습니다. ... 321
   Ал сиз кеткенден кийин келди.

6. 당신은 어디에서 왔습니까? ... 324
   Сиз кайдан келдиъиз?

7. 당신은 오늘 저녁에 무엇을 하십니까? ... 327
   Сиз бщгщн кечинде эмне кыласыз?

8.	당신은 지금 무엇을 하고 싶습니까? Сиз азыр эмне кылгыъыз келет?	...	329
9.	이것은 무엇으로 만들었습니까? Бул эмнеден жасалды?	...	334
10	당신은 누구로부터 돈을 받았습니까? Сиз кимден акча алдыъыз?	...	337
11.	당신은 누구를 찾고 있습니까? Сиз кимди издеп жатасыз?	...	340
12.	당신은 무엇을 찾고 있습니까? Сиз эмнени издеп жатасыз?	...	343
13.	당신은 어느(어떤) 것을 원하십니까? Сиз кайсынысын каалайсыз?	...	346
14.	이것은 누구의 가방입니까? Бул кимдин сумкасы?	...	349
15.	뭘 좀 물어봐도 됩니까? Бир нерсе сурасам болобу?	...	352
16.	나는 오쉬에 가야(만) 합니다. Мен Ошко барышым керек.	...	355
17.	당신은 키르기즈 말을 할 수 있습니까? Сиз кыргызча сщйлёй аласызбы?	...	358
18.	당신은 이곳에 왜 왔습니까? Сиз бул жерге эмне щчщн келдиъиз?	...	361
19.	나는 아팠기 때문에 오지 못했습니다. Мен ооруп калгандыктан келе албадым.	...	364
20.	나는 보고 싶었기 때문에 왔습니다. Мен кёргщм келгендиктен келдим.	...	367

21.	나는 집에 가야(만) 하기 때문에 다른 곳에 갈 수 없습니다. Мен щйгё барышым керек болгондуктан башка жакка кете албайм.	...	370
22.	나는 할 수 있었기 때문에 했습니다. Мен кыла алгандыктан кылдым.	...	373
23.	나는 덥기 때문에 물에 들어갔습니다. Мен ысык болгондуктан сууга тщштщм.	...	376
24.	나는 당신에 대해서 말해 놓았습니다. Мен сиз жёнщндё айтып койдум.	...	379
25.	당신이 나에게 미리 말해 주면 좋을 텐데요. Сиз мага алдын ала айтып койсоъуз жакшы болмок.	...	382
26.	만약에 당신이 원하시면 나와 함께 가셔도 됩니다. Эгерде сиз кааласаъыз мени менен чогуу барсаъыз болот.	...	385
27.	만약에 시간이 있으면, 키르기즈어를 배우고 싶습니다. Эгерде бош убактым бар болсо, кыргызча щйрёнгщм келет.	...	388
28.	만약 그가 오지 않으면, 우리는 갈 수 없습니다. Эгер ал келбесе, биз бара албайбыз.	...	391
29.	네가 직접 일해 볼 때 알 거야. Сен ёзщъ иштеп кёргёндё билесиъ.	...	394
30.	당신은 집에 가고 싶을 때 나에게 말해 주세요. Сиз щйгё баргыъыз келгенде мага айтып коюъуз.	...	397
31.	너는 일해야만 될(할) 때 나를 찾아 오세요. Сен иштешиъ керек болгондо мага келесиъ.	...	400
32.	내일 날씨가 맑으면 좋을 텐데.	...	403

	Эртеъ кщн ачылса экен.		
33.	이 일을 끝낼 수 없을 때 누가 도와 주었니? Бул ишти бщтщрё албаганда ким жардам берди?	...	406
34.	너의 아이들을 위해서 술을 마시지 않으면 좋을 텐데. Балдарыъ щчщн арак ичпесеъ экен.	...	409
35.	나는 아무리 피곤해도, 회사에 가야만 합니다. Мен абдан чарчасам да, жумушка барышым керек.	...	412
36.	나는 아무리 노력해도, 나의 목적에 도달할 수 없습니다. Мен канчалык аракет кылсам да, максатыма жете албайм.	...	415
37.	나는 쉬고 싶어도, 참아야만 합니다. Мен эс алгым келсе да, чыдашым керек.	...	418
38.	그는 아직 오지 않았어요. Ал (али) келе элек.	...	421
39.	내가 말 할 게요. Мен айтайын.	...	424
40.	너는 오늘 집에 일찍 와. Сен бщгщн щйгё эрте келгин.	...	427
41.	당신의 집은 오쉬 시장보다 멉니까? Сиздин щйщъщз ош базарынан алыспы?	...	430
42.	이제부터는 당신과 이야기 하지 않겠습니다. Мындан ары сиз менен сщйлёшпёйм.	...	433
43.	당신은 언제부터 키르기즈어를 배우고 있습니까? Сиз качантан бери кыргыз тилин окуп жатасыз?	...	436

44.	당신은 언제부터 시작해서 이 집을 짓고 있습니까? Сиз качантан баштап бул щйдщ куруп жатасыз?	...	439
45.	너는 사과보다 복숭아를 더 좋아하니? Сен алмадан кёрё шабдалы жакшы кёрёсщьбщ?	...	442
46.	당신은 그와 알고 지낸 이후로 몇 년이 지났습니까? Сиз аны менен таанышкандан бери канча жыл ёттщ?	...	445
47.	너는 자는 것 외에 무엇을 아니? Сен уктагандан башка эмне билесиъ?	...	448
48.	지금 손님으로 올 사람이 있습니까? Азыр конокко келе турган адам барбы?	...	451
49.	이곳에 영어를 말할 수 있는 사람이 있습니까? Бул жерде англисче сщйлёй ала турган адам барбы?	...	454
50.	너는 학업을 마치고 나서 어떤 직업을 가지고 싶니? Сен окуу бщткёндён кийин кайсы кесипке ээ болгуъ келет?	...	457

V. 품사별 단어 정리 (Сёз тщркщмдёрщ боюнча)

i. 대명사(Ат атооч)

1.	주격 대명사(Жактама ат атооч)	...	461
2.	지시 대명사(Шилтеме ат атооч)	...	461
3.	의문 대명사(Сурама ат атооч)	...	462
4.	부정 대명사(Таъгыч ат атооч)	...	462
5.	범위를 분명하게 하는 대명사(Аныктама А.)	...	462
6.	명확하지 않음을 나타내는 대명사(Белгисиз ат атооч)	...	463

7. 대명사적인 성격의 단어들 ... 464

ii. 형용사(Сын атооч)

1. 사람의 성품과 성격을 나타내는 말 ... 465
   - Адамдык сапат жана мщнёздщ бил-дирген сёздёр
2. 어떤 사람인지를 나타내는 말 ... 470
   - Адамдын абалын билдирген сёздёр
3. 사물의 형태와 모양을 나타내는 말 ... 479
   - Заттардын формасын жана фигурасын билдирген сёздёр
4. 사물의 상태와 성질을 나타내는 말 ... 481
   - Заттардын абалын жана табиятын кёрсёткён сёздёр
5. 사물의 형태와 겉모습을 나타내는 말 ... 484
   - Заттардын сырткы кёрщнщщшщн билдирген сёздёр
6. 사물의 가치를 나타내는 말 ... 486
   - Заттардын баасын билдирген сёздёр
7. 맛, 날씨, 온도를 나타내는 말 ... 488
   - даам, аба ырайы, температураны билдирген сёздёр
8. 시간, 계절과 관계된 말 ... 491
   - Убакыт, мезгилди билдирген сёздёр
9. 사물의 위치와 거리를 나타내는 말 ... 494
   - Заттардын жайгашкан ордун жана аралыгын билдирген сёздёр

iii. 동사(Этиш)

1. 사람의 몸과 관계된 동사 ... 496
   - Дене мщчёлёргё байланыштуу этиштер
2. 감정을 나타내는 동사 ... 517
   - Сезимди билдирген этиштер

3. 많이 사용하는 재귀 동사 ... 522
   - Кёп колдонуучу ёздщк мамиледеги этиштер
4. 행위의 시작이 누구인지 불분명한 동사 ... 526
   - Туюк мамиледеги этиштер
5. 행위가 누구 또는 무엇을 통해서 이루어 지게 하는 동사 ... 530
   - Аркылуу мамиледеги этиштер

iv. 부사(тактооч)
   1. 시간을 나타내는 말 ... 540
      (Мезгилди билдирген сёздёр)
   2. 장소를 나타내는 말 ... 546
      (Орунду билдирген сёздёр)
   3. 수량을 나타내는 말 ... 548
      (Сан-ёлчёмдщ билдирген сёздёр)
   4. 상태, 성질를 나타내는 말 ... 550
      (Сын-сыпатты билдирген сёздёр)

v. 기능어(Кызматчы сёздёр)
   1. 접속사, 관계사, 전치사 ... 560
      (Жандооч жана байламталар)

I. 자주 사용하는 말들

(Кеңири колдонулуучу сөздөр)

I. Кеңири колдонулуучу сөздөр
(자주 사용하는 말들)

1. 키르기즈 사람들의 일반적인 이름
(Кыргыз адамдардын аттары)

Нурлан (байке)	누를란 '바이께'	Назгүл (эже)	나즈굴 '에제'
Кубан	쿠반	Нургүл	누르굴
Мирбек	미르벡	Алтынай	알튼아이
Мирлан	미를란	Гулайым	굴라임
Азамат	아자맛	Толкун	톨쿤
Адилет	아딜렡	Чолпон	촐폰
Улан	울란	Назира	나지라
Темирбек	테미르벡	Асел	아셀

✎ 바이께와 에제는 키르기즈 말에서 가장 일반적으로 쓰는 존칭으로 선생님, - 씨, 아저씨, 아주머니, 여사 등의 의미를 가진다. 그리고 자기 형제에 대하여 형, 오빠 / 누나, 언니 등의 의미도 함께 가진다. 친구 또는 어린 사람에게는 그냥 이름을 부른다.

2. 긍정적인 의미를 가진 대답
(Оң маанидеги жооптор)

Ооба.

오바

네.

Жакшы.

작쓰

좋습니다, 좋아요.

Албетте.

알벳때
물론입니다, 물론이죠, 물론이예요, 당연합니다, 당연하죠.

Туура. / Туптуура.

투-라   톱투라
맞습니다, 맞아요. / 정말(완전히) 맞습니다.

Мен да ошентип ойлойм.

멘   다 오센팁   오이로임
나도 그렇게 생각합니다(생각해요).

Шексиз, (Кубан келет.)

섹시즈   쿠반   겔렡
틀림없이, (쿠반은 옵니다.)

Сөзсүз, (мен барам.)

쇠즈쉬즈   멘   바람
반드시, 나는 갑니다.

Чындыгында, (ал Бишкекке келди.)

츤드근다   알 비쉬켁케   겔디
정말로(진짜로), 그는 비쉬켁에 왔습니다.

Мен билем.

멘   빌렘
나는 압니다(알아요).

3. 부정적인 의미를 가진 대답
(Терс маанидеги жооптор)

Жок.
족
아니오, 아니예요, 없어요.

Жакшы эмес.
작쓰   에메스
좋지 않습니다. (좋지 않아요)

Мен антип ойлобойм.
멘   안팁   오이로보임
나는 그렇게 생각하지 않습니다(않아요).

Болбойт.
볼보잍
안됩니다.

Болбойт го!
볼보잍   고
안될 것 같은데요! (안되는데요!)

Мындай болбойт.
믄다이   볼보잍
이렇게는 안됩니다(안되요).

Мен билбейм.
멘   빌베임

나는 모릅니다(몰라요).

Андай эмес.

안다이 에메스
그런 것이 아닙니다. 그것이 아니예요.

Кайгылуу иш!

카이글루- 이쉬
슬픈 일입니다.

4. 미안하다고 말할 때
  (Кечирим сураганда)

Кечиресиз.

게치레시즈
미안합니다(미안해요), 용서해 주십시오(주세요).

Кечирим сураым.

게치립   수라임
미안합니다 / 용서를 구합니다.

Кечирип коюңуз.

게치립   코윰우즈
용서해 주십시요, 용서해 주세요.

Кечириңиз.

게치링이즈
용서하세요.

5. 감사 할 때
(Ыраазы болгондо)

Рахмат.
라흐맡
감사합니다, 고맙습니다.

Рахмат, ыраазымын.
라흐맡   으라-즈믄
감사합니다. 만족합니다, 고마워요, 감사해요

Чоң рахмат.
총   라흐맡
대단히 감사합니다(감사해요).

Сиздин кең пейилдигиңизге рахмат.
시즈딘 켕 페이링이즈게   라흐맡
당신의 관대함에 감사합니다.

Сиз аябай ак көңүлсүз.
시즈 아야바이 악 꾕윌쉬즈
당신은 무척(정말) 친절하십니다(친절해요).

6. 괜찮다고 말할 때
(«Эч нерсе эмес», деп айтканда)

Эч нерсе эмес. / Эчтеке эмес
에츠 네르세 에메스   에츠테케 에메스
괜찮습니다, 괜찮아요, 아무것도 아닙니다(아니에요).

Жакшы!
작쓰
좋습니다.

Мен үчүн баары бир! = Мага баары бир.
멘   위췬   바-르   비르   마가   바-르   비르
나에게는 모든 것이 동일합니다, 나에게는 상관없습니다.

7. 어떤 것에 동의 하거나 찬성 할 때
(Бир нерсеге макул болгондо)

Ооба, макулмун.
오바   마쿨문
네, 동의(찬성)합니다.

Макул!
마쿨
좋습니다, 동의합니다, 찬성합니다.

Өз каалоом менен.
외즈 카알로옴   메넨
자신의 소원을 따라, 내가 원해서

Өз ыктыярым менен.
외즈 윽트야름   메넨
자원함으로, 자율적으로

Кабыл алам.
카블   알람

인정합니다, 받아 들입니다.

8. 누구를 환영하거나, 만나서 기쁠 때
   (Бирөөнү тосуп алганда, жолугуп кубанганда)

Кош келиңиз.
코쉬 겔링이즈
어서 오세요, 환영합니다(환영해요).

Кабар алганыңызга рахмат.
카바르 알가능으즈가   라흐맡
방문해 주셔서 감사합니다. / 저의 안부를 물어 주셔서 감사합니다.

Келгениңизге рахмат.
겔게닝이즈게   라흐맡
와 주셔서 감사합니다.

Келгениңизге кубанычтамын.
겔겐닝이즈게   쿠바느츠타믄
와 주셔서 기쁩니다.

(Сиз менен) Жолукканыма кубанычтамын.
시즈 메넨   졸룩카늠마   쿠바느츠타믄
(나는 당신과) 만나서 반갑습니다.

Чакырганыңыз үчүн рахмат.
차크르가능으즈   위췬 라흐맡
초청해 주셔서 감사합니다.

Жакшы келдиңиз.
잭쓰   겔딩이즈
잘 오셨습니다.

9. 축하한다는 말을 전할 때
(Кутуктаганда)

Куттуктайм.
꾸뚝타임
축하합니다.

Тулган күнүңүз менен (куттуктайм).
툴간   귀넝위즈   메넨   꾸뚝타임
생일 축하합니다.

Майрамыңыз менен (куттуктайм).
마이라뭉으즈   메넨   꾸뚝타임
명절(기념일)을 축하합니다.

Кыздуу(Балалуу) болушуңуз менен куттуктайм.
크즈두-   발라루-   볼고눙우즈   메넨   꾸뚝타임
득녀(득남)를 축하 드립니다.

10. 추측, 대략의 의미로 말할 때
(Божомолдогондо)

Балким, (мен барам.)
발킴   멘   바람
어쩌면[혹시,아마도], (나는 갑니다.)

Мүмкүн, (ал келет.)
뮴퀸   알 겔렡
가능하면[어쩌면,아마도], 그는 올 것입니다.(옵니다, 올거예요)

(Ошто калышым да) **ыктымал.**
오쉬토 칼르씀   다 윽트말
어쩌면 오쉬에 남을 수도 있습니다.

Болжол менен 10 адам келди.
볼졸   메넨   온 아담 겔리쉬티
약[대략] 10명 (정도) 왔습니다.

Жамгыр жаайт **окшойт.**
잠그르   자-일   옥쇼일
비가 올 것 같습니다.

11. 무엇을 필요로 할 때
   (Бир нерсе керек болгондо)

Мен базарга барышым **керек.**
멘   바자르가   바르씀   케렉
나는 시장에 가야만 합니다.

(Акча) **керек!**
   악차 케렉
(돈이) 필요합니다.

Окуучулар эс алууга **тийиш.**
오쿠-추라르   에스 알루가   티이쉬
학생들은 쉬어야만 합니다.

12. 이해 정도를 물을 때
(Түшүнүктөрдү сураганда)

Менин сөзүмдү түшүндүңүзбү?
메닌   쇠쥼뒤   튀쉰딍위즈븨
나의 말을 이해했어요(이해 하셨어요)?

(Сиз) түшүндүңүзбү? / (Сиз) түшүндүңүз беле?
시즈 튀쉰딍위즈븨   시즈 튀쉰딍위즈   벨레
(당신은) 이해했어요(이해 하셨어요)?

Ооба, түшүндүм.
오바   튀쉰듐
네, 이해했습니다(이해했어요).

Ооба, мен жакшы түшүндүм.
오바 멘   작쓰   튀쉰듐
네, 나는 잘 이해했습니다(이해했어요).

Жок, түшүнгөн жокмун.
족   튀쉰괸   족문
아니(요), (나는) 이해하지 못했습니다.

Жок, мен такыр(таптакыр) түшүнгөн жокмун.
족   멘   타크르 탑타크르   튀쉰괸   족문
아니(요), (나는) 전혀(완전히) 이해하지 못했습니다.

Жок, сиздин сөзүңүздү түшүнө алган жокмун.
족   시즈딘   쇠죙위즈뒤   튀쉬뇌 알간   족문
아니(요), 당신의 말을 이해하지 못했습니다(못했어요).

Жок, сизди түшүнө алган жокмун.
족   시즈디 튀쉬뇌   알간   족문
아니(요), 당신을 이해하지 못했습니다(못했어요).

Жок.
족
(이해하지) 못했습니다.

13. ~하는 것을 아십니까? 라는 질문의 대답으로
(Бир нерсени кылганды билесизби?)

Корейче сүйлөгөндү билесизби?
코레이체   쉬이뢰귄뒤   빌레시즈비
한국어로 말하는 것을 아십니까(알아요)?

Бир аз.
비르 아즈
조금 (할 줄 압니다)

Мен аябай жакшы сүйлөйм.
멘   아야바이 작쓰   쉬이뢰임
나는 매우 잘 말합니다(말해요).

Мен жакшы кыла алам.
멘   작쓰   클라   알람
나는 잘 할 수 있습니다.

Мен жакшы билем.
멘   작쓰   빌렘
나는 잘 압니다.

II. 테마 회화

(Тема диалог)

1. Саламдашуу
(인사하기)

☺ 예제 1

Кубан: Саламатсызбы?
　　　　 살라맛스즈브
　　　　 안녕하세요?

다른 표현들 {

　　　　 Кутмандуу таңыңыз менен!
　　　　 쿠트만두-　　탕응으즈　　메넨
　　　　 좋은 아침입니다! 좋은 아침 되세요!

　　　　 Кутмандуу күнүңүз менен!
　　　　 쿠트만두-　　귀넝위즈　 메넨
　　　　 정말 좋은 날입니다! 좋은 하루 되세요!

　　　　 Кутмандуу кечиңиз менен!
　　　　 쿠트만두-　　게칭이즈　 메넨
　　　　 좋은 저녁입니다! 좋은 저녁 되세요!

　　　　 Түнүңүз бейпил болсун!
　　　　 뒤넝위즈　　베이필　 볼순
　　　　 좋은 밤 되세요! 평안한 밤 되세요!

}

　　　　　　● 좋은 = 즐거운, 기쁜

Миргүл: Саламатчылык.
　　　　　살라맛츨륵
　　　　　안녕하세요? (항상 Саламатсызбы? 인사의 답으로 한다.)

Кубан: Ден-соолугуңуз кандай?
　　　　 덴 솔-루궁우즈　　칸다이
　　　　 건강은 어떠세요?

-24-

Миргүл: Жакшы.
작쓰
좋아요.

(Оорточо. / Жакшы эмес. / Жаман. / Жаман эмес.)
오르토초 작쓰 에메스 자만 자만 에메스
(보통이에요. / 안좋아요. / 나빠요. / 나쁘지 않아요.)

> 다양한 대답

Сиздин ден-соолугуңуз кандай?
시즈딘 덴 솔-루궁우즈 칸다이
당신의 건강은 어떠세요?

Кубан: Түзүк, жаман эмес.
튀쥑, 자만 에메스
괜찮아요, 나쁘지 않아요.

☺ 예제 2

Кубан: Ассалом алейкум?
아쌀롬 알레이쿰
안녕하세요? (무슬림들이 하는 인사)

Улан: Алейкум ассалом.
알레이쿰 아쌀롬
안녕하세요? (항상 Ассалом алейкум?의 답으로 한다.)

Кубан: Кандай турасыз?
칸다이 투라스즈

어떻게 지내세요?

лан: **Жакшы! Рахмат. Өзүңүзчү?**
작쓰! 라흐맡 외정위즈춰
좋아요(잘 지내요.) 고마워요. 당신은요?

Кубан: **Жакшы эле. Кайдан келе жатасыз?**
작쓰 엘레 카이단 겔레 자타스즈
좋아요. 어디에서 오고 있어요?

Улан: **Дүкөндөн келе жатам.**
뒤퀸된 겔레 자탐
상점(가게)에서 오고 있어요.

Сиз каякка бара жатасыз?
시즈 카약카 바라 자타스즈
당신은 어디에 가고 있어요?

Кубан: **Мен үйгө бара жатам.**
멘 위괴 바라 자탐
나는 집에 가고 있어요.

Улан: **Жакшы барыңыз.**
작쓰 바릉으즈
잘 가세요.

Кубан: **Көрүшкөнчө! Дүйшөмбүдө дагы жоолугабыз.**
괴뤼쉬퀸쳐   뒤이쉼뷔되   다그 졸루-가브즈
또 만나요! 월요일에 또 만나요.

☺ 예제 3

Кубан: Кандай? / Кандайсың? / Кандайсыз?
         칸다이   칸다이승   칸다이스즈
         어때요? / (너는) 어때(잘 지내니)? / (당신은) 어떻세요

Улан: Жаман эмес! Өзүңүзчү?
         자만   에메스   외정위즈춰
         나쁘지 않아요! 당신은요?

Кубан: Мен жакшы эмес, анткени ооруп жатам.
         멘   아브단   자만   안트케니   오룹   자탐
         나는 매우 나쁩니다. 왜냐하면 아프기 때문입니다.

Улан: Кайсы жериңиз ооруп жатат?
         카이스   제렁이즈   오룹   자탈
         어느 곳이(어디가) 아픕니까?

Кубан: Менин ичим катуу ооруп жатат.
         메닌   이침   카투   오-룹   자탈
         나의 배가 심하게 아픕니다.

Улан: Менде жакшы дары бар, сизге берейинби?
         멘데   작쓰   다르   바르 시즈게   베레인비
         나에게 좋은 약이 있는데, 당신에게 드릴까요?

Кубан: Мен ичтим. Чоң рахмат!
         멘   이츠팀   총   라흐맡
         나는 먹었습니다. 대단히 감사합니다.

-27-

☺ 예제 4

Кубан: **Иштериңиз кандай?**
이쉬테링이즈 칸다이
(당신의) 일들은 어떻습니까?

Улан: **(Иштерим) Жакшы.**
(이쉬테림) 작쓰
(나의 일들은) 좋습니다.

Кубан: **Жаңы баштаган ишиңиз кандай болуп жатат?**
장으   바쉬탈간   이셩이즈 칸다이 볼륩   자탈
새로 시작한 (당신의) 일은 어떻게 되고 있습니까?

Улан: **Акырындык менен жакшы боло баштады.**
아크른득   메넨   작쓰   볼로 바쉬타드
조금씩(천천히) 잘 되고 있습니다.

Кубан: **Жардам керекпи?**
자르담   케렉피?
도움이 필요합니까?

Улан: **Азырынча кереги жок, качан жардам керек болгондо айтам.**
아즈른차   케레기   족   가찬   자르담   케렉
볼곤도   아이탐
아직은 필요 없습니다, 언제 도움이 필요하면 말하겠습니다.

Кубан: **Жашы, мейлиңиз!**
작쓰   메일링이즈
좋습니다, (그럼 안녕히!, 잘가요, 잘 있어요!)

2. Өзүн тааныштыруу
(자신을 소개하기)

Кубан: Атыңыз ким?
아뚱으즈 킴
이름이 뭐예요?

Улан: Менин атым Улан.
메닌   아뜸   울란
저의 이름은 울란이에요.

Кубан: Жоолукканыма(таанышканыма) кубанычтамын.
졸룩카느마   (타-느쉬카느마)   쿠바느츠타믄
만나서(알게 돼서) 반가워요.

Өзүмдү тааныштырып кетейин.
외쥠뒤   타-느쉬트드릅   겥때인
저를 소개 할게요.

Мен Кубанмын.
멘   쿠반믄
저는 쿠반입니다.

Улан: Мен дагы таанышканыма кубанычтамын.
멘   다그   타-느쉬카느마   쿠바느츠타믄
저도 알게 돼서 기쁩니다.

Кубан: Сиз ким болуп иштейсиз.
시즈 킴   볼룹   이쉬테이시즈

당신의 직업은 무엇입니까?

Улан: **Мен куруучу болуп иштейм, а сизчи?**
멘 쿠루추 볼룹 이쉬테임 아 시즈치
저는 건설 기술자로 일합니다. 그런데 당신은요?

Кубан: **Мен студентмин.**
멘 스투덴트민
저는 학생입니다.

Улан: **Адистигиңиз боюнча кимсиз?**
아디싱이즈 보윤차 킴시즈
당신의 전공은 무엇입니까?

Кубан: **Юридикалык факультетте окуйм.**
유리디칼륵 파쿨텔테 오꾸임
저는 법대에서 공부합니다.

Улан: **Менин ата-энем мугалим болуп иштейт.**
메닌 아타-에넴 무갈림 볼룹 이쉬테이트
저의 부모님은 선생님으로 일합니다.

3. ЖОЛУГУШУУ
(만남)

Кубан: **Сиз менен жоолукканыма аябай кубанычтамын.**
시즈 메넨 졸-룩카느마 아야바이 쿠바느츠타믄
당신과 만나게 돼서 매우 기쁩니다.

Улан: **Мен дагы.**
멘 다그
저도요.

Кубан: **Парктан жоолугушуу мен үчүн аябай ыңгайлуу, сизгечи?**
파륵탄 졸루구슈- 멘 위췬 아야바이 응가이루-
시즈게치
공원에서 만나는 것이 저에게는 매우 편합니다. 당신은요?

Улан: **Ооба, анткени паркта аба таза, тынч жана салкын.**
오-바 안트케니 파륵타 아바 타자 튼츠 자나
살큰
네, 왜냐하면 공원은 공기가 깨끗하고, 조용하고, 시원해요.

Кубан: **Менин үйүм да паркка жакын.**
메닌 위윔 다 파륵카 자큰
나의 집도 공원에서 가까워요.

Улан: **Менин үйүм парктан аябай алыс.**
메닌 위윔 파륵탄 아야바이 알르스
나의 집은 공원에서 매우 멀어요.

Кубан: **Сиздин убактыңызды алган жокмунбу?**
시즈딘 우박틍으즈드 알간 족문부
(제가) 당신의 시간을 뺏지는 않았는지요?

Улан: **Жок, эч нерсе эмес, бир аз убактым бар.**
족 에츠 네르세 에메스 비르 아즈 우박틈 바르
아니요, 괜찮아요. 시간이 조금 있어요.

Кубан: **Кийинкиде менин үйүмдөн жолуксак кандай?**
기인키데 메닌 위윔된 졸룩삭 칸다이
다음에는 나의 집에서 만나면 어떨까요?

Улан: **Макул.**
마쿨
좋아요.

Кубан: **Анда мейли, көрүшкөнчө!**
안다 메일리 괴뤼쉬퀸최
그래요. 다음에 또 만나요.

4. Куттуктоо
(축하하기)

Кубан: **Туулган күнүңүз менен куттуктайм!**
툴간 귀뉭위즈 메넨 쿠뚝타임!
생일 축하합니다.

Улан: **Чоң рахмат.**
총 라흐맡
대단히 감사합니다.

Кубан: **Бул белек сиз үчүн.**
불 벨렉 시즈 위췬
이 선물은 당신을 위한 것입니다.

Улан: **Ой! Эң сонун белек го! Мага абдан жакты, ыраазымын.**
오이 엥 소눈 벨렉 고 마가 아브단 작뜨 으라-즈믄
오! 정말 좋은 선물이군요! 진짜, 내 마음에 들어요. 고마워요!

Кубан: **Сизге каалоо айтып кетейин, Сизге ийгилик, бакыт, жакшы нерселерди каалайм.**
시즈게 칼로- 아이틉 겥테인 시즈게 이길릭
바큩 작쓰 네르세레르디 칼-라임
당신을 위해서 소망하는 말(축하의 말)을 하고 갈게요. 당신의 (모든 일이) 형통하고, 행복하고, 좋은 것들을 소망합니다.

Улан: **Каалоңузга рахмат! келиңиз чогуу тамактаналы.**
카알롱우즈가 라흐맡 겔링이즈 초구- 타막타날르
축하의 말(당신이 소망한 말)에 감사합니다! 와서 함께 음식을 먹어요.

Кубан: Оо тамак абдан даамдуу болуптур!
오 타막 아브단 다-암두 볼룹투르
오, 음식이 정말로 맛있군요.

Улан: Бул тортту өзүм бышырдым, ооз тийиңиз.
불 토르투 외쥠 브셔르듬 오-즈 티잉이즈
이 케익은 제가 만들었어요. 맛 보세요.

Кубан: Оо, торт тамактан да даамдуу болуптур, аябай тойдум.
오 토르트 타막탄 다 다-암부 볼룹투르 아야바이 토이둠
오, 케익은 음식보다 더 맛있군요. 아주 배 불러요.

Улан: Дагы алыңыз!
다그 알릉으즈
더 드세요.

Кубан: Рахмат, туулган күнүңүз көңүлдүү улансын, жакшы калыңыз.
라흐맡 투울간 귀넝위즈 쾽월듸- 울란슨 작쓰 칼릉으즈
고마워요. (생일파티) 더욱 즐거운 시간이 되세요. 안녕히 계세요.

Улан: Куттуктап келгениңизге рахмат. Жакшы барыңыз.
쿠뚝탑 젤겐닝이즈게 라흐맡 작쓰 바룽으즈
축하하려 와 주셔서 감사해요. 안녕히 가세요.

5. Жаңы жыл

(새해 / 신년 / 설날)

Кубан: Жаңы жылыңыз менен куттуктайм.
장으 즐릉으즈 메넨 쿠뚝타임
새해 복 많이 받으세요.

Улан: Сиздин да жаңы жылыңыз менен.
시즈딘 다 장으 즐릉으즈 메넨
당신도 새해 복 많이 받으세요.

Кубан: Мен жаңы жылга сизге, ата-энеме жана бир туугандарыма белек даярдадым.
멘 장으 즐가 시즈게 아타-에네메 자나 비르
투우간다르마   벨렉 다야르다듬
저는 새해를 맞이해서 당신과 부모님과 친척들에게 선물을 준비했습니다.

Улан: Мен да сизге, досторума жана үй-бүлөмө белек даярдадым.
멘 다 시즈게 도스토루마 자나 위이-뷜뢰뫼 벨렉
다야르다듬
저도 당신에게, 친구들과 가족들에게 선물을 준비했습니다.

Кубан: Ичин ачып көрсөң болот.
이친 아츕 괴르쇵 볼롵
열어 보셔도 돼요.

Улан: Оой, кандай сонун! Мен мындай чоң белекти күткөн эмесмин.
오이 칸다이 소눈 멘 믄다이 총 벨렉티
퀴트쾬 에메스민
오, 정말 좋아요! 저는 이런 큰 선물은 생각하지 못했는데요.

Кубан: Өткөн жыл сиз үчүн кандай өттү?
외트퀸 즐   시즈 위췬 칸다이 외뛰
지난해에 당신은 어떻게 지냈어요?

Улан: Баардык максатым ишке ашты. Мен үчүн ийгиликтүү жыл болду.
바-르득   막살뜸   이쉬케   아쉬드   멘   위췬
이길릭뛰-   즐   볼두
계획한 모든 일이 다 성취됐어요. 나에게는 아주 형통한 해였어요.

Кубан: Менин бардык максатым ишке ашкан жок.
메닌   바르득   막살뜸   이쉬케 아쉬칸   족
나의 모든 계획(목적)은 이루어지지 않았어요.

Улан: Эч нерсе эмес! Жаңы жылда максатыңыз ишке ашышын каалайм.
에츠 네르세 에메스   장으   즐다   막살뚱으즈   이쉬케
아셔쓴   칼-라임
괜찮아요! 새해에는 당신의 계획들이 이루어지기를 희망해요.

Кубан: Сизге да бакыт каалайм.
시즈게 다 바큰   칼-라임
당신도 복 많이 받으세요.

6. Салам айтуу
(안부 전하기)

Улан: **Ата-энеңизге салам айтып коюңуз.**
아타-에넹이즈게 살람 아이튭 코юңуз
(당신의) 부모님에게 안부를 전해주세요.

Атаңызга салам айтып коюңуз.
아땅으즈가 살람 아이튭 코юңуз
(당신의) 아버님에게 안부를 전해 주세요.

Апаңызга салам айтып коюңуз.
아빵으즈가 살람 아이튭 코юңуз
(당신의) 어머님에게 안부를 전해 주세요.

Туугандарыңызга салам айтып коюңуз.
투-간다릉으즈가 살람 아이튭 코юңуз
(당신의) 친척들에게 안부를 전해 주세요.

Кошуналарыңызга салам айтып коюңуз.
코슈나라릉으즈가 살람 아이튭 코юңуз
(당신의) 이웃들에게 안부를 전해 주세요.

Үй-бүлөңүздүн бардыгына салам айтып коюңуз.
위이-뷜뵁위즈뒨 바르드그나 살람 아이튭 코юңуз
(당신의) 가족과 모두에게 안부를 전해 주세요.

Балдарыңыздын бетинен өөп коюңуз.
발다릉으즈든 베띠넨 외엡 코юңуз
(당신의) 아이들의 뺨에 뽀뽀해 주세요.

7. Өзүм жөнүндө айтып берүү
(자기 소개하기)

Алмаз: **Сиздин атыңыз ким?**
시즈딘   아뚱으즈 킴
당신의 이름은 무엇입니까?

Суни: **Менин атым Суни.Сиздин атыңыз ким?**
메닌   아뜸   수니   시즈딘   아뚱으즈   킴
저의 이름은 알튼아이. 당신의 이름은 무엇입니까?

Алмаз: **Менин атым Алмаз.**
메닌   아뜸   알마스
나의 이름은 알마스입니다.

Суни: **Сиздин фамилияңыз ким?**
시즈딘   파밀리양으즈   킴
당신의 성은 무엇입니까?

Алмаз: **Менин фамилиям Ибраимов. Сиздин аты жөнүңүз ким?**
메닌   파밀리얌   이브라이몹   시즈딘   아뜨 죄넝위즈 킴
나의 성은 이브라이몹입니다. 당신의 이름은 무엇입니까?

Суни: **Аты жөнүм Ким Суни.**
아뜨 죄넘   킴   수니
나의 이름은 킴 수니입니다.

Алмаз: **Сиз каяктан келдиңиз?**
시즈 카얏탄   겔딩이즈
당신은 어디에서 왔습니까?

-38-

Суни: Мен Кореядан келдим. Сиз каэрде жашайсыз?
멘 코레야단 겔딤 시즈 카에르데 쟈샤이스즈
저는 한국에서 왔습니다. 당신은 어디에 사십니까?

Алмаз: Мен Ошто жашайм. Сизчи?
멘 오쉬토 쟈샤임 시즈치
저는 오쉬에 삽니다. 당신은요?

Суни: Мен Сеулда жашайм.
멘 세울다 쟈샤임
저는 서울에 삽니다.

Алмаз: Сеул Кореянын борборубу?
세울 코레야는 보르보루부
서울은 한국의 수도입니까?

Суни: Ооба, туура. Сизчи? Оштун борборунда жашайсызбы?
오바 투라 시즈치 오쉬툰 보르보룬다 쟈샤이스즈브
네, 맞아요. 당신은요? 오쉬의 중심가에 사십니까?

Алмаз: Ооба, мен Оштун борборунда жашайм.
오바 멘 오쉬툰 보루보룬다 쟈샤임
네, 저는 오쉬의 중심가에 삽니다.

Суни: Ош чоң шаарбы же кичинекей шаарбы?
오쉬 총 샤르브 제 키치네케이 샤르브
오쉬는 큰 도시입니까? 아니면 작은 도시입니까?

Алмаз: Ош чоң шаар.
오쉬 총 샤르
오쉬는 큰 도시입니다.

Суни: **Кандай улуттар жашайт?**
칸다이 울툴따르 자샤일
어떤 민족(종족)들이 삽니까?

Алмаз: **Орус, өзбек, уйгур, тажик, жана башка ар кандай улуттар жашайт.**
오루스 외즈벡 우이구르 타직 자나 바쉬카 아르 칸다이
울툴따르 자샤일
러시아, 우즈벡, 위구르, 타직 등 다양한 민족들이 삽니다.

Шаардын 60%(процент)ти өзбек, 33%ти кыргыз, калгандары башка аз сандагы улуттар.
샤아르든 알트므쉬 프로젠띠 외즈벡, 오투즈위취 프로젠띠 크르그즈
칼간다르 바쉬카 아즈 산다그 울툴따르
도시의 60%는 우즈벡, 33%는 키르기즈, 나머지는 다른 소수 민족들입니다.

Суни: **Сиздин улутуңуз кыргызбы?**
시즈딘 울툴뚱우즈 크르그즈브
당신의 민족은 키르기즈입니까?

Алмаз: **Ооба, кыргызмын.**
오-바 크르그즈믄
네, 키르기즈인입니다.

(Жок аралаш, атам кыргыз апам орус.)
족 아랄라쉬 아땀 크르그즈 아빰 오루스
(아니예요, 혼혈입니다. 아버지는 키르기즈인이고 어머니는 러시아인입니다.)

Сиздин улутуңуз ким?
시즈딘 울툴뚱우즈 킴
당신의 민족은 무엇입니까?

Суни: **Менин улутум корейц. Алмаз байке сиз үй-бүлөлүүсүзбү?**
메닌 울룰뚬 카레이쯔 알마스 바이께 시즈 위이
뷜뵈뷔.쉬즈뷔
나의 민족은 한국인입니다. 알마즈 씨(선생님) 당신은
가정이 있으십니까?

Алмаз: **Жок бойдокмун. Сизчи?**
족 보이독문 시즈치
아니에요. 미혼입니다. 당신은요?

Суни: **Ооба, үй-бүлөлүүмүн. Эки кыз бир балам бар.**
오.바 위이뷜뵈뷔.뮨 에끼 크즈 비르 발람 바르
네, 저는 가정이 있습니다. 두 딸과 한 아들이 있습니다.

Алмаз: **Жолдошуңуз каерде иштейт?**
죨도슈우즈 카에르데 이쉬테잍
당신의 남편은 어디에서 일합니까?

Суни: **Жолдошум кол телефон компаниясын башкарып жатат. Сиз канча бир туугансыз?**
죨도슘 콜 텔레폰 콤빠니야슨 바쉬카릅
자탈 시즈 칸차 비르 투.간스즈
저의남편은 이동통신회사를 경영하고 있습니다. 당신의
가족은 몇입니까?

Алмаз: **Беш бир туугамбыз, эки бала үч кыз. Мен эң улуусумун, калгандары мектепке барышат.**
베쉬 비르 투.간브즈 에끼 발라 위치 크즈 멘 엥
총문 칼간다르 멕텝케 바르샽
(우리는) 다섯 형제입니다. 두 아들과 셋 딸입니다. 저는
장남입니다. 나머지는 학교에 다닙니다.

Суни: **Ата-энеңиз барбы?**
아땅 에넹이즈 바르브
부모님은 계세요?

-41-

Алмаз: Ооба бар, алар айылда жашашат.
오-바 바르 알라르 아일다   자샤일
네, 계세요. 그분들은 시골에 사세요.

Суни: Каерде иштешет?
카에르데 이쉬테일
어디에서 일하세요?

Алмаз: Алар пенсияда. Суни эже Кореядан келгениңиз-ге канча болду?
알라르 뻰시야다   수니 에제 코레야단   곌게닝이즈
게 칸차   볼두
그분들은 은퇴하셔서 쉬고 계십니다. 수니 씨(선생님)
한국에서 오신지 얼마나 됐어요?

Суни: Он күн болду, бирок мен бир айга эле келгенмин.
온 귄 볼두   비록 멘 비르 아이가 엘레
곌겐민
10일 됐어요. 그러나 저는 한달 계획으로 왔습니다.

Алмаз: Сизге биздин жер жактыбы?
시즈게 비즈딘   제르 작뜨브
당신에게 우리의 땅이 좋았어요(마음에 듭니까)?

Суни: Ооба жакты, абасы жана суусу таза экен. Адамдар да ак көңүл, меймандос экен.
오바   작뜨   아바스   자나 수-수   타자 에켄
아담다르   다 악 꿩월   메이만도스   에켄
네, 좋았어요. 공기와 물이 깨끗해요. 사람들도 친절하고, 손님 대접을 매우 잘해 주세요.

Алмаз: Сиз жакта аба-ырайы кандай болуп турат?
시즈 작타   아바 으라이으 칸다이   볼룹   투랕
당신이 사는 곳의 날씨는 어때요?

Суни: **Жайында абдан ысык жана жамгыр көп жаайт.**
자-인다 아브단 으슥 자나 잠그르 쾹 자-일
여름에는 매우 덥고 비가 많이 내립니다.

Алмаз: **Акыркы учурларда бизде да аба-ырайы ар кандай. Кээде суук, кээде ысык.**
아크르크 우추르라르다 비즈데 다 아바 으라이으 아르
칸다이   게-데   수욱 게-데 으쓱
최근에는 우리 (나라의) 기후가 다양해 졌습니다. 어떤 때에는 춥고, 어떤 때에는 덥습니다.

Суни: **Алмаз сиз аябай кичи пейил адам экенсиз, сиз менен таанышып маектешкениме кубанычтуумун.**
알마스   시즈 아야바이 키치   페일   아담   에켄시즈   시즈
메넨   타-느씁   마엑테쉬케님에   쿠바느츠투-문
알마즈 당신은 매우 공손한 사람이군요. 당신과 만나 이야기하게 되어서 기쁩니다.

Алмаз: **Мен дагы, эстелике чогуу сүрөткө түшсөк болобу?**
멘   다그   에스텔릭케 초구 쉬뤹쾨 튀쉬쇡
볼로부
저도 마찬가지입니다. 추억으로 함께 사진을 찍어도 되겠습니까?

Суни: **Албетте, эстелик үчүн жакшы болот да.**
알볱떼   에스텔릭 위췬 작쓰   볼롵   다
물론입니다. 추억을 위해서 좋아요.

Алмаз: **Почта аркылуу сүрөтүңүздү сөзсүз жөнөтүп жиберем.**
뽀츠타   아를클루 쉬뤹뚱위즈뒤   쇠즈쉬즈   죄뇌튑
지베렘
우편으로 사진을 꼭 보내 드리겠습니다.

Суни: **Анда жакшы болот.**
안다 작쓰 볼롣
그러면 좋겠군요.

Алмаз: **Бул менин үйүмдүн дареги, бул телефон номерим. Сөзсүз телефон чалып туруңуз.**
불 메닌 위윔뒨 다레기 불 텔레폰
노메림 쇠즈쉬즈 텔레폰 찰릅 투룽우즈
이것은 저의 집 주소입니다. 이것은 전화번호입니다. 꼭 전화해 주세요.

Суни: **Чоң рахмат! Телефон чалып сүйлөшүп туралы. Кийинки жылы үй-бүлөм менен келем.**
총 라흐맡 텔레폰 찰릅 쉴뢰쉽 투랄르
키인끼 즐르 위뷜룀 메넨 겔렘
매우 감사합니다. 우리 전화 합시다. 내년에 가족과 함께 오겠습니다.

Алмаз: **Анда аябай жакшы болот.**
안다 아야바이 작쓰 볼롣
그러면 정말로 좋겠습니다.

Менин үйүмө келип конок болуп кетиңиздер.
메닌 위윔외 겔립 코뇩 볼룹 켙띵이즈데르
나의 집에 손님으로 오셨다가세요.

Суни: **Көрүшкөнчө! Жакшы калыңыз!**
쾨뤼쉬퀸최 작쓰 칼릉으즈
또 만나요. 안녕히 계세요.

Алмаз: **Жакшы барыңыз!**
작쓰 바릉으즈
안녕히 가세요.

8. Кесип тууралуу

(직업에 관하여)

Улан: **Сиз каерде иштейсиз?**
시즈 카에르데 이쉬테이시즈
당신은 어디에서 일하십니까?

Сиздин кесибиңиз кайсы? 또는 (- ким)?
시즈딘 게시빙이즈   카이스   킴
당신의 직업은 무엇입니까?

Мен үйдө балдарымды карайм.
멘   위이되 발다름드   카라임
나는 집에서 아이들을 키웁니다(돌봅니다).

Мен пенсиядамын.
멘   펜시야다믄
나는 은퇴하여 쉬고있습니다. / 나는 연금 생활자입니다.

Мен жер иштетем. / Мен дыйканмын.
멘   제르 이쉬테템   멘   드이칸믄
나는 경작을 합니다. / 나는 농부입니다.

Мен кароолчу болуп иштейм.
멘   카로올추   볼롭   이쉬테임
나는 경비원으로 일합니다.

Мен компанияда(*ишканада*) иштейм.
멘   콤빠니야다   이쉬카나다   이쉬테임
나는 컴퍼니에서(회사에서) 일합니다.

Мен банкирмин.
멘   방키르민
나는 은행원입니다.

Мен прокурормун.
멘   프라쿠로르문
나는 검사입니다.

Мен китепканада иштейм.
멘   기텝카나다   이쉬테임
나는 도서관에서 일합니다.

Мен профессормун.
멘   쁘로페소르문
나는 교수입니다.

Мен инженермин.
멘   인지네르민
나는 기술자입니다.

Мен студентмин.
멘   스투덴트민
나는 학생입니다.

Мен компьютер боюнча программистмин.
멘   캄퓨테르   보윤차   프로그라미스트민
나는 컴퓨터 프로그래머입니다.

Мен мугалиммин.
멘   무갈림민
나는 선생님입니다.

Мен куруучумун.
멘   쿠루추문
나는 건설 기술자입니다.

Мен дүкөндө сатуучумун.
멘   뒤쾬되   사투-추문
나는 상점원입니다.

Мен жыйындын койчусумун.
멘   즈인든   코이추수문
나는 교회의 목사입니다.

Мен айдоочумун.
멘   아이도-추문
나는 운전사입니다.

Мен юристмин.
멘   유리스트민
나는 변호사입니다.

Мен врачмын.
멘   브라츠믄
나는 의사입니다.

Мен жазуучумун.
멘   자주추-문
나는 작가입니다.

Мен актермун.
멘   악툐르문
나는 배우입니다.

-47-

Мен бизнесменмин.
멘   비즈네스멘민
나는 사업가입니다.

Мен мал доктурмун.
멘   말   독투르문
나는 수의사입니다.

Мен саясатчымын.
멘   사야살츠믄
나는 정치가입니다.

Мен тигγγчγмγн.
멘   티귀.취민
나는 재봉사입니다.

Мен музыкантмын.
멘   무즈칸트믄
나는 음악가입니다.

Мен ырчымын. (- бийчимин.)
멘   으르츠믄   비이치민
나는 가수입니다. (댄서입니다)

Мен сγрөтчγмγн.
멘   쉬릴취민
나는 화가입니다.

Мен койчумун.
멘   쿄이추문
나는 목동(양치기)입니다.

-48-

Мен спортсменмин.
멘   스뽀롤스멘민
나는 스포츠맨입니다.

Мен журналистмин.
멘   주르날리스트민
나는 기자입니다.

Мен бухгалтермин.
멘   부갈테르민
나는 회계사입니다.

Мен котормочумун.
멘   코토르모추문
나는 통역가입니다.

Мен иштебейм.
멘   이쉬테베임
나는 일하지 않습니다. / 나는 실업자입니다.

9. Кабар алуу

(방문하기, 문안 드리기)

Рахат: **Мирлан байке үйдөбү?**
미르란 바이께 위이되뷔
미르란 씨(선생님) 집에 계세요?

Бектур: **Ооба, үйдө . / (жок, үйдө жок)**
오-바 위이되 족 위이되 족
네, 집에 계세요. / (아니오, 집에 안 계세요)

Рахат: **Мирлан байкеге жолуксам болобу?**
미르란 바이께게 졸룩삼 볼로부
밀란 씨(선생님)와 만나도 될까요?

Бектур: **Ооба. / (Жок, ал чыгып кетти.)**
오-바 족 알 츠급 껱띠
네. / (아니오, 그는 나갔어요. 외출했어요)

Сиз атыңызды айтып коюңузчу.
시즈 아뚱으즈드 아이틉 코윰우즈추
당신의 이름을 말해 주시겠어요.

Рахат: **Менин атым Рахат.**
메닌 아뜸 라핟
저의 이름은 라핟입니다.

Бектур: **Визит картаңызды алсам болобу?**
비짙 카르탕으즈드 알삼 볼로부
명함을 받아도 될까요?

Анткени ал азыр үйдө болгону менен колу бош болбогондуктан, сизге жолуга албайт.
안트케니   알 아즈르 위되 볼고누   메넨   콜루 보쉬
볼보곤둑탄   시즈게 졸루가 알바일
왜냐하면 그는 지금 집에 있지만 시간이 없기 때문에
(바쁘기 때문에) 당신을 만날 수 없습니다.

Эртең ал бош болот.
에르땡 알 보쉬 볼롵
내일 그는 시간이 있습니다.

Рахат: **Анда эртең дагы келейин.**
안다   에르땡 다그   곌레인
그러면 내일 다시 오겠습니다.

Бектур: **Жакшы барыңыз.**
작쓰   바릉으즈
안녕히 가세요.

Рахат: **Макул.**
마쿨
네.

10. Убада кылуу
(약속하기)

Кубан: Эртең саат тогузда жолуксак болобу?
에르뗑 사알 토구즈다 죱룩삭 볼로부
우리 내일 9시에 만나도 될까요?

Улан: Эртең менин убакытым жок.
에르뗑 메닌 우박톰 족
저는 내일 시간이 없습니다.

Кубан: Анда бүрсүгүнү жолугалы.
안다 뷔르쉬귀뉘 죱루갈르
그러면 모래 만나지요.

Улан: Жакшы. Мен бошмун. Саат канчада?
작쓰 멘 보쉬문 사알 칸차다
좋아요. 저는 시간이 있어요. 몇 시에 (만날까요?)

Кубан: Саат тогуз же ондо. Кечикпей келиңиз.
사알 토구즈 제 온도 게칙빼이 젤링이즈
9시 또는 10시에 (만나지요). 늦지 않게 오세요.

Улан: Кечикпей келем деп убада кылам.
게칙빼이 젤렘 덥 우바다 끌람
늦지 않게 오겠다고 약속하겠습니다.

Кубан: Биринчи телефон чалып келиңиз.
비린치 텔레폰 찰릅 젤링이즈
먼저 전화하고 오세요.

| Улан: | Алло? Бул Кубан байкеби?
| | 알로 불 쿠반 바이께비
| | 여보세요. 당신은 쿠반 씨(선생님)예요.

| Кубан: | Ооба мен, келе бериңиз. Эгерде мен жок болсом
| | бир аз күтө туруңуз.
| | 오바 멘 겔레 베링이즈 에게르데 멘 족 볼솜
| | 비르 아즈 귀퇴 투룽우즈
| | 네, 접니다. 와 주세요. 만약에 제가 없다면 조금 기다려 주세요.

| Улан: | Макул.
| | 마쿨
| | 네 알겠습니다.

| Кубан: | Кириңиз(또는 Өтүңүз). Бул жака келиңиз
| | 키링이즈   외뚱위즈   불 작카 겔링이즈
| | 들어 오세요. 이쪽으로 오세요.

| Улан: | Күттүрүп койгонума кечирим сурайм.
| | 귀뛰륍 코이고눔마 게치림 수라임
| | 기다리게 해서 미안해요(죄송합니다.)

| Кубан: | Беш мүнөт кечиктиңиз эч нерсе эмес. Отуруңуз
| | 베쉬 뮈뇝 게치띵이즈 에츠 네르세 에메스 오뚜룽우즈
| | 5분 늦었어요. 괜찮아요. 앉으세요.

| Улан: | Рахмат!
| | 라흐맡
| | 고맙습니다.

| Кубан: | Кече үйдө жок болгонума кечирим сурайм.
| | 게체 위이되 족 볼고눔마 게치림   수라임
| | 어제 집에 없어서 미안합니다. ('또는' 용서를 구합니다.)

Улан: Азыр тосколдук кылган жокмунбу?
아즈르 토스콜둑   클간   족문부
지금 (제가) 방해가 되지 않았나요.

Кубан: Жок. / Бир аз эле.
족   비르 아즈 엘레
아니예요. / 조금요.

Улан: Сизге жумуштап келдим.
시즈게 주무쉬탑   겔딤
당신에게 부탁이 있어 찾아 왔습니다.

Кубан: Өзүңүздүн үйүңүздө отургандай ыңгайлуу сезиңиз. (또는 отуруңуз). Айта бериңиз.
외정위즈된   위윙위즈되 오두르간다이   응가이루-   세징
이즈   오뚜룽우즈 아이타 베링이즈
당신 집과 같이 편하게 여기세요. (앉으세요). 말해 주세요.

Улан: Сиз Талант менен таанышсызбы?
시즈 탈라트   메넨   타-느쉬스즈브
당신은 탈란트와 아시는 사이세요.

Кубан: Ооба, ал менин тааныштарымдын бири.
오-바 알 메닌   타-느쉬타름든   비리
네, 그는 제가 알고 지내는 사람들 중의 한 사람입니다.

* Ал менин жолдошторумдун бири.
알 메닌   졸도쉬토룸둔   비리
그는 제 친구들 중의 한 사람입니다

Улан: Менин Талант байкеге сунуш катым бар эле, мени сунуш кылып коюңузчу.
메닌   탈란트 바이께게 수누쉬   카틈   바르 엘레
메니 수누쉬 클릅   코윰우즈추

-54-

탈란트 씨(선생님)에게 나의 추천서가 있습니다. 저를 추천해 주시겠어요.

Кубан: **Баардык кызматыңызга даярмын.**
바르득   크즈맡뚱으즈가   다야르믄
(당신의) 모든 일(업무)에 준비가 되어 있습니다.

Мен колумдан келишинче жардам бере алам.
멘   콜룸단   켈리쉰체   자르담   베레   알람
저는 능력이 닿는데 까지 도와 줄 수 있습니다.

Улан: **Мындай жардам күткөн эмесмин.**
믄다이   자르담   귀트쾬   에메스민
이런 도움은 생각하지도 못했습니다.

Сиздин кең пейилдигиңизге рахмат.
시즈딘   켕   페일디깅이즈게   라흐맡
당신의 친절함에 감사합니다.

Кубан: **Анда эртең чогуу баралы.**
안다   에르뗑   초구   바랄르
그러면 내일 함께 갑시다.

Улан: **Сизге тоскоол болгонума кечирим сурайм. Эми, кетишим керек.**
시즈게   토스콜   볼고눔마   게치림   수라임   에미
게티쉼   케렉
당신에게 방해가 되어서 미안합니다. 이제 가야 합니다.

Шашылбаңыз, келиңиз бир аз болсо да, дагы сүйлөшөлү.
샤슬방으즈   켈링이즈   비르   아즈   볼소   다   다그
쉬이뢰쉴뤼

서두르지 마세요. 오셔서 조금이라도 더 우리 이야기를 하지요.

Улан: Рахмат бирок, тилеке каршы, көпкө чейин боло албаймын
라흐맡 비록 틸렉케 카르스 꼽쾨 체인 볼로 알바이믄
고맙습니다. 그러나 유감스럽게도 오랫동안 있을 수 없습니다.

Кубан: Эмнеге мынчалык шашылып жатасыз?
엠네게 믄차륵 샤슐릅 자타스즈
왜 이렇게 서두르시고 계세요?

Улан: Анткени бүгүн түштөн кийин таанышымдын үйүнөн кабар алышым керек.
안트케니 뷔귄 뛰쉬퇸 기인 타-느쉼믄 위이뇐 카바르 알르씀 케렉
왜냐하면 오늘 오후에 제가 알고 지내는 분의 집을 방문해야만 해요.

Кубан: Эгерде андай болсо, сизди кармабайын.
에게르데 안다이 볼소 시즈디 카르마바이은
(만약에) 그러시다면 당신을 잡지 않겠어요.

Улан: Жакшы калыңыз. Эртеңкиге чейин.
작스 칼릉으즈 에르뗑끼게 체인
안녕히 계세요. 내일 또 만나요.

Кубан: Макул, дагы көрүшөбүз.
마쿨 다그 꾀뤼쉬뷔즈
네, 또 만나요.

11. Хобби
(취미)

Акмат: Сиздин хоббиңиз(또는 *кызыккан нерсеңиз*) эмне?
시즈딘 호빙이즈 크즈칸 네르셍이즈 엠네
당신의 취미(흥미.관심 있는 것)는 무엇입니까?

Аида: Менин хоббим китеп окуу. Сиз эмнени жакшы көрөсүз?
메닌 호빔 기텝 오꾸 시즈 엠네니 작쓰 괴뢰쉬즈
저의 취미는 독서입니다. 당신은 무엇을 좋아합니까?

Акмат: Мен ырдаганды бийлегенди, театрга барганды жактырам.
멘 으르다간드 빌레겐디 테아트르가 바르간드 작뜨람
저는 노래 하는 것을, 춤을 추는 것을, 극장에 가는 것을 좋아합니다.

Аида: Сиз баарынан эмнени жактырасыз?
시즈 바-르난 엠네니 작뜨라스즈
당신은 모든 것 중에서 무엇을 좋아 하십니까?

Акмат: Баарынанбы? Мен баардыгынан бийлегенди жактырам.
바-르난브 멘 바-르드그난 빌-레겐디 작뜨람
모든 것 중에서요? 저는 모든 것 중에서 춤 추는 것을 좋아합니다.

Аида: Сиз бош убакта эмне кыласыз?
시즈 보쉬 우박타 엠네 클라스즈
당신은 여가 시간에 무엇을 하십니까?

Акмат: Бош убакта теннис ойнойм, телевизор көрөм.
보쉬 우박타 테니스 오이노임 텔레비조르 괴룀
여가 시간에 테니스를 치고, 텔레비전을 봅니다.

Дагы эмнеге кызыгасыз?
다그 엠네게 크즈가스즈
또 무엇에 관심이 있으십니까?

Аида: Компьютерге киного кызыгам.
콤퓨테르게 키노고 크즈감
컴퓨터와 영화에 관심이 있습니다.

Сиздин иниңиз эмнеге кызыгат?
시즈딘 이닝이즈 엠네게 크즈갇
당신은 남동생은 무엇에 관심이 있습니까?

Акмат: Менин иним спортко кызыгат.
메닌 이님 스포르트코 크즈갇
나의 남동생은 스포츠에 관심이 있습니다.

Аида: Спорттун кайсы түрүнө кызыгат?
스포르튼 카이스 튀뤼뇌 크즈갇
어떤 스포츠에 관심이 있습니까?

Акмат: Футболго кызыгат.
풋볼고 크즈갇
축구에 관심이 있습니다.

Аида:	**Футбол боюнча мелдештерге барабы?**
	풋볼 보윤차 멜데쉬테르게 바라브
	축구 경기에 참여 합니까?
Акмат:	**Албетте, быйыл алардын командасы 1-орунду алды.**
	알볟떼 브일 알라르든 카만다스 비린치 오룬두 알드
	물론입니다, 올해 그들의 팀은 1 등을 했습니다.
Аида:	**Оо! Жакшы жеңишке ээ болгон турбайбы.**
	오- 작쓰 젱이쉬케 에 볼곤 투르바이브
	오! 대단한 승리를 했군요.
Акмат:	**Сизге жакпаган нерсе барбы?**
	시즈게 작빠간 네르세 바르브
	당신이 싫어하는 것이 있습니까?
Аида:	**Ооба, бар.**
	오-바 바르
	네, 있습니다.
	Спорт боюнча айтсам, сууда сүзгөндү жактырбайм.
	스포를 보윤차 아일삼 수-다 쉬즈괸뒤 작뜨르바임
	스포츠 중에서 (말하면) 수영하는 것을 싫어합니다.
Акмат:	**Эмнеге? Сүзгөндү билбейсизби?**
	엠네게 쉬즈괸뒤 빌베이시즈비
	왜? 수영할 줄 모르십니까?

Аида: **Кичинемде чөгүп кеткенмин, ошондуктан корком.**
키치넴데 최귑 게트켄민   오숀둑탄   코르꼼
어렸을 때 (물에) 빠졌습니다. 그래서 무서워합니다.

Акмат: **Мага спорт түрлөрүнөн алыска секирүү жакпайт,**
마가 스포를 튀르뢰뤼넌   알르카 세키뤼- 작빠일
나는 스포츠 중에서 멀리 뛰기를 싫어합니다.

бир жолу бутумду тайып алганмын.
비르 졸루 부툼두   타입 알간믄
한 번 다리를 삐었었습니다.

Аида: **Азыр бутуңуз кандай?**
아즈르 부뚱우즈 칸다이
지금 (당신의) 다리는 어떻습니까?

Акмат: **Азыр жакшы, андан бери беш жыл өттү.**
아즈르 작쓰   안단 베리 베쉬 즐 외뛰
지금은 아무렇지도 않습니다. 그로부터 5년이 지났습니다.

Аида: **Тескерисинче, менин досума сууда сүзгөн жагат.**
테스케리신체   메닌 도수마 수-다 쉬즈괸 자갇
반대로, 나의 친구는 수영하는 것을 좋아합니다.

Акмат: **Менин агам да алыска секирүү боюнча машыктырат.**
메닌 아감 다 알르스카 세키뤼- 보윤차 마쓱뜨랕
나의 형도 멀리 뛰기를 연습(훈련)시킵니다.

Аида: Ой! Сизге жакпаган спорт менен агаңыз машыктыруучу турбайбы?
오이 시즈게 작빠깐 스포를 메넨 아강으즈 마쏙뜨루-추 투르바이브
오! 당신이 싫어하는 스포츠인데, (당신의) 형은 트레이너이군요!

Акмат: Сиз да акырындык менен сүзүп үйрөнсөңүз болот.
시즈 다 아크른득 메넨 쉬쩝 위륀쇵위즈 볼롣
당신도 천천히 수영을 배우시면 됩니다.

Аида: Ооба, азыр эжем экөөбүз чогуу барып жатабыз.
오-바 아즈르 에쪰 에꾀뷔즈 초구- 바릅 자타브즈
네, 지금 언니와 둘이 함께 다니고 있습니다.

Акмат: Жакшы. Ийгилик каалайм.
작쓰 이길릭 칼-라임
좋아요. 좋은 결과가 있기를 바래요.

Аида: Рахмат. Сизге да ийгилик каалайм.
라흐맡 시즈게 다 이길릭 칼-라임
고맙습니다. 당신에게도 좋은 결과가 있기를 바랍니다.

Сиз да этият болуңуз!
시즈 다 에티얕 볼룽우즈
당신도 조심하세요.

12. Жылдын мезгили жана аба-ырайы
(계절과 날씨)

Азамат: **Бүгүн аба-ырайы кандай?**
뷔귄   아바으라이으   칸다이
오늘 날씨가 어때요?

Аида: **Аба-ырайы эң сонун.**
아바으라이으   엥 소눈
날씨가 매우 좋아요.

다른 표현 - *

Күн чыгып жылуу, шамал жок. (*абдан суук)
귄   츠급   즐루   샤말   족   아브단 수욱
해가 떠서 따뜻하고, 바람이 없어요. (*매우 추워요)

Азат: **Аба-ырайы жакшыбы?**
아바으라이으   작쓰브
날씨가 좋아요?

Мира: **Аба-ырайы абдан жакшы. (*жаман).**
아바으라이으   아브단 작쓰   자만
날씨가 매우 좋아요. (*좋지 않아요)

Айта   албайм. Аба-ырайы туруктуу эмес.
아이타 알바임   아바으라이으 투룩투-   에메스
말 할 수 없어요(모르겠어요). / 날씨의 변화가 심해요.

Азат: **Эртең аба-ырайы кандай болушу мүмкүн?**
에르땡 아바으라이으   칸다이 볼루슈   뮴퀸

내일 날씨가 어떨 것 같아요?

Мира: Менимче жаман болот окшойт. (*Суук болот окшойт.)
메님체 자만 볼롯 옥쇼잍 수욱 볼롯 옥쇼잍
제 생각으로 안 좋을 것 같아요. (*추울 것 같아요)

Азат: Ооба, акыркы күндөрү аба-ырайы өзгөрүлүп жатат.
오-바 아크르크 귄되뤼 아바으라이으 외즈괴륄뤕 자탙
네, 최근에 날씨의 변화가 심해지고 있어요

Жаз мезгили(자즈 메즈길리: 봄)

Акмат: Сизге жаз мезгили жагабы?
시즈게 자즈 메즈길리 자가브
당신은 봄이 좋아요?

Аида: Ооба, жазында жер ойгонуп, чөптөр чыгып,
오-바 자즌다 제르 오이고눕 쵭퇴르 츠급
네, 봄은 땅이 깨어나고, 풀들이 나오고,

бак-дарактар гүлдөп, алыстан канаттуулар учуп келишет.
박 다락타르 귈뒵 알르스탄 카나뚜라르 우춥 겔리솉
나무들은 꽃이 피고, 멀리서 새들이 날아 옵니다.

-63-

Акмат: **Жазында кайсы гүл биринчи гүлдөйт?**
자즌다 카이스 궐 비린치 궐되잍
봄에 어떤 꽃이 가장 먼저 핍니까?

Аида: **Биринчи байчечекей гүлдөйт.**
비린치 바이체체케이 궐되잍
가장먼저 민들레 꽃이 핍니다.

Акмат: **Билесизби, кайсы канаттуу биринчи учуп келет?**
빌레시즈비 카이스 카낱뚜 비린치 우춥 젤렡
아세요? 어떤 새가 가장 먼저 날아오는지 (아세요)?

Аида: **Билем, биринчи чабалекей учуп келет.**
빌렘 비린치 차발레케이 우춥 젤렡
알아요. 가장먼저 제비가 날아 와요.

Акмат: **Туптуура. Жазында айлана жашылданып,**
툽투-라 자즌다 아이라나 자슬다늡
맞아요. 봄에는 주변이 푸르게 되고,

бактар гүлдөп бүчүр байлап, чымчыктар сайрап,
박타르 궐됩 뷔취르 바이랍 츰측타르 사이랍
나물들은 꽃과 잎들이 나오고, 새들은 지저귀고,

уйкусунан жер да ойгонот.
우이쿠수난 제르 다 오이고녿
자고 있는 땅도 깨어나요.

Аида: Дыйкандар да жерлерин айдашып, эгиндерин эге башташат.
드이칸다르 다 제르레린 아이다쉽 에긴데린 에게 바쉬타샫
농부들도 땅들(논밭)을 갈고, 곡물(농작물)들을 심기 시작해요.

Акмат: Ооба, жазында дыйкандар да ишке кирише башташат.
오-바 자즌다 드이칸다르 다 이쉬케 키리셰 바쉬타샫
네, 봄에는 농부들도 일터에 나가기 시작합니다.

Аида: Бүгүн эртең менен булут каптап турган, жакында жамгыр жаашы мүмкүн.
뷔귄 에르테 메넨 불룯 캅탑 투르간 자큰다 잠그르 자아쉬 뮴퀸
오늘 아침에 구름이 끼어서 곧 비가 올 것 같아요.

Акмат: Ой, эми эле жамгыр тамчылап жаап баштады.
오이, 에미 엘레 잠그르 탐츠랍 자압 바쉬타드
오, 바로 지금 비가 내리기 시작했어요.

* Жамгыр төгүп жаап жатат. / Жаан токтоду.
잠그르 퇴귑 자압 자탇 자안 톡토두
비가 쏟아지고 있어요. / 비가 멈추었어요.

Аида: Жаз мезгилинде жамгырдын бат-бат, кыска жааганы кызык.
자즈 메즈길린데 잠그르든 받 받 크스카 자아가느 크즉
봄에 비가 자주, 짧게 내리는 것이 흥미로워요.

Акмат: Ооба, өткүн болуп бат эле өтүп кетет.
오-바 외트퀸 볼룹 밭 엘레 외튑 게텥
맞아요, 소나기는 빨리 지나가요.

Аида: Бирок жамгыр жаагандан кийин аба таза болуп, салкын болуп калат.
비록 잠그르 자아간단 기이인 아바 타자 볼룹 살큰 볼룹 칼랕
그러나 비가 내린 다음에는 공기가 깨끗해지고, 시원해집니다.

Акмат: Гүлдөгөн бак-дарактардын жыттары буркурап, тим эле сонун.
귈되괸 박 다락타르든 즡따르 부르쿠랍 팀 엘레 소눈
꽃이 핀 나무들의 냄새가 풍겨오고, 정말 좋아요.

Аида: Сизге кайсы мөмө-дарактын гүлүнүн жыты жагат?
시즈게 카이스 뫼뫼 다락튼 귈뤼뉜 즈뜨 자같
당신은 어떤 유실수의 꽃 냄새(향기)가 좋아요?

Акмат: Мага өрүктүн гүлүнүн жыты жагат. Сизгечи?
마가 외뤽튄 귈뤼뉜 즈뜨 자같 시스게치
나는 살구 꽃 냄새(향기)가 좋아요. 당신은요?

Аида: Мага алма гүлүнүн жыты жана кызгылт болгон өңү жагат.
마가 알마 귈뤼뉜 즈뜨 자나 크즈글트 볼곤 욍위 자같
나는 사과 꽃의 향기와 불그스름한 색깔이 좋아요.

Акмат: Мага сирень гүлүнүн жыты жагат.
마가 시렌 귈뤼뉜 즈뜨 자갇
나는 시렌 꽃의 냄새(향기)가 좋아요.

Аида: Түштөн кийин жамгыр жаайт окшойт.
튀쉬퇸 기이인 잠그르 자아일 옥쇼일
오후에는 비가 올 것 같아요.

Акмат: Ооба, кара булут каптап турат. Жамгыр токтобой жаай тургандай көрүнөт.
오-바 카라 불룯 캅탑 투랕 잠그르
톡토보이 자-이 투르간다이 괴뤼뇓
네, 먹구름이 끼었어요. 비가 멈추지 않고 내릴 것 같이 보이네요.

Аида: Кол чатырыңыз жаныңыздабы?
콜 찹트릉으즈 자늉으즈다브
우산을 갖고 계세요?

Акмат: Жок, эрте менен үйдөн чыкканда күн ачык болчу, ошондуктан алган жокмун.
족 에르테 메넨 위됸 측칸다 귄 아측
볼추 오숀둑탄 알간 족문
아니오, 아침에 집에서 나올 때는 맑았어요. 그래서 가지고 오지 않았어요.

Аида: Мен үйдөн түштө чыккандыктан, күндүн бүркө-лүп турганын көрүп,
멘 위됸 튀쉬퇴 측칸득탄 귄뒨 뷔르쾨
륍 투르가는 괴륖
나는 정오에 나왔기 때문에 날씨가 흐린 것을 보고,

кол чатырымды алып алдым. Эми кийимиңиз суу болот го.
콜 차트름드   알릅 알듬   에미 기이밍이즈
수 볼롣 고
우산을 가지고 나왔어요. 지금 옷이 젖겠네요.

Акмат: Эч нерсе эмес, аялдамага жетейин деп калдым,
에츠 네르세 에메스 아얄다마가 제테인   뎁 칼듬
괜찮아요. 정류장에 곧 도착해요.

бат эле автобуска түшүп кетем.
밭 엘레 압토부스카   튀쉽   게템
빨리 버스를 타고 갈 거예요.

Аида: Жакшы барыңыз!
작쓰   바릉으즈
안녕히 가세요.

Акмат: Мейли жакшы калыңыз!
메일리 작쓰   칼릉으즈
그래요, 안녕히 계세요.

Жай мезгили(자이 메즈길리: **여름**)

Акмат: Жайында аба-ырайы кандай?
자이은다   아바으라이으 칸다이
여름에는 날씨가 어때요?

-68-

Аида:	Жайында аба-ырайы ысык, кечкисин жылуу болот.

자이은다 아바으라이으 으쓱 게츠키신 즐루-볼롵

여름에는 날씨가 덥고, 저녁에는 따뜻해요.

Акмат:	Сизге жай жагабы?

시즈게 자이 자가브

당신은 여름이 좋아요?

Аида:	Ооба жагат.

오바 자같

네, 좋아요.

Акмат:	Эмнеси менен жагат?

엠네시 메넨 자같

무엇이 좋아요?

Аида:	Жайында аба ысык болгондуктан, бассейнге, көлгө түшкөн жагат.

자이은다 아바 으쓱 볼곤둑탄 바쎄인게 굘괴 튀쉬퀸 자같

여름에는 날씨가 덥기 때문에, 수영장에, 호수에 수영하는 것이 좋아요.

Акмат:	Ысык болгондо, мен салкын жакка тоого чыгам.

으쓱 볼곤도 멘 살큰 작카 토-고 츠감

더우면 나는 시원한 (곳에) 산에 올라갑니다.

Тоо жактын абасы салкын суусу муздак болуп турат.

토- 작튼 아바스 살큰 수-수 무즈닥 볼릅 투랕

산에는 공기가 시원하고 물은 차가워요.

Аида: **Суусу тазабы?**
수우수 타자브
물은 깨끗해요

Акмат: **Ооба, анткени суу булактан чыгат.**
오-바 안트케니 수- 불락탄 츠같
네, 왜냐하면 물은 샘에서 나와요.

Аида: **Жайында кайсы жака эс алганы барасыз?**
자이은다 카이스 작카 에스 알가느 바라스즈
여름에 쉬려 어디로 가세요.

Акмат: **Эгерде күн ысык болсо, Ысык-көлгө барам.**
에게르데 귄 으쓱 볼소 으쓱꾈괴 바람
만약에 날이 더우면 이스쿨에 갈 것입니다.

Аида: **Бирок күн суук болсо деле, Ысык-көлдүн суусу жылуу болуп турат.**
비록 귄 수욱 볼소 델레 으쓱꾈듼 수우수
즐루- 볼룹 투랍
그러나 날이 추워도 이스쿨의 물은 따뜻합니다.

Акмат: **Жайында бардык мөмө-жемиштер, жашылчалар бышат.**
자이은다 바르득 뫼뫼 제미쉬테르 자슬차라르
브샽
여름에는 모든 과일들이 익고, 채소들이 나옵니다.

-70-

Ошондуктан чоң-атамдыкына айылга барып,
오숀둑탄   총 아탐드끄나   아이을가 바릅
그래서 할아버지가 계신 시골에 가서,

жардам берип, мөмө жемиштерден жеп эс алам.
자르담   베립   뫼뫼   제미쉬테르덴   젭   에스 알람
(할아버지를) 도와 드리고, 과일들을 먹고 쉴 것입니다.

Аида: Жайында мен шаарда эле болом.
자이은다   멘   샤-르다   엘레 볼롬
여름에 나는 도시에 있을 것입니다. / 여름에 나는 도시에서 지낼 것입니다(거예요).

Акмат: Шаар абдан ысык да, салкын жакка барбайсызбы?
샤-르   아브단   으쓱   다   살큰   작카
바르바이스즈브
도시는 매우 덥습니다(더워요), 시원한 곳으로 가지 않으세요(안가세요).

Аида: Жок, бүтпөгөн жумуштарым көп.
족   뷔뾔괸   주무쉬타름   꾑
아니(오), 끝나지 않은 (나의) 일들이 많습니다(많아요).

Бирок кечкисин "Достук" паркында эс алам.
비록   게츠키신   도스툭   파르큰다   에스 알람
그러나 저녁에는 "도수툭" 공원에서 쉴 것입니다(쉴 거예요).

Акмат: Оой! "Достук" паркы жайында аябай салкын болуп турат.
오이 도스툭 파르크 자이은다 아야바이 살큰 볼룹 투랕
아! "도스툭" 공원은 여름에 매우 시원합니다(시원해요).

Аида: Ооба, бак-дарактар көп болгондуктан күндүзү деле салкын.
오-바 박 다락타르 쾹 볼곤둑탄 퀸뒤즈 델레 살큰
네, 나무들이 많기 때문에 낮에도 시원합니다(시원해요).

Эс алганга аябай ыңгайлуу.
에스 알간가 아야바이 응가이루-
쉬기에(휴식하기에) 아주(매우) 편합니다(편해요).

Акмат: Бул жайды жакшы өткөрүңүз.
불 자이드 작쓰 왵쾨륑위즈
이번 여름을 잘 보내세요(보내요).

Аида: Сиз дагы айылга көңүлдүү барып келиңиз.
시즈 다그 아이을가 쾽윌뒤- 바릅 곌링이즈
당신도 마을에 기분좋게 갔다 오세요.

Күз мезгили(퀴즈 메즈길리: 가을)

Акмат: Күзүндө аба-ырайы кандай?
퀴쿤되 아바으라이으 칸다이
가을에는 날씨가 어떻습니까(어때요)?

-72-

Аида: **Күзүндө аба-ырайы күндүзү жылуу, кечкисин салкын болот.**
귀췬되 아바으라이 귄뒤즈 즐루 게츠키신
살큰 볼롯
가을에 낮 기후는 따뜻하고, 저녁에는 시원합니다.

Акмат: **Жамгыр кайсы учурларда жаайт?**
잠그르 카이스 우추르라르다 자-일
비는 어떤 시기에 내립니까? / 비는 언제 내립니까?

Аида: **Жазга караганда күзүндө аз жаайт.**
자즈가 카라간다 귀췬되 아즈 자-일
봄에 비해 가을에는 (비가) 조금 내립니다(내려요). / 비가 조금 와요.

Акмат: **Күздүн кайсы айы жагат?**
귀즈뒨 카이스 아이 자갇
가을의 몇월을 좋아합니까(좋아해요)?

Аида: **Сентябрь айы жагат.**
셴짜브르 아이 자갇
9월을 좋아합니다(좋아해요).

Акмат: **Сентябрь элеби?**
셴짜브르 엘레비
9월 만 (좋아 하세요)?

Аида: **Ооба, анткени бардык жер-жемиштер бышкан учур.**
오-바 안트케니 바르득 졔르 졔미쉬테르 브쉬칸 우추르
네, (왜냐하면) 모든 과실(과일)이 익는 시기(시간)입니다.

Акмат: **Менин досум дачасына жардамга чакырды.**
메닌   도숨   다차스나   자르담가   차크르드
나의 친구는 도와 달라고 (그의) 별장으로 초청했습니다
(불렀습니다).

Аида: **Дачада эмне кыласыздар?**
다차다   엠네   클라스즈다르
(당신들은) 별장에서 무엇을 하실 것입니까(할 거예요)?

Акмат: **Жашылчаларды казабыз, мөмө-жемиштер теребиз.**
자슬차라르드   카자브즈   뫼뫼   제미쉬테르   테레비즈
채소들을 뽑고(파고), 열매들을 딸 것입니다(딸 거예요).

Аида: **Оой! Кандай мөмө-жемиштер бар?**
오이   칸다이   뫼뫼   제미쉬테르   바르
오! 어떤 수확물들이 있습니까(있어요)?

Акмат: **Алма, өрүк, кара өрүк, алча, алмурут, шабдаалы, жаңгак, бүлдүркөн теребиз.**
알마   외뤽   카라   외뤽   알차   알무룰
샤브달르   장각   뷜뒤르쾬   테레비즈
(우리는) 사과, 살구, 검은 자두, 체리, (서양)배, 복숭아,
호두, 산딸기를 딸 것입니다(딸 거예요, 땁니다).

Дагы картошка, сабиз, пияз, кызылча казабыз.
다그   카르토쉬카   사비즈   피야즈   크즐차   카자브즈
또 (우리는) 감자, 당근, 양파, 사탕무를 캘 것입니다.

Аида: **Менин да баргым келип кетти.**
메닌   다   바르금   겔립   켙띠

나도 가고 싶어 졌습니다(졌어요).

Акмат: **Жүрүңүз бир жагынан эс алып келесиз.**
쥐뤙위즈   비르 자그난   에스 알릎 젤레시즈
(함께) 가시죠 한편으로 쉬고(쉬다가) 오시죠.

Аида: **Бирок, тилеке каршы, колум бош болбогондуктан бара албайм.**
비록   틸렉케   카르쓰   콜룸   보쉬   볼보곤둑탄
바라   알바임
그러나, 유감스럽게도(마음은 원하지만) 시간이 없어서 가지 못합니다(못해요).

Акмат: **Мейли, өзүңүзгө караңыз.**
메일리   외쥥위즈괴 카랑으즈
좋아요, 당신의 여건(상황)을 보세요. / 당신의 여건에 따라 결정하세요.

Аида: **Чакырганыңызга чоң рахмат!**
차크르가늉으즈가   총   라흐맡
초청해(불러) 주셔서 대단히 감사합니다(감사해요).

Акмат: **Эч нерсе эмес, жакшы туруңуз.**
에츠 네르세   에메스   작쓰   투룽우즈
괜찮아요, 잘(안녕히) 계세요.

Кыш мезгили(크쉬 메즈길리: 겨울)

Эсен: Кыш мезгили мага абдан жагат.
크쉬 메즈길리 마가 아브단 자갇
나는 겨울을 무척 좋아합니다.

Айдай: Мага дагы бардык мезгилдерден кыш жагат.
마가 다그 바르득 메즈길데르덴 크쉬 자갇
나에게도 모든 계절 중에서 겨울이 (가장) 좋습니다.

Эсен: Кыш сага эмнеси менен жагат?
크쉬 사가 엠네시 메넨 자갇
너에게 겨울의 무엇이(어떤 것이) 좋니(좋으니)?

Айдай: Кыштын мага бардык учуру жагат.
크쉬튼 마가 바르득 우추루 자갇
나에게(는) 겨울의 모든 시간이 좋아.

Мисалы, аба-арайы таза, айлана аппак
미살르 아바으라이으 타자 아이라나 압빡
예를 들면, 공기가 깨끗하고(요), 주위의 모든 것이 하얗고

эч бир чаң жок, анан кардын жаап жатканы жагат.
에츠 비르 창 족 아난 카르든 자압 자트카느 자갇
그 어떤 먼지도 없어(요), 그리고 눈이 내리는 것도 좋아(요).

Эсен: Андай болсо, жайдын ысып чаңдап жаткан учуру
жакпайт экен да ээ?
안다이 볼소 자이든 으습 창답 자트칸 우추루
작빠일 에켄 다 에-

-76-

그렇다면, 여름의 덥고, 먼지가 나는 시기는 좋아 하지 않겠습니다(않겠네요). 그렇죠?

Айдай: **Тим эле менин оюмду окуп койдуң го!**
팀   엘레 메닌   오윰두   오꿉 코이둥   고
은근히(조용히,가만히) 나의 생각을 읽고 있군요(읽고 있는 것 같군요)?

Эсен: **Менде кыш тууралуу кызык окуя бар, айтып берейин.**
멘데   크쉬   투랄루-   크즉   오쿠야 바르 아이틉 베레인
나에게 겨울에 관한 재미있는 이야기가 있습니다(있어요). 말해 줄께요.

Айдай: **Кызык болсо айтып берчи.**
크즉   볼소   아이틉 베르치
재미있으면 말해 줄래(요). / 말해 주세요. / 말해 줘

Эсен: **Бир жолу кар катуу жаап жатканда, эшик тайгалак болчу,**
비르 졸루   카르 카뚜-   자압 자트칸다   에쉭 타이갈락   볼추
한 번 눈이 심하게 왔을 때, 밖은 미끄러웠었습니다.

досум экөөбүз бара жатып музга катуу тайгаланып кеткенбиз.
도숨   에꾀-뷔즈   바라   자틉   무즈가   카뚜- 타이갈라늡   게트켄비즈
친구와 함께 같이 가다가 (우리는) 얼음에 (매우) 심하게 넘어졌습니다.

Көрсө досумдун өтүгү сыйгалак экен.
피르쇠 도숨둔 외뚜귀 스이갈락 에켄
보니까 친구의 구두는 잘 미끄러지는 구두였어요. /
반들반들한(미끌미끌한) 구두였습니다.

Айдай: Кызык болгон турбайбы. Мен тоого чыкканда калың кардан гана жыгылам.
크즉 볼곤 투르바이브 멘 토고 측간다
칼릉 카르단 가나 즈글람
재미있었겠군. 나는 산에 올라갈 때 많이 쌓인 눈에서만 넘어집니다.

Бул мен үчүн кызык, ал эми муздан абайлап басам, ошондуктан көчөдө жыгылбайм.
불 멘 위췬 크즉 알 에미 무즈단 아바이랍
바삼 오숀둑탄 괴최되 즈글바임
나는 이것이 재미 있고, 그러나 얼음에서는 조심해서 걷습니다. 그래서 거리(길)에서 넘어지지 않습니다.

Эсен: Тоого муз тепкени кимдер менен чыгасың?
토-고 무즈 텝케니 킴데르 메넨 츠가승
산에 썰매타러 누구와 함께 가니?

Айдай: Ата-энем, бир туугандарым менен чыгам.
아타 에넴 비르 투-간다름 메넨 츠감
부모님, 형제 자매들과 함께 갑니다.

Эсен: Менин ата-энем алыс тургандыктан, досторум менен чыгам.
메닌 아타 에넴 알르스 투르간득탄 도스토룸
메넨 츠감

나의 부모님은 멀리 계시기 때문에 (나의) 친구들과 함께 갑니다.

Айдай: Февраль айында тоодо өзгөчө кар калың болот ээ?
페브랄 아이은다 토-도 외즈괴춰 카르 칼릉 볼롯 에-
2월 경에 산에 있는(내린) 눈은 특별히 두껍습니까?

Эсен: Эгерде кургак кар жааса катуу болот, суу кар жааса катуу болбойт.
에게르데 쿠르각 카르 자-사 카뚜 볼롯 수- 카르 자-사 카뚜 볼보일
만약에 마른 눈이 내리면 단단해지고, 습한 눈이 내리면 단단해지지 않습니다.

Айдай: Катуу шамал болсочу?
카뚜 샤말 볼소추
바람이 심하게 불면은요?

Эсен: Анда кар катышы мүмкүн, бирок күн тийгенде бат эле эрип кетет.
안다 카르 카드쉬 뮴퀸 비록 퀸 티이겐데 밭 엘레 에립 게텔
그러면 눈이 딱딱해질 수 있습니다, 그러나 해가 비치면 빨리 녹아 버립니다.

Айдай: Бүгүн кар калың болуп жаады, эртең тоого чыкканга болот.
뷔귄 카르 칼릉 볼룹 자-드 에르땡 토-고 측칸가 볼롯
오늘 눈이 뚜껍게 내렸습니다. 내일 산에 올라 가도 됩니다.

Эсен: Ооба, жерде кар калыңдап калды, шамал да катуу согуп жатат.
오바   제르데   카르   칼릉답   칼드   샤말   다
카뚜   소굽   자탇
네, 땅에 눈이 두껍게 되었습니다. 바람도 강하게 불고 있습니다.

Айдай: Үшүгөн жоксуңбу?
위쉬퀸   족숭부
춥지 않습니까?

Эсен: Жука кийинип алган элем, бир аз үшүп жатам.
주카   기이닙   알간   엘렘   비르 아즈 위쉬 자탐
얇게 입어서, 조금 춥습니다.

Айдай: Мен аябай калың кийинип алгандыктан үшүгөн жокмун.
멘   아야바이   칼릉   키이닙   알간득탄   위쉬퀸
족문
나는 매우 두껍게 입었기 대문에 춥지 않습니다.

Эсен: Тоңуп калдым үйгө барбасам болбойт.
통웁   칼듬   위괴   바르바삼   볼보읻
추워 죽겠습니다(얼어 버렸습니다). 집에 가지 않으면 안되겠습니다.

Айдай: Албетте тезинен үйүңө баргын.
알벹떼   테지넨   위윙외   바르근
그래(물론이야) 빨리 집에 가(거라).

-80-

Эсен: Макул, кечирип кой, көп убакыт сүйлөшө албай калдым.
마쿨   게치립   코이   쾹 우바큩   쉴뢰쇠   알바이 칼듬
네, 용서하세요(미안해요), 많은 시간 (동안) 이야기하지 못했습니다.

Айдай: Ой! Эч нерсе эмес, кийинкиде жылуу кийинип кел,
오이 에츠 네르세 에메스 기이인끼데   즐루   기이닙   껠
아! 괜찮습니다, 다음번에는 따뜻한 옷을 입고 와,

ошондо көпкө чейин сүйлөшөбүз.
오숀도   쾹쾨   체인   쉴뢰쇠뷔즈
그 때 오랫동안 이야기 합시다(해요).

Эсен: Жакшы кал.
작쓰   칼
잘 있어요

Айдай: Жакшы бар.
작쓰   바르
잘 가요.

13. Ден-соолук жана оору
(건강과 질병)

Кубан: **Саламатсызбы, Кандай турасыздар?**
살라맡스즈브　　칸다이　　투라스즈다르
안녕하세요, 어떻게 지내세요?

Улан: **Рахмат, жакшы сиз кандай турасыз?**
라흐맡　작쓰　시즈 칸다이　투라스즈
감사합니다, 잘 (지내요), 당신은 어떻게 지내세요.

Кубан: **Мен дагы жакшымын, рахмат.**
멘　다그　작쓰믄　　라흐맡
나도 잘 (지냅니다). 고맙습니다.

Улан: **Ден-соолугунуз кандай?**
덴 솔-루궁우즈　칸다이
건강은 어떻습니까?

Кубан: ⎧ **Этим ысып турат.**
에팀　으습　투랕
(나의 살이) 열이 나고 있습니다.

아픔을 나타내는 다양한 표현들

Жакшымын.
작쓰믄
좋습니다

Ден-соолугум жакшы эмес.
덴 솔-루굼　작쓰　에메스
건강이 좋지 않습니다

Башымооруп жатат.
바쑴   오-룹   자탈
머리가 아픕니다

Аш казаным ооруп жатат.
아쉬 카자늠   오-룹   자탈
위가 아픕니다

Тишим ооруп жатат
티쉼   오-룹   자탈
이가 아픕니다

Тамагым ооруп жатат
타마금   오-룹   자탈
목이 아픕니다

Мен суук тийгизип алдым
멘   수욱 티이기집 알듬
나는 한기가 들었습니다

Бир аз жөтөлүп турам
비르 아즈 죄될뤕   투람
조금 기침하고 있습니다

Менин ичим ооруп жатам.
메닌   이침   오룹   자탐
나는 배가 아픕니다.

Менин бутум ооруп жатат.
메닌   부툼   오룹   자탈
나는 발이 아픕니다.

⎧ Менин колум ооруп жатат.
│ 메닌   콜룸   오룸   자탈
│ 나는 손(팔)이 아픕니다.
│
│ Менин көзүм оруп жатат.
│ 메닌   괴쥠   오룸   자탈
│ 나는 (나의) 눈이 아픕니다.
│
│ Менин бөйрөгүм ооруп жатат.
│ 메닌   뵈이뢰귐   오룸   자탈
│ 나는 신장이 아픕니다.
│
│ Менин жүрөгүм ооруп жатат.
│ 메닌   쥐뢰귐   오-룸   자탈
│ 나는 심장이 아픕니다.
│
│ Менин белим ооруп жатат.
│ 메닌   벨림   오-룸   자탈
⎩ 나는 허리가 아픕니다.

Улан: Температураңызды өлчөп көрдүңүзбү?
        템페라투랑으즈드   욀첩   괴르딍위즈븨
        열(온도)을 재(측정) 보았습니까?

Кубан: Ооба, эртең менен өлчөп көрдүм.
        오-바   에르땡 메넨   욀첩   괴르딤
        네, 아침에 재 보았습니다.

Улан: Температураңыз канча болду?
        템페라투랑으즈   칸차   볼두
        열(온도)이 몇도 였습니까?

Кубан: **Отуз жети жана беш.**
오투즈 제티 자나 베쉬
37.5도 (였습니다.)

Улан: **Сак болуңуз, ден-соолугуңузду сактаңыз.**
삭 볼룽우즈 덴 솔-루궁우즈두 삭탕으즈
조심하세요, 건강을 지키세요.

Азырынча үйдө болгонуңуз жакшы.
아즈른차 위되 볼고눙우즈 작쓰
지금은 집에 있는 것이 좋습니다.

Кубан: **Аш казаным дыңкыйып турат.**
아쉬 카자늠 등크이입 투랕
(나의) 위가 (소화가 안되서) 더부룩합니다.

Тамак жегим келбей жатат.
타막 제김 겔베이 자탙
음식을 먹기 싫습니다.

Улан: **Ооба, өңүңүз бозоруп**(또는 *агарып*) **турат,**
오-바 웡웡위즈 보조릅 아가릅 투랕
네, (얼굴) 빛이 <u>창백합니다</u>.

бул жакшы эмес, эмне болду?
불 작쓰 에메스 엠네 볼두
이것은 좋지 않습니다, 어떻게 된 것입니까?

Кубан: **Башым айланып турат.**
바쓤 아이라늡 투랕
머리가 어지럽습니다.

Улан: Доктурга барып көрүндүңүзбү?
독투르가 바릅 괴륀뒹위즈뷔
의사에게 가 보았습니까?

Кубан: Дагы деле бара элекмин. Ашказаным сиңирбей жатат.
다그 델레 바라 엘렉민 아쉬카자늠 싱이르베이 자탈
아직도 가지 못했습니다. 소화가 되지 않습니다.

Улан: Ашыкча тоюп албадыңызбы?
아쓱차 토웁 알바등으즈브
과식하지 않았습니까?

Кубан: Мүмкүн.
뮴퀸
아마도. (그럴수도 있을 것 같습니다.)

Улан: Ашыкча тойбой, гимнастикалык көнүгүүлөрдү жасаңыз, ошондо айыгасыз.
아쓱차 토이보이 김나스티카륵 괴뉘귀-뢰르뒤 자상으즈 오숀도 아이가스즈
과식하지 마시고 (소화에 도움이 되는) 체조를 해보세요, 그러면 나을 것입니다.

Кубан: Кеңешиңизге ыраазымын.
켕에쉥이즈게 으라-즈믄
조언해 주셔서 감사합니다.

Улан: Атаңыздын ден-соолугу кандай?
아탕으즈든 덴 솔-루구 칸다이
(당신의) 아버지의 건강은 어떻습니까?

Кубан: Абдан жакшы.
아브단 작쓰
매우 좋습니다.

Улан: Апаңыздын ден-соолугу кандай?
아빵으즈든   덴 솔-루구 칸다이
(당신의) 어머니의 건강은 어떻습니까?

Кубан: Жакшы эмес ооруп жатат, бир жума мурун ооруп калды.
작쓰   에메스 오-룹 자탈   비르 주마 무룬
오-룹 칼드
좋지 않고 아픕니다, 일주일 전에(전부터) 아팠습니다.

Ал оорууганынан улам төшөктө жатат.
알 오-루-가느난   올람   퇴쇠퇴   자탈
그는 아파서 계속해서 누워있습니다.

* Ал өткөн жумадан бери ооруп жатат.
알 외트퀸 주마단   베리 오-룹 자탈
그(녀)는 지난 주부터 아픕니다

Улан: Ушундай болуп калдыбы?
우슌다이   볼룹   갈드브
(어떻게) 이렇게 되었습니까?

Кубан: Апам жакында айыгат, анткени бара-бара калыбына келип жатат.
아빰   자큰다   아이갈   안트케니   바라-바라
칼르브나   겔립   자탈
(나의) 어머니는 곧 나을 것입니다, 왜냐하면 조금씩 회복되고 있습니다.

* *Ал толук айыкты.*
알 툴룩   아윽뜨
그(녀)는 완전히 나았습니다.

Улан: Жакшы болот го! Айыгып кетишин каалайм.
        작쓰   볼롵   고 아이급   게티쉰   칼-라임
        좋아 질거예요! 회복되기를(낳기를) 원합니다(기원합니다).

Кубан: Рахмат.
        라흐맡
        감사합니다.

14. Ооруканада

(병원에서)

Рахат: **Дарыгер барбы?**
다르게르 바르브
의사 (선생님) 있습니까?

Үмүт: **Ооба бар, кириңиз.**
오-바 바르 키릥이즈
네 있습니다, 들어오세요.

Рахат: **Саламатсызбы?**
살라맡스즈브
안녕하세요?

Врач: **Эмне болду?**
엠네 볼두
어떻습니까? 어떻게 아픕니까?

Рахат: **Акыркы учурда ден-соолугумдун акыбалы жакшы эмес.**
아즈르크 우추르다 덴 솔-루굼둔 아크발르
작쓰 에메스
최근에 (내) 건강의 상태가 좋지 않습니다.

Врач: **Аппетитиңиз барбы?**
아뻬티띵이즈 바르브
입맛은 있습니까?

Рахат: **Таптакыр жок. (또는 Жок, аппетитим жок.)**
탑타크르 족 족 아뻬티띰 족

완전히(전혀) 없습니다. (없습니다, 입맛이 없습니다.)

Врач: Тилиңизди көрсөтүп коюңуз.
틸링이즈디   괴르쇠튑   코융우즈
(당신의) 혀를 보여 주세요.

Оозуңузду ачып "аа" деп көрсөтүңүз.
오-중우즈두   아츕   아- 뎁   괴르쇠튕위즈
입을 벌려서 "아" 하고 보여 주세요.

Рахат: Бүт денем ооруп жатат.
뷧   데넴   오-룹   자탙
온 몸이 아픕니다.

Врач: Анда тамырыңыздын кандай сокконун текше-рейин,
안다   타므릉으즈든   칸다이   속코눈   텍쇠레인
그러면 맥박이 어떻게 뛰고 있는 지 검사하겠습니다,

жүрөктүн согушу нормалдуу.
쥐뤽튄   소구쉬   노르말두-
심장 박동은 정상입니다.

Рахат: Кээде аябай тердеп суу болуп,
게-데   아야바이   테르뎁   수- 볼룹
가끔 땀이 너무 많이 나서 (온 몸이) 젖고,

алым жок болуп жатат.
알름   족   볼룹   자탙
힘이 없이집니다.

Врач: **Денеңиздин температураңыз нормалдуу окшойт.**
데넹이즈딘   템뻬라투랑으즈   노르말두-   옥쇼일
(당신의) 몸의 열(온도)은 정상인 것 같습니다.

Бир аз температура бар.
비르 아즈 템뻬라투라   바르
조금 열이 있습니다.

Рахат: **Аба жетишпегенсип жүрөгүм кысылат.**
아바   제티쉬뻬겐십   쥐뢰굄   크슬랕
공기가 부족한 것 같이 (나의) 심장이 눌립니다(심장에 압박이 있습니다).

Врач: **Жүрөгүнүздүн согушу бат.**
쥐뢰귕위즈된   소구쉬   밭
심장박동이 빠릅니다.

Рахат: **Катуу орууга чалдыгып калдым окшойт деп камсанайм.**
카뚜   오루-가   찰드급   칼듬   옥쇼일   뎁
캄사나임
심한 병에 걸린 것 같아서 걱정이 많습니다.

Врач: **Жок, камсанабаңыз.**
족   캄사나방으즈
아닙니다, 걱정하지 마세요.

Катуу стресс да адамга ооруну алып келет.
카뚜   스트레스 다 아담가   오-루누   알릅   겔렡
심한 스트레스도 사람에게 병을 가지고 옵니다.

Рахат: **Ооба, көп ойлонуп көп стресс болом.**
오-바   꿉 오이로눕 꿉 스트레스 볼롬
네, 많이(계속) 생각해서 스트레스가 많이 됩니다.

Врач: **Чарчагандай көрүнөсүз, терең дем алыңыз.**
차르차간다이   피뤼뉘쉬즈   테렝 뎀 알릉으즈
피곤한 것처럼 보입니다, 깊이 숨을 들이키세요.

Рахат: **Аш   казаным да ооруп жатат. (*Кээде ооруйт.)**
아쉬   카자늠   다 오-룹   자탙   게-데   오-루읻
위도 아픕니다. (*가끔 아픕니다)

Врач: **Мурда дагы ооруганбы?**
무르다   다그   오-루간브
전에도 아팠습니까?

Рахат: **Эки жыл мурун ооруп кайра айыккан.**
에끼 즐   무문   오-룹   카이라 아윅칸
2년 전에 아팠는데 다시 나았습니다. (좋아 졌었습니다.)

Врач: **Өз   убагында туура тамактануу керек.**
외즈 우바근다   투-라   타막타누-   케렉
제 시간에 올바르게 음식을 먹어야 합니다.

Рахат: **Убактыма   жараша   кээде   эрте,   кээде   кеч тамактанып калам.**
우박틈아   자라샤   게-데   에르테   게-데   게츠
타막타늡   칼람
(나의) 시간에 따라 가끔 일찍, 가끔 늦게 식사를 하게 됩니다.

Врач:	Кандай азыктар менен тамактанасыз?
	칸다이 아즉타르 메넨 타막타나스즈
	어떤 음식으로 식사를 하세요?

Рахат:	Жумушумда гамбургер, сэндвич, сыяктуу кургак тамактарды жейм.
	주무슙다 감부르게르 센드비치 스약뚜 쿠르각 타막타르드 제임
	(나의) 직장(회사)에서 햄버거, 샌드위치와 같이 마른 음식들을 먹습니다.

Врач:	Жок, бул жакшы эмес.
	족 불 작쓰 에메스
	안됩니다, 이것은(이 음식들은) 좋지 않습니다.

Шорпо жана бууга бышкан тамактар пайдалуу.
쇼르뽀 자나 부-가 브쉬칸 타막타르 빠이달루-
국이나 김에 익힌 음식들이 유익합니다.

Сиз суюк тамактарды көп ичиңиз.
시즈 수육 타막타르드 쾹 이칭이즈
당신은 국물 음식들을 많이 드세요.

Рахат:	Кээ бирде белим ооруйт.
	게- 비르데 벨림 오-루일
	가끔식 허리가 아픕니다.

Врач:	Кам санабаңыз.
	캄 사나방으즈
	걱정하지 마세요.

Оор жумуштарды этияттык менен жасаңыз
오-르 주무쉬타르드   에티야뜩   메넨   자상으즈
힘든 일들을 주의(조심)해서 하시고,

жана оор нерсени туура көтөрүңүз.
자나 오-르 네르세니   투라   괴퇴뤙위즈
무거운 것을 바르게 드세요.

Сиздин ооруңуз өзгөчө оору эмес.
시즈딘   오-룽우즈   외즈괴최 오-루   에메스
당신의 병은 특별한 병이 아닙니다.

Рахат: Керектүү даарыны жазып бериңизчи.
케렉뛰   다-르느   자즙   베링이즈치
필요한 약을 *써(적어) 주세요. / (*처방해 주세요)

Врач: Бул даарыны ичсеңиз, бир жумадан кийин айыгып кетесиз.
불   다-르느   이츠셍이즈   비르 주마단   기이인
아이급 곝테시즈
이 약을 드세요, 일주일 후에는 나을 것입니다.

Рахат: Рахмат. Кабыл алганыңызга канча төлөшүм керек.
라흐맡   카블   알가능으즈가   칸차   퇼뢰쉼
케렉
감사합니다. 진찰비로 얼마를 내야 합니까?

Врач: Акысы 200 сом.
악크스 에끼쥐즈 솜
(진찰) 비용은 200솜입니다.

15. Тиш доктор менен
(치과 의사와 함께)

Касым: **Кечээ түнү менен тишим абдан ооруду.**
게체- 튀뉘 메넨 티심 아브단 오-루두
어제 밤세도록 (나의) 이가 매우 아팠습니다.

Тишимди текшерип бериңизчи.
티쉼디 텍쇠립 베링이즈치
(나의) 이를 검사해 주세요.

Врач: **Бул тиш ириңдеп кетиптир.**
불 티쉬 이링뎁 게팁티르
이 이가 썩었습니다.

Тез арада бул тишти жулуш керек.
테즈 아라다 불 티쉬티 줄루쉬 케렉
빠른 시간에 이 이를 뽑아야 합니다.

Касым: **Жөн эле даарыласаңыз болбойбу?**
죈 엘레 다-를라상으즈 볼보이부
그냥 치료하면 아됩니까?

Врач: **Жок, болбойт.**
족 볼보일
아니오, 안됩니다.

Касым: **Азыр заматта жулганга болбойт, анткени**
아즈르 자맡따 줄간가 볼보일 안트케니
지금 바로 뽑아서는 안됩니다. 왜냐하면

мен бул тишти алтын менен каптаткым келет.
멘   불   티쉬티   알뜬   메넨   캅탙큼   겔렡
나는 이 이를 금으로 씌우고 싶습니다.

Врач: Бул тишти алтын менен каптагандын пайдасы жок.
불   티쉬티   알튼   메넨   캅타간든   파이다스 족
이 이를 금으로 씌우는 것은 유익한 점이 없습니다.

Касым: Анда даарылап пломба койсоңуз болбойбу?
안다   다-를랍   쁠롬바   코이송우즈   볼보이부
그러면 치료해서 충전물로 채워 넣으면 안됩니까?

Врач: Бул тишке пломба койгонго да болбойт.
불   티쉬케 쁠롬바   코이곤고   다   볼보일
이 이에 충전물로 채워 넣은 것도 안됩니다.

Көпкө чейин кармабай тургандай көрүнөт.
꾑꾀   체인   카르마바이   투르간다이   괴뤼넡
오래 견디지(불잡고 있지) 못할 것처럼 보입니다.

Касым: Анда эмне кылуум керек?
안다 엠네   클루-움   케렉
그렇다면 어떻게 해야 합니까?

Врач: Сиз тишиңизди жулдуруп, протез койдурсаңыз ыңгайлуу, жакшы болгудай.
시즈   티싱이즈디   줄두룹   쁘로테즈 코이두르상으즈
응가이루-   작쓰   볼구다이
당신은 (당신의) 이를 뽑고, 의치를 끼우는 것이 편할 것이고, 좋을 것 같습니다.

Касым: **Мейли, анда протез койдурайын.**
메일리   안다   쁘로테즈   코이두라이은
좋아요, 그러면 의치를 끼우겠습니다.

Врач: **Эртең эртелеп саат 8ге   дагы келиниз.**
에르뗑   에르테렙   사알   세기즈게   다그   겔링이즈
내일 일찍 8시에 또 오세요.

Касым: **Макул, рахмат. Жакшы калыңыз.**
마쿨   라흐맡   작쓰   칼릉으즈
그래요, 감사합니다. 잘(안녕히) 계세요.

Врач: **Жакшы барыңыз.**
작쓰   바릉으즈
잘(안녕히) 가세요.

16. Убакыт
(시간)

[예제 1: 시간을 묻고 답하는 말]

Кубан: (Азыр) саат канча болду?
　　　　아즈르 사알 칸차 볼두?
　　　　지금 몇시 입니까?

◆ 대답 1

Айзан: (Азыр) саат [он бир] болду.
　　　　　　　　　　[эки, үч, төрт...]
　　　　아즈르 사알 온 비르 볼두
　　　　　　　　　　에끼, 위춰, 퇴릍
　　　　지금은 [11]시 입니다.
　　　　　　　　[2, 3, 4]

◆ 대답 2

Айзан: Азыр саат [он бир жарым] болду.
　　　　　　　　　[бир жарым, эки жарым]
　　　　아즈르 사알 온 비르 자름　　볼두
　　　　　　　　　비르 자름　　에끼 자름
　　　　지금은 [11시 반(30분)] 입니다.
　　　　　　　　[1시 반(30분), 2시 반(30분)]

◆ 대답 3

Айзан: (Азыр) саат [бирден беш] мүнөт өттү.
　　　　　　　　　　[төрттөн он, бештен сегиз]
　　　　아즈르 사알　비르덴　베쉬　뮈넽　왜뛰
　　　　　　　　　　퇴릍퇸　온　베쉬퇸　세기즈
　　　　(지금은) [1시 5]분입니다. (*1시에서 5분 지났습니다.)
　　　　　　　　[4시 10분, 5시 8분]

-98-

◈ 대답 4

Айзан: (Азыр) саат [бирге он беш] мүнөт калды.
[экиге он, үчкө беш]
아즈르 사알 비르게 온 베쉬 뮈넡 칼드
에끼게 온, 위취꾀 베쉬
지금은 [1시 15]분 전입니다.
[2시 10, 3시 5]

[예제 2]

Керим: Сиздин саатыңыз канча болду?
시즈딘 사아뜽으즈 칸차 볼두
당신의 시계는 몇시가 되었습니까?

Азыр саат канча болду?
아즈르 사알 칸차 볼두
지금 몇시 입니까?

Азыр убакыт канча болду?
아즈르 우바클 칸차 볼두
지금 시간이 얼마(나) 되었습니까?

Ширин: Менин саатым туптура бир болду.
메닌 사아뜸 툽투라 비르 볼두
나의 시계는 정확히 1시가 되었습니다.

Саат туптура эки болду.
사알 툽투라 에끼 볼두
정확히 2시가 되었습니다.

Менин саатым беш мүнөт алдыда.
메닌   사아뜸   베쉬 뮈뇔   알드다
나의 시계는 5분 빠릅니다.

Менин саатым үч мүнөт артта.
메닌   사아뜸   위취 뮈뇔   아릍따
나의 시계는 3분 늦습니다.

Саат үчтөн беш мүнөт өттү.
사알   위취뙨   베쉬 뮈뇔   외뛰
시간은 3시에서 5분 지났습니다. (3시 5분입니다.)

Саат үчтөн он беш мүнөт өттү.
사알   위취뙨 온 베쉬 뮈뇔   외뛰
시간은 3시에서 15분 지났습니다. (3시 15분입니다.)

Саат төрттөн он мүнөт өттү.
사알   퇴르뙨   온 뮈뇔   외뛰
시간은 4시에서 10분 지났습니다. (4시 10분입니다.)

Беш жарым болду.
베쉬   자름   볼두
5시 30분입니다.

Алтыга он беш мүнөт калды.
알뜨가   온 베쉬 뮈뇔   칼드
6시에 15분 남았습니다. (5시 45분입니다.)

Алтыга он мүнөт калды
알뜨가   온 뮈뇔   칼드
6시에 10분 남았습니다. (6시 10분전입니다. 10분전 6시입니다.)

Жети болуп калды.
제띠   볼륩   칼드
7시가 되었습니다. (7시 입니다.)

Сегизден отуз мүнөт өттү.
세기즈덴   오투즈 뮈눝   외뛰
8시에서 30분 지났습니다. (8시 30분입니다.)

Тогузга он беш мүнөт калды.
토구즈가   온 베쉬 뮈눝   칼드
9시에 15분 남았습니다. (9시 15분전입니다, 15분전 9시입니다.)

Дагы деле саат он эки боло элек.
다그   델레   사앝   온 에끼 볼로   엘렉
아직도 12시가 되지 않았습니다.

Он бирден жыйырма тогуз мүнөт өттү.
온   비르덴   즈이르마   토구즈 뮈눝   외뛰
11시에서 29분 지났습니다. (11시 29분입니다.)

Бир аздан кийин чак түш болот.
비르 아즈단   기이인 착   튀쉬 볼롵
조금 있으면 정확히 정오가 됩니다.

Бир аздан кийин саат он эки болуп калат.
비르 아즈단   기이인   사앝 온 에끼 볼룹   칼드
조금 있으면 12시가 됩니다.

Он эки болоюн деп калды.
온 에끼 볼로윤   뎁   칼드
곧 12시가 됩니다, 12시가 될려고 합니다.)

Азыр эле он эки болду.
아즈르 엘레 온 에끼 볼두
바로 지금 12시가 되었습니다.

Бир болду.
비르 볼두
1시가 되었습니다.

[예제 3]

Керим: Сиз саат канчада турасыз?
시즈 사알 칸차다 투라스즈
당신은 몇시에 일어납니까?

Ширин: Мен алты жарымда турам.
멘 알뜨 자름다 투람
나는 6시 반에 일어납니다.

Керим: Сиз саат канчада жатасыз?
시즈 사알 칸차다 자타스즈
당신은 몇시에 잠을 잡니까?

Ширин: Мен саат ондо жатам.
멘 사알 온도 자땀
나는 열시에 잡니다.

Керим: Жумушуңузга саат канчада барасыз?
주무슘우즈가 사알 칸차다 바라스즈
회사(직장, 일터)에는 몇시에 갑니까?

Ширин:	Эртең менен саат 7 де үйдөн чыгам.
에르땡   메넨   사알 제띠데 위된   츠감
아침 7시에 집에서 나갑니다.

Керим:	Жумушуңузга саат канчада жетесиз?
주무슈우즈가   사알 칸차다   제테시즈
회사(직장, 일터)에는 몇시에 도착합니까?

Ширин:	8ге 10 мүнөт калганда жетем.
시기게 온 미뇥   칼간다   제템
8시 10분 전에 도착합니다. (10분전 8시에 도착합니다.)

Керим:	Жумушуңуз саат канчада бүтөт?
주무슈우즈   사알 칸차다   뷔툍
당신의 일(회사)은 몇시에 끝납니까(마칩니까)?

Ширин:	Кечки саат 5те бүтөт.
게츠키 사알   베쉬테 뷔툍
저녁 5시에 마칩니다.

[예제 4]

Керим:	Менин сабагым түштөн кийин саат 1де башталат.
메닌   사바금   튀쉬퇸   기이인 사알 비르데 바쉬탈랕
나의 수업은 오후 1시에 시작합니다.

Ширин:	Саат канчага чейин окуйсуңар?
사알 칸차가   체인   오쿠이숭아르
(너희들은) 몇시까지 공부합니까?

Керим:	Саат 5 жарымга чейин окуйбуз.
사알   베시 자름가   체인   오꾸이부즈

(우리는) 5시 반까지 공부합니다.

Ширин: **Эртең үйгө саат 6га чейин келип каласыңбы?**
에르뗑 위괴 사알 알뜨가 체인   곌립   칼라숭브
내일 집에 6시까지 올 거예요?

Керим: **Ооба, сөзсүз саат 5 жарымда келип калам.**
오-바   쇠스쉬스 사알   베쉬 자름다   곌립   칼람
네, 5시 반까지 반드시 올 거예요.

Ширин: **Кечки тамакты чогуу жейбиз.**
게츠키   타막트   초구   제이비즈
저녁을 함께 먹읍시다.

Керим: **Рахмат.**
라흐맡
감사합니다.

Ширин: **Жакшы бар.**
작쓰   바르
잘가.

17. Жума күндөрүнүн аталашы
(요일의 명칭)

Керим: **Бүгүн кайсы күн?**
뷔귄   카이스   귄
오늘은 무슨 요일입니까?

Ширин: **Бүгүн жекшемби.**
뷔귄   젝쉼비
오늘은 일요일입니다.

Керим: **Эртең кайсы күн?**
에르뗑   카이스   귄
내일은 무슨 요일입니까?

Ширин: **Эртең дүйшөмбү.**
에르뗑   뒤이쉼뷔
내일은 월요일입니다.

Керим: **Бүрсүгүнүчү?**
뷔르쉬귀뉘춰
모레는요?

Ширин: **Бүрсүгүнү бейшемби болот.**
뷔르쉬귀뉘   베이셈비   볼롣
모레는 목요일입니다.

Керим: **Кечээ кайсы күн болду?**
게체-   카이스   귄   볼두
어제는 무슨 요일이었습니까?

Ширин: Кечээ ишемби болду.
게체 이셈비 볼두
어제는 토요일이었습니다.

Керим: Мурда күнү жума болдубу?
무르다 귀뉘 주마 볼두부
그저께(그제)는 금요일이었습니까?

Ширин: Ооба.
오바
네.

Керим: Бир жумада канча күн бар?
비르 주마다 칸차 귄 바르
일주일은 몇 날이 있습니까? (일주일은 몇일입니까?)

Ширин: Бир жумада жети күн бар.
비르 주마다 제띠 귄 바르
일주일은 7일(날)이 있습니다.

Керим: Жуманын кайсы күнү биринчи күн болот?
주마는 카이스 귀뉘 비린치 귄 볼롣
일주일의 무슨 날이 첫번째 날입니까?

Ширин: Биринчи күн - дүйшөмбү.
비린치 귄 뒤이쉼뷔
첫번째 날은 월요일입니다.

Керим: Экинчи күн кайсы күн?
에낀치 귄 카이스 귄
둘째 날은 무슨 요일입니까?

Ширин: Шейшемби.
쇠이쎔비
화요일입니다.

Керим: Шаршемби үчүнчү күнбү?
샤르쎔비   위췬취   귄뷔
수요일은 세 번째 날입니까?

Ширин: Ооба, ошондой.
오-바   오숀도이
네, 그렇습니다.

Керим: Төртүнчү күн кайсы күн?
퇴르튄취   귄 카이스 귄
네번째 날은 무슨 요일입니까?

Ширин: Бейшемби.
베이쎔비
목요일입니다.

Керим: Сиз калган үч күндү айтып бере аласызбы?
시즈 갈간   위취 귄뉘 아이틉   베레   알라스즈브
당신은 남은 3개의 요일을 말해 줄 수 있습니까?

Ширин: Ооба, айтып бере алам. Жума, ишемби жана жекшемби.
오-바   아이틉   베레   알람   주마   이쎔비   자나 젝쎔비
네, 말해 줄 수 있습니다. 금요일, 토요일, 일요일입니다.

Керим: Жумадагы күндөрдүн аттарын дагы бир жолу айтып бериңизчи?
주마다그   귄되르된   아따른   다그   비르   졸루
아이틉   베링이즈치
일주일 안에 있는 요일들의 이름(들)을 말해 주시겠어요.

Ширин: Бир жуманын жети күнү:
비르 주마는   제띠   귀뉴
일주일의 일곱 날은(요일은):

Дүйшөмбү, Шейшемби, Шаршемби, Бейшемби, Жума, Ишемби, Жекшемби.
뒤이쐼뷰   쇠이쐼비   샤르쐼비   베이쐼비
주마   이쐼비   젝쐼비
월요일, 화요일, 수요일, 목요일, 금요일, 토요일, 일요일

Керим: Сиз ишембиде эмне кыласыз?
시즈 이쐼비데   엠네   클라스즈
당신은 토요일에 무엇을 하십니까?

Ширин: Ишембиде мен театрга барам.
이쐼비데   멘   테아트르가 바람
토요일에 나는 극장에 갑니다.

Керим: Кайсы күндө сабагыңыз бар?
카이스 귄되 사바긍으즈   바르
무슨 요일에 (당신의) 수업이 있습니까?

Ширин: Дүйшөмбүдө жана бейшембиде сабагым бар.
뒤이쐼뷰되   자나   베이쐼비데   사바금   바르
월요일과 목요일에 (나의) 수업이 있습니다.

Керим: Калган күндөрү каяка барасыз?
칼간 굔되뤼 카야카 바라스즈
남은 날들은 어디에 가십니까?

Ширин: Ар бир шаршемби жума сайын бий сабагына барам.
아르 비르 샤르쓈비 주마 사이은 비이 사바그나 바람
각각 수요일과 금요일마다 춤을 배우러 갑니다.

Ишемби сайын Ата-энемден кабар алам.
이쎰비 사이은 아타 에넴덴 카바르 알람
토요일마다 부모님을 찾아뵙습니다(방문합니다).

Керим: Жекшембидечи?
젝쎰비데치
일요일에는요?

Ширин: Ар бир жекшемби сайын биз чогуу театрга жана концертке барабыз.
아르 비르 젝쎰비 사이은 비즈 초구 테아트르가 자나 콘쩨릍케 바라브즈
매주 일요일마다 우리 모두는 함께 극장이나 콘서트(음악회)에 갑니다.

Керим: Бир жуманын бардык күнүндө бош эмес экенсиз да ээ?
비르 주마는 바르득 귀뉜되 보쉬 에메스 에켄시즈 다 에-
일주일의 모든 날이 바쁘시군요? (일주일의 모든 날에 쉬는 시간이 없으시군요?)

Ширин: **Жок шейшемби күнү бошмун.**
족 쇠이쎔비 커뉴 보쉬문
아니예요, 화요일은 쉽니다. (화요일은 비어있습니다, 화요일은 시간이 있습니다.)

Керим: **Анда шейшембиде жолукпайлыбы?**
안다 쇠이쎔비데 졸룩빠이르브
그러시면 화요일에 만나지 않으시겠어요? (그러면 화요일에 만나지 않겠어요?)

Ширин: **Макул.**
마쿨
좋습니다. (그래요.)

Керим: **Анда шейшембиге чейин көрүшкөнчө!**
안다 쇠이쎔비게 체인 괴뤼쉬퀸최
그러면 화요일까지 안녕히!

Жакшы калыңыз.
작쓰 칼릉으즈
잘 있어요.

Ширин: **Жакшы барыңыз.**
작쓰 바릉으즈
잘 가세요.

18. Жыл, ай, күн
(년, 월, 일)

Керим: **Азыр кайсы ай?**
아즈르 카이스 아이
지금은 무슨 달입니까? (지금은 몇월입니까?)

Ширин: **Январь.**
얀바르
일월입니다.

Керим: **Жылдын он эки айын айтып бериңизчи.**
즐든   온 에끼 아윈   아이틉   베릉이즈치
일 년의 열두 달(의 이름을)을 말해 주세요.

Ширин: **Бул - Январь, Февраль, Март, Апрель, Май, Июнь,**
불   얀바르   페브랄   마릍 아쁘렐   마이 이윤
이것은 일월, 이월, 삼월, 사월, 오월, 유월,

Июль, Август, Сентябрь, Октябрь, Ноябрь, Декабрь.
이율   아부구스트 센쨔브랴   옥쨔브르   노야브르
데카브르
칠월, 팔월, 구월, 시월, 십일월, 십이월입니다.

Керим: **Бүгүн канчанчы число?**
뷔귄   칸찬츠   치슬로
오늘은 몇일입니까?

Ширин: Бүгүн биринчи апрель. (*экинчи май, үчүнчү июнь)
뷔귄   비린치   아쁘렐   에긴치   마이   위췬취   이윤
오늘은 4월 1일입니다. (*5월 2일, 6월 3일입니다.)

Керим: Сиз канчанчы жылы төрөлгөнсүз?
시즈   칸찬츠   즐르   퇴륄괸쉬즈
당신은 몇 년도에 태어났습니까?

Ширин: Мен 1978-жылы (бир миң тогуз жүз жетимиш сегизинчи жылы) төрөлгөнмүн.
멘   1978 즐르   비르   밍   토구즈   쥐즈   제티미쉬
세기진치   즐르   퇴륄괸뮌
나는 1978년에 태어났습니다.

Керим: Мен 1980-жылы 5-августа (бир миң тогуз жүз сексенинчи жылы, бешинчи августа) төрөлгөнмүн.
멘   1980 즐르   5 아브구스타   비르   밍   토구즈   쥐즈
섹센치   즐르   베쉰취   아브구스타   퇴륄괸뮌
나는 1980년 8월 5일에 태어났습니다.

Ширин: Менин инимдин туулган күнү - сегизинчи август.
메닌   이님딘   투-울간   귀뉘   세긴진치   아브구스트
나의 동생의 생일은 8월 8일입니다.

Керим: Байкемдики - алтынчы сентябрь.
바이껨디끼   알튼츠   센짜브르
형(오빠)은 9월 6일입니다.

Ширин: Сизге кайсы ай жагат?
시즈게   카이스   아이   자같
너에게 무슨 달이 좋니? (너는 어떤(무슨) 달을 좋아하니?

-112-

Керим: Мага май айы жагат. Сизгечи?
마가 마이 아이 자갇 시즈게치
나는 5월을 좋아합니다. 당신에게는요?

Ширин: Мага июль, август жагат.
마가 이욜 아브구스트 자갇
나에게는 7월, 8월이 좋습니다.

Керим: Эмне үчүн июль айы жагат?
엠네 위췬 이욜 아이 자갇
왜 7월을 좋아합니까?

Ширин: Анткени ал айда туулганмын.
안트케니 알 아이다 투-울간믄
왜냐하면 그 달에 (내가) 태어났기 때문입니다.

Керим: Туулган күндү өткөргөндү жактырасызбы?
투-울간 귄뒤 외뜨푀르괸뒤 작뜨라스즈브
생일을 (축하하며) 보내는 것을 좋아하십니까?

Ширин: Ооба, ар бир жылы өткөрөм.
오-바 아르 비르 즐르 외뜨푀룀
네, 매년 (축하하며) 보냅니다.

Керим: Мага да август айы жагат.
마가 다 아브구스트 아이 자갇
나에게도 8월이 좋습니다(나도 8월을 좋아합니다).

Туулган күнүмдө эс алып ата-энем менен тоого эс алганы барабыз.
투-울간 귀뉨되 에스 알릅 아타 에넴 메넨 토-고 에스 알가느 바라브즈

(우리는 나의) 생일에 쉬면서 부모님과 함께 산에 쉬러 갑니다.

Ширин: Тоого чыкканга август айы абдан жакшы да.
토-고　측칸가　아브구스트 아이 아브단　작쓰　다
산에 올라 가는 것은 8월이 가장 좋습니다.

Керим: Жай айында колунуз бошойбу?
자이 아이은다　콜룽우즈　보쇼이부
여름에 시간이 있습니까?

Ширин: Ооба.
오-바
네

Керим: Анда биз менен чогуу тоого чыгып келбей-сизби?
안다　비즈 메넨　초구　토-고　츠급　겔베이 시즈비
그러면 우리와 함께 산에 갔다 오지 않으시겠어요.

Ширин: Макул, анда август айында жолугабыз.
마쿨　안다　아브구스트 아이은다 졸루가브즈
좋아요, 그러면 8월에 만납시다.

Керим: Көрүшкөнчө.
괴뤼쉬퀸최
안녕히(다시 만날 때 까지).

19. Жаш
(나이)

Адыл: **Сиз канча жаштасыз?**
시즈 칸차 자쉬타스즈
당신은 몇살입니까?

Сейил: **Мен жыйырма беш жаштамын.**
멘 즈이르마 베쉬 자쉬타믄
나는 25살입니다.

Адыл: **Анда мени менен тең экенсиз.**
안다 메니 메넨 땡 에켄시즈
그렇다면 나와 동갑이군요.

다른 표현
{
Мен 3 - мартта 25 жашка чыгам.
멘 위췬취 마를따 즈이르마베쉬 자쉬카 츠감
나는 3월 3일에 25살이 됩니다.

Мен 11- июлда 28 жашка чыгам.
멘 온비린치 이율다 즈이르마세기즈 자쉬카 츠감
7월 11일에 28살이 됩니다.
}

Сейил: **Сиздин иниңиз канча жашта?**
시즈딘 이닝이즈 칸차 자쉬타
당신의 동생은 몇살입니까?

Адыл: **Ал жакында жыйырма жашка толот.**
알 자큰다 즈이르마 자쉬카 톨롯
그는 곧 20살이 됩니다.

Ал бойго жетип калды.
알 보이고 제팁   칼드
그는 성인이 되었습니다.

Сиздин синдиңиз канча жашта?
시즈딘   싱딩이즈   칸차   자쉬타
당신의 여동생은 몇살입니까?

Адыл: Ал он жети жашта. (*Ал он жети жашка толду.)
알 온 제띠 자쉬타   알 온 제티   자쉬카   톨두
그는 17살 입니다.

Сейил: Сиздин атаңыздын (апаңыздын) жашы канчага барып калды?
시즈딘   아땅으즈든   아빵으즈든   자쒸   칸차가   바릅   칼드
당신의   아버지의(어머니의)   연세(나이)는   어떻게 됩니까(몇살이 되고 있습니까)?

Адыл: Менин атам (апам) карып калды.
메닌   아탐   아빰   카릅   칼드
나의 아버지(어머니)는 늙어셨습니다.

Атам алтымыш жашты аттады, апам элүү алты жашта.
아탐   알트므쉬   자쉬트   아따드   아빰 엘뤼 알드 자쉬타
아버지는 예순(60) (살)을 넘어셨고, 어머니는 쉰 여섯(56) (살)입니다.

Сейил:	Атаңыз өзүнүн жашына караганда жашыраак көрүнөбү? 아땅으즈 외쥐넌 자쓴나 카라간다 작쓰라-악 괴뤼뇌뷔 당신의 아버지는 나이에 비해서 젊게 보입니까?
Адыл:	Жок, атам өз жашындай эле көрүнөт. 족 아탐 외즈 자쓴다이 엘레 괴뤼뇔 아니오, (나의) 아버지는 자신의 나이대로 보입니다.

다른 표현

Менин атам жаш көрүнбөйт.
메닌   아탐 자쉬 괴륀뵈잍
(나의) 아버지는 젊게 보입니다.

Бир аз картаң көрүнөт.
비르 아즈 카르탕   괴뤼뇔
조금 늙게 보입니다.

Сейил:	Менин чоң энем көп жашта. Жашы 96да. 메닌 총 에넴 굅 자쉬타 자쒸 톡손알뜨다 나의 할머니는 연세가 많으십니다. (그녀의) 나이는 아흔 여섯(96) (살)입니다.

Ал дагы деле ден-соолугу чың, сергек жана зирек.
알 다그 델레 덴 솔-루구   충   세르겍 자나 지렉
그녀(할머니)는 아직도 건강이 좋으시고, 정정하시고 지력이 뛰어나십니다.

Ал дагы көп жашагысы келет.
아 다그 굅 자샤그스   겔렡
그녀(할머니)는 더 많이 살고 싶어 하십니다.

А: Менин эң кичүү иним эки жашта. Инимди аябай сагындым.
메닌 엥 키취- 이님 에끼 자쉬타 이님디 아야바이 사근듬
나의 가장 작은 남동생은 2살입니다. (나의) 동생이 매우 그립습니다.

Сейил: Ий, Иниңиз кичинекей турбайбы, чын эле сагына тургандай экен.
이- 이닝이즈 키치네케이 투르바이브 츤 엘레 사그나 투르간다이 에켄
이~~, (당신의) 동생은 (매우) 어리군요, 진짜로 그리울 것 같습니다.

Адыл: Сиз адамдын канча жашта экенин сыртынан биле аласызбы?
시즈 아담든 칸차 자쉬타 에케닌 스르트난 빌레 알라스즈브
당신은 사람들이 몇살인지 겉모습으로 알 수 있습니까?

Сейил: Сыртынанбы? Таап көрөйүн.
스르트난브 타압 괴뤄윈
겉모습으로 말입니까? 알아 맞춰 보겠습니다.

Адыл: Мисалы: Тиги кыз канча жашта табыңызчы?
마살르 티기 크즈 칸차 자쉬타 타븡으즈츠
시범적으로 저 여자는 몇 살인지 맞춰보세요?

Сейил: 20 жаштай көрүнөт го.
즈이르마 자쉬타이 괴뤼녙 고
20살 정도로 보입니다.

Ал сизден беш жаш улуу окшойт.
알 시즈덴   베쉬 자쉬 울루- 옥쇼잍
그녀는 당신보다 5살 많을 것 같습니다.

Адыл: Мен ойлойм   23   же   25   жашта деп.
멘   오이로임 즈이르마 위취 제 즈이르마 베쉬 자쉬타   뎊
나는 23살 또는 25살이라고 생각합니다.

Анын жашы менин жашыма караганда төрт жаш улуу окшойт.
아늰   자쉬   메닌   자쉼마   카라간다   퇴릍 자쉬
울루-   옥쇼잍
그(녀)의 나이는 나보다 4살 많은 것 같습니다.

Сейил: Жүр барып өзүнөн сурайбыз.
쥐르   바릎   외쥐넌   수라이브즈
가서 그녀로부터 직접 물어봅시다.

Адыл: Ыңгайсыз го деп ойлойм. Мейли жүр сурап көрөлү.
응가이스즈   고 뎊 오이로임   메일리 쥐르 수랖   괴뢸뤼
불편해 할 것이라고 생각합니다. 그렇지만 가서 물어봅시다.

Сейил: Кечиресиз, жашыңыз канчада экенин айтып бере аласызбы?
게치레시즈   자쑹으즈   칸차다   에케닌   아이틒
베레 알라스즈브
실례합니다. (당신의) 나이가 몇살인지 말해 주실 수 있습니까?

Досум экөөбүз мелдешип кеттик, кимибиздики туура болот экен.
도숨   에쾨뷔즈 멜데쉽   겥딕   키미비즈디끼
투-라   볼롵   에켄
(나의) 친구와 내기를 했습니다. 누구의 것이 맞을까요.

Айжан: Макул, менин жашым 20да.
마쿨 메닌 자씀 즈이르마다
좋아요, 나의 나이는 20살입니다.

Адыл: Чоң рахмат, айтканыңызга.
총 라흐맡 아이트카늉으즈가
말씀해 주셔서 대단히 감사합니다.

Айжан: Эч нерсе эмес.
에츠 네르세 에메스
괜찮습니다.

Сейил: Мынакей меники туура чыкты.
므나케이 메니끼 투-라 측뜨
보세요, 나의 것이 맞습니다. (봐, 내가 맞잖아)

Адыл: Ой, сен чын эле туура айттың. Кантип билип койдуң?
오이 셴 츤 엘레 투-라 아이뜽 칸팁 빌립 코이둥
오, 너는 정말로 옳게(맞게) 말했습니다. 어떻게 알았습니까?

Сейил: Менден кичүү көрүндү.
멘덴 키춰- 괴륀뒤
나보다 어리게 보였습니다.

-120-

20. Көчөдө
(거리에서)

Касым: Кечиресиз, Цумга кантип барышты көргөзүп бериңизчи.
게치레시즈 쭘가 칸팁 바르쉬트 괴르괴집 베링이즈치
실례합니다. 백화점에 어떻게 가는지 가리켜 주세요.

Ширин: Бул жерден түз барып оңго буруласыз.
불 제르덴 түз 바릅 옹고 부룰라스즈
여기에서 똑바로 가서 오른쪽으로 도세요.

Касым: Бул жол менен аялдамага чейин бара аламбы?
불 졸 메넨 아얄다마가 체인 바라 알람브
(나는) 이 길로 정류장까지 갈 수 있습니까?

* *Барганга болобу?*
바르간가 볼로부   다른 표현
가도 됩니까?

Ширин: Автобус менен барасызбы, же болбосо жөө барасызбы?
압토부스 메넨 바라스즈브 제 볼보소 죄- 바라스즈브
버스로 가십니까, (그게) 아니면 걸어서 가십니까?

Касым: Жөө барам.
죄- 바람

걸어서 갑니다.

Ширин: Бул жолду түз басып барып, экинчи кесилиштен оңго бурулуп, акырына чейин барыңыз.
불 졸두 튀즈 바숩 바릅 에낀치 케실리쉬텐
옹고 부룰룹 아크르나 체인 바릉으즈
이 길을 똑바로 걸어 가서, 두번째 사거리에서 오른쪽으로 돌아서 끝까지 가세요.

Анан дагы оңго бурулуп басканда Цумду таба аласыз.
아난 다그 옹고 부룰룹 바스칸다 쭘두 타바
알라스즈
그리고 나서 또 오른쪽으로 돌아서 가면 백화점을 찾을 수 있을 것 입니다.

Касым: Бул жерден Цумга канча мүнөттө жетсе болот?
불 제르덴 쭘가 칸차 뮈뇔퇴 젤세 볼롵
이곳에서 백화점까지 몇 분 만에 도착할 수 있습니까?

Ширин: 20 мүнөт талап кылынат, бул эң кыска жол.
즈이르마 뮈뇔 탈랍 클르낱 불 엥 크스카 졸
20분이 걸립니다, 이 것이 가장 짧은 길입니다.

Касым: Айтып бергениңизге чоң рахмат.
아이틉 베르게닝이즈게 총 라흐맡
말씀해 주셔서 대단히 감사합니다.

Ширин: Эч нерсе эмес. Адашпай таап алыңыз.
에츠 네르세 에메스 아다쉬빠이 타압 알릉으즈
괜찮습니다. 길을 잃지 마시고, (잘) 찾아 가세요.

[예제 1]

Касым: **Бул тегеректе кино театр барбы?**
불 테게렉테 키노 테아트르 바르브
이 근처에 영화관이 있습니까?

Ширин: **Ооба, бирөө бар.**
오-바 비뢰- 바르
네, 한 개 있습니다.

Касым: **Бул жактан алысбы?**
불 작탄 알르스브
이곳에서 멉니까?

Ширин: **Жок, анчалык алыс эмес, жакын эле.**
족 안찰륵 알르스 에메스 자큰 엘레
아니예요, 그리 멀지 않습니다, 가까운 편입니다.

Бул жол менен түз барып, акырында солго бурулуңуз.
불 졸 메넨 튀즈 바릅 아크른다 솔고 부룰룽우즈
이 길로 똑바로 가서, 마지막에 왼쪽으로 도세요.

[예제 2]

Касым: **Бул Ахунбаева көчөсүнө барган жолбу?**
불 아훈바에바 괴쵀쉬뇌 바르간 졸부
이것(길)은 아훈바에바 (거리)에 가는 길입니까?

Кечиресиз, бул жол каяка алып барат?
게치레시즈   불   졸   카야카   알릅   바랕
실례합니다, 이 길은 어디로 가는 길입니까?

Ширин: Тилеке каршы, билбейм.
틸렉케   카르쓰   빌베임
유감스럽지만, (저는) 알지 못합니다

Мен бул жердик адам эмесмин.
멘   불   제르딕   아담   에메스민
저는 이곳 사람이 아닙니다.

Мен бул шаарды такыр билбейм.
멘   불   샤-르드   타크르   빌베임
나는 이 도시를 전혀 모릅니다

[예제 3]

Касым: Автобуска каяктан отурса болот?
압토부스카   카야탄   오투르사   볼롵
버스는 어디에서 타면 됩니까?

Ширин: Тиги тарапка өтүңүз.
티기   타랍카   외텅위즈
저쪽으로 건너세요.

Автобус гүл саткан дүкөндүн алдына токтойт.
압토부스   궐   사트칸   뒤쾬뒨   알드나   톡토읕
버스는 꽃을 파는 가게의 앞에 섭니다.

[예제 4]

Касым: Мен жолду унутуп калдым, бул жол кайсы жол?
멘 졸두 우누툽 칼듬 불 졸 카이스 졸
나는 길을 잊었습니다. 이 길은 어떤(무슨) 길입니까?

Ширин: Бул жол Манас көчөсү.
불 졸 만나스 괴최쉬
이 길은 만나스 거리입니다.

다른 표현 ⎰ Бул жол музейге (зоопаркка) барган жол.
불 졸 무제이게 조-파륵카 바르간 졸
이 길은 박물관(동물원)에 가는 길입니다.

Бул жолду бойлоп түз барыңыз.
불 졸두 보이롭 튀즈 바릉으즈
이 길을 따라서 똑바로 가세요.

Касым: Бул жерден музейге чейин алыспы?
불 제르덴 무제이게 체인 알르스쁘
여기에서 박물관까지 멉니까?

Ширин: Бир километрдей болот.
비르 킬로메트르데이 볼롯
1킬로미터 정도 됩니다.

Касым: Чоң рахмат! Айтып бергениңизге.
총 라흐맡 아이틉 베르게닝이즈게
말씀해주셔서 대단히 감사합니다!

Ширин: Эч нерсе эмес. Жакшы барыңыз.
에츠 네르세 에메스 작쓰 바릉으즈
괜찮습니다. 잘 가세요.

21. Такси
(택시)

Кубат: Тез арада жөнөшүбүз керек, такси заказ кылсак болобу?
테즈 아라다 죄뇌쉬뷔즈 케렉 탁시 자카즈 클삭 볼로부
(우리는) 빨리(급히) 떠나야 합니다. 택시를 불러도 (예약해도) 됩니까?

Анара: Болот.
볼롭
됩니다.

Кубат: Такси чакырып бериңизчи.
탁시 차크릅 베링이즈치
택시를 불러 주세요.

Анара: Азыр, тез арада чакырам.
아즈르 테즈 아라다 차크람
지금 바로 부르겠습니다.

Кубат: Акысын убакыт боюнча төлөйүнбү же аралыгы боюнча төлөйүнбү?
아크슨 우바큳 보윤차 될뢰이원뷔 제 아랄르그 보윤차 될뢰이원뷔
요금은 시간에 따라서 줄까요, 또는(아니면) 거리에 따라서 줄까요?

Анара: Өзүңүзгө караңыз, убакыты боюнча деле, аралыгы боюнча деле заказ кылсаңыз болот.
위정위즈괴 카랑으즈 우바크트 보윤차 델레
알랄르그 보윤차 델레 자카즈 클상으즈 볼롣
당신이 원하는데로 하세요, 시간에 따라서도 되고, 거리에 따라서도 예약이 가능합니다.

Кубат: Аралыгы боюнча төлөйм.
아랄르그 보윤차 퇼뢰임
거리에 따라서 지불하겠습니다.

Анара: Макул.
마쿨
좋습니다.

[예제 1]

Кубат: Шаар боюнча экскурсия үчүн машинаны эки күнгө арендага алсак болобу?
샤.르 보윤차 엑스쿠르시야 위췬 마쉬나느 에끼
귄괴 아렌다가 알삭 볼로부
도시 전체를 구경(관광)하기 위해서 자동차를 2일 동안 빌려도 됩니까?

Анара: Мүмкүн деп ойлойм.
뮴퀸 뎁 오이로임
가능하다고 생각합니다.

Кубат: Айдоочу, биз шаар боюнча экскурсиялаганды каалайбыз.
아이도.추 비즈 샤.르 보윤차 엑스쿠르시야라간드
칼.라이브즈
운전사님, 우리는 도시 전체를 구경(관광)하기를 원합니다.

Айдоочу: Кайсы жерлерди көргүңүз келип жатат?
카이스 제르레르디 괴르귕위즈 겔립 자탙
어떤 곳들을 보고 싶습니까?

Кубат: Эң белгилүү жерге жол көрсөтүп бериңизчи.
엥 벨길뤼- 제르게 졸 괴르쇠툽 베링이즈치
가장 유명한 곳의 길을 가리켜 주세요.

Айдоочу: Бул шаардык жол көрсөткүч.
불 샤르득 졸 괴르쉴퀴춰
이것은 도시의 길을 안내해주는 것(지도)입니다.

Сиз көргүңүз келген жакты тандап бериңиз.
시즈 괴르궁위즈 겔겐 작트 탄답 베링이즈
당신이 보고 싶은 곳을 선택해 주세요.

Эмнени көргөндү каалайсыз?
엠네니 괴르괸뒤 칼-라이스즈
무엇을 보기를 원하십니까?

Кубат: Биз Ала-тоо аянтындагы сүрөт галереясына, Ленин музейине,
비즈 알라-토- 아얀튼다그 쉬룉 갈레레야스나
레닌 무제이네
우리는 알라-토 광장에 있는 미술관, 레닌 박물관,

Фрунзе эстелик музейине, Ата-түрк паркын көргүбүз келет.
푸룬제 에스텔릭 무제이네 아타 튀뤽 파르큰
괴르귀뷔즈 겔렡
푸룬제 기념 박물관, 아타-튀휙 공원을 보고 싶습니다.

Айдоочу:	Жарайт.
	자라읻
	좋습니다.

Кубат:	Машинага отура берсек болобу?
	마쉬나가 오투라 베르섹 볼로부
	자동차에 타도 됩니까?

Айдоочу:	Албетте, отургула.
	알벹떼 오뚜르굴라
	물론입니다, 앉으세요.

Кубат:	Бул көчө кайсы көчө экен?
	불 괴최 카이스 괴최 에켄
	이 거리는 무슨 거리입니까?

Айдоочу:	Бул Совет көчөсү.
	불 소벧 괴최쉬
	이것은 소벧 거리입니다.

Анара:	Айдоочу байке сизге чоң рахмат, шаарды айландырып келгениңизге.
	아이도-추 바이께 시즈게 총 라흐맡 샤-르드
	아이란드릅 겔게닝이즈게
	운전 기사님 (당신에게) 도시를 둘러 볼 수 있게 해주셔 대단히 감사합니다.

Кубат:	Сиз менен шаарды айланып көңүлдүү келдик.
	시즈 메넨 샤-르드 아이라늡 굉윌뒤- 겔딕
	당신과 함께 도시(시내)를 돌아보고 기분좋게 왔습니다.

Токтоп туруңуз! Өтүп кеттик.
톡톱　　투룽우즈　외뗩　곁떡
멈추세요! 지나버렸습니다.

Бир аз артка кайтыңыз.
비르　아즈 아릍카 카이뚱으즈
조금 뒤로 되돌아 가주세요.

Айдоочу: **Кечиресиңер.**
게치레싱에르
죄송(미안)합니다.

Кубат: **Канча сом болду?**
칸차　　솜　볼두
얼마입니까? (몇솜입니까?)

Айдоочу: **Аралыгы боюнча төлөйсүзбү?**
아랄르그　　보윤차　　퇼뢰이쉬즈뷔
거리에 따라서 지불하시겠습니까?

Кубат: **Ооба.**
오-바
네

Айдоочу: **900 сом болот.**
토구즈 쥐즈 솜　볼콜
900솜입니다

Кубат: Мында 1000 сом, артканын өзүңүз алыңыз. Чоң рахмат.
믄다 비르밍 솜 아를카는 외정위즈 알릉으즈 총 라흐맡
여기 1000솜 있습니다. 남는 것은 가지세요. 대단히 감사합니다.

22. Киоскада
(매점에서)

Ширин: Саламатсызбы, эмне берейин?
살라맡스즈브 엠네 베레인
안녕하세요, 무엇을 드릴까요?

Асыл: "Чүй жаңылыгы" деген газета берип коюңузчу.
취이 장을르그 데겐 가제타 베립 코윰우즈
"추이 뉴스"라고 하는 신문을 주세요.

Ширин: Өткөн жуманыкы, жарайбы?
외트쾬 주마느크 자라이브
지난 주의 것입니다. 괜찮으세요?

Асыл: Бул жуманыкы келе элекпи?
불 주마느끄 젤레 엘렉삐
이번주께는 아직 오지 않았습니까?

Ширин: Ооба, келе элек.
오-바 젤레 엘렉
네, 아직 안왔습니다.

Асыл: Анда кайсы жаңы газеталар бар?
안다 카이스 장으 가제타라르 바르
그러면 어떤 새로운 신문들이 있습니까?

Ширин: "Ааалам" "Агым" "Кыргыз туусу" жана башкалар.
알-람 아금 크르그즈 투-수 자나 바쉬카라르

"알람", "아금", "크르그즈투수" 등등이 있습니다.

Асыл: "Кыргыз туусун" бериңизчи, канча сом?
크르그즈 투-순 베링이즈치 칸차 솜
"크르그즈 투수"를 주세요, 얼마입니까?

Ширин: Он беш сом.
온 베쉬 솜
15솜입니다.

Асыл: Жарайт.
자라일
좋아요.

Ширин: "Мода" журналы барбы?
모다 주르날르 바르브
"모다" 잡지 있습니까?

Асыл: Ооба, бар.
오-바 바르
네, 있습니다.

Ширин: Анда "Мода" журналын берип коюңузчу.
안다 모다 주르날른 베립 코윰우즈추
그러면 "모다" 잡지를 주세요.

Асыл: Баасы алты жүз сом, бары биригип алты жүз он беш сом болот.
바-스 알뜨 쥐즈 솜 바르 비리깁 알뜨 쥐즈 온 베쉬 솜 볼롵 가격은 600솜입니다. 모두 합쳐서 615솜입니다.

Ширин: **Рахмат. Жакшы калыңыз.**
라흐맡   작쓰   갈룽으즈
감사합니다. 잘 계세요.

Асыл: **Мейли.**
메일리
네.

23. Сатып алуу
(물건 사기)

Кубан: **Бул эмне?**
불 엠네
이것은 무엇입니까?

Айзан: **Бул дарбыз.**
불 다르브즈
이것은 수박입니다.

Кубан: **Бул канча сом? / Бул канчадан?**
불 칸차 솜 불 칸차단
이것은 몇 솜입니까? / 이것은 얼마 입니까?

Айзан: **Бул 50 сом.**
불 엘뤼 솜
이것은 50솜 입니다

Кубан: **Бир дарбыз бериңиз.**
비르 다르브즈 베링이즈
수박 한 개 주세요

Мына. Кийинкиде да мага келиңиз.
므나 기인끼데 다 마가 겔링이즈
여기 있습니다. 다음에도 나에게 오세요.

Сизге арзан берейин!
시즈게   아르잔   베레인
당신에게 싸게 줄게요!

[예제 1]

Азима: Саламатсызбы?
         살라맡스즈브
         안녕하세요?

         Эмне аласыз? (*Эмнени көргөзөйүн?)
         엠네   알라스즈   엠네니   괴르괴죄윈
         무엇을 사시겠습니까? (*무엇을 보여 드릴까요?)

Мирлан: Галстук сатып алайын дегем, галстук барбы?
         갈스툭   사틉   알라이은   데겜   갈스톡   바르브
         넥타이를 사려고 하는데, 넥나이 있습니까?

Азима: Биздин магазинде галстуктун көп түрү бар.
         비즈딘   마가진데   갈스툭툰   쾹 튀뤼 바르
         우리(의) 가게에는 다양한 종류의 넥타이가 있습니다.

Мирлан: Галстукту көргөзүп коюңузчу.
         갈스툭투   괴르괴쥡   코윰우즈추
         넥타이를 보여 주시겠어요.

Азима: Макул.   Бери келиңиз.
         마쿨   베리   겔링이즈
         좋아요. 여기로 오세요.

Бул галстук кандай экен?
불 갈스툭 칸다이 에껜
이 넥타이는 어떻습니까?

Мирлан: **Мындай түс азыр мода болуп жатабы?**
믄다이 튀스 아즈르 모다 볼릅 자타브
이런 색이 지금 유행되고 있습니까?

Азима: **Ооба.**
오-바
네

Мирлан: **Бул өң көйнөгүмө жарашыктуубу?**
불 욍 괴이뇌귀뫼 자라쓱투-부
이 색이 (나의) 와이셔츠에 어울립니까?

Азима: **Жок, көйнөгүңүзгө сызыкчасы кызыл галстук жарашат.**
족 괴이뇌겅위즈괴 스즉차스 크즐 갈스툭 자라샽
아니요, (당신의) 와이셔츠에 붉은 줄무늬 넥타이가 어울립니다.

Мирлан: **Андай болсо, экөөнү тең алайын.**
안다이 볼소 에쾨-뉘 텡 알라이은
그렇다면, 두개 다 사겠습니다.

Экөө биригип канча сом болот?
에쾨- 비리깁 칸차 솜 볼롣
두개 합쳐서 얼마입니까(몇 솜입니까)?

Азима: Экөө биригип миң сом болот.
에꾀- 비리깁 밍 솜 볼롣
두개 합쳐서 천솜입니다.

Мирлан: Жарайт.
자라일
좋습니다.

Азима: Мындан сырткары эмне керек?
믄단 스륻카르 엠네 케렉
이외에 (또) 무엇이 필요합니까?

Мирлан: Мен бир көйнөк сатып алайын дегем. Көйнөк барбы?
멘 비르 꾀이뇩 사뚭 알라이은 데겜 꾀이뇩 바르브
나는 (와이)셔츠 하나를 사려고 하는데요. (와이)셔츠 있습니까?

Азима: Ооба.
오-바
네.

Мирлан: Көйнөктү көргөзүп коюңузчу.
꾀이뇩퇴 꾀르꾀젭 코윰우즈추
(와이)셔츠를 보여 주세요.

Азима: Размериңиз кандай болушу керек?
라즈몌릥이즈 칸다이 볼루슈 케렉
치수는 어떻게 되어야 합니까?

Мирлан: **Отуз сегизинчи.**
오뚜즈 세기진치
38(번 째)입니다.

Азима: **Бул баалуу көйнөк, кандай экен?**
불 발-루- 괴이뇍 칸다이 에켄
이것은 비싼 (와이)셔츠입니다, 어때요?

Мирлан: **Канча турат?**
칸차 투랍
얼마입니까?

Азима: **Миң сегиз жүз сом турат.**
밍 세기즈 쥐즈 솜 투랍
1800솜입니다.

Мирлан: **Мен үчүн өтө эле кымбат го.**
멘 위췬 외퇴 엘레 큼밭 고
나에게 너무 비쌉니다.

Арзаны жакшы болмок, арзан болбойбу?
아르자느 작쓰 볼목 아르잔 볼보이부
싼 것이면 좋겠는데, 싸게는 안됩니까?

Азима: **Баасын кайра түшүрө албайбыз.**
바-슨 카이라 튀쉬뢰 알바이브즈
가격은 다시 내릴 수 없습니다.

Бул эң арзан баа.
불 엥 아르잔 바-

이것이 가장 싼 가격입니다.

Биз коюлган баасы менен сатып жатабыз.
비즈 코율간   바-스   메넨   사뜹   자타브즈
우리는 정가대로 팔고 있습니다.

Мирлан: **Кечиресиз, бир аз баасын түшүрө аласызбы?**
게치레시즈   비르 아즈 바-슨   튀쉬뢰   알라스즈브
미안한데요, 조금 가격을 내려 줄 수 있습니까?

Азима: **Бул көйнөктүн гана баасын түшүрө алам.**
불   쾨이뇍튄   가나   바-슨   튀쉬뢰   알람
이 (와이)셔츠만 가격을 내려 줄 수 있습니다.

Мирлан: **Анда бул көйнөктү алайынчы, ороп бериңизчи.**
안다   불   쾨이뇍튀   알라이은츠   오롭 베링이즈치
그러면 이 (와이)셔츠를 사겠습니다. 포장해 주세요.

Азима: **Макул, ороп берейин.**
마쿨   오롭   베레이인
물론입니다, 포장해 드리겠습니다.

Мирлан: **Чоң рахмат. Жакшы калыңыз.**
총   라흐맡   작쓰   갈릉으즈
대단히 감사합니다. 잘(안녕히) 계세요.

Азима: **Жакшы барыңыз, келип туруңуз.**
작쓰   바릉으즈   겔립   투룽우즈
잘(안녕히) 가세요, (또) 들려 주세요.

24. Баш кийим дүкөнүндө
(모자 가게에서)

Марат: **Шляпаны көргөзүп коюңузчу, мага чак шляпа барбы?**
쉴랴빠느 괴르괴죕 코윰우즈추 마가 착 실랴빠 바르브
모자(태가 있는)를 보여 주시겠어요, 나에게 딱 맞는 모자가 있습니까?

Айжан: **Ооба бар, бул жака келиңиз.**
오-바 바르 불 작카 켈링이즈
네 있습니다, 이쪽으로 오세요.

Марат: **Мен фетровый шляпа алгым келет.**
멘 페트로브이 쉴랴빠 알금 겔렡
나는 펠트제의 모자를 사고 싶습니다.

Айжан: **Кайсы өңү жакшы?**
카이스 왱위 작쓰
어떤 색이 좋을까요?

Марат: **Мен ачык күрөңдү жактырам.**
멘 아측 귀룅뒤 작뜨람
나는 밝은 갈색을 좋아합니다.

Мен боз өңдөгү шляпаны алгым келип жатат
멘 보즈 왱되귀 쉴랴빠느 알금 겔립 자탙
나는 회색 (계통의) 모자를 사고 싶습니다.

-141-

Кара түстөгү шляпаны алгым келип жатат.
카라 튀스퇴귀 실랴빠느 알금 겔립 자탈
검은색 (계통의) 모자를 사고 싶습니다.

Айжан: Кайсы размер туура келет?
카이스 라즈메르 투-라 겔렡
어떤 치수가 맞습니까?

Марат: Жакшы билбейт экенмин. Өлчөп көрүнүзчү?
작쓰 빌베일 에켄민 욀쳅 괴륑위즈취
잘 모르겠는데요. 치수를 재 보시겠어요.

Айжан: Макул, анда өлчөп алайын.
마쿨 안다 욀쳅 알라이은
좋습니다, 그러면 치수를 재겠습니다.

Марат: Бул дагы туура келет окшойт, кандай экен?
불 다그 투-라 겔렡 옥쇼일 칸다이 에켄
이것 도 맞을 것 같습니다, 어때요?

Айжан: Сиздин жашыңызга туура келбейт го,
시즈딘 자쑹으즈가 투라 켈베일 고
당신의 나이에 적합지 않은 것 같은데요.

мунусун бир жолу кийип көрүнүзчү.
무누순 비르 졸루 기이입 괴륑위즈취
이것을 한 번 쓰 보세요.

Марат: Бул шляпа мага бир аз кичине (чоң, тар, кысат, бош) окшойт.
불 쉴랴빠 마가 비르 아즈 키치네 총 타르 크샅
보쉬 옥쇼일

-142-

이 모자는 나에게 조금 작은(큰, 좁은, 누르는, 훌렁한) 것 같습니다.

Мага бир размер чоңу болгондо жакшы болмок.
마가   비르   라즈메르   총우   볼곤도   작쓰   볼목
나에게 한 치수 큰 것이면 좋겠는데요.

Башкасын көргөзүп көрүңүзчү.
바쉬카슨   괴르괴쵭   괴뤙위즈춰
다른 것을 가리켜 주시겠어요.

Айжан: **Боз өңүн жактырасызбы?**
보즈   윙윈   작뜨라스즈브
회색을 좋아하세요?

Марат: **Мен боз өңдү жактырбайм, мен үчүн өтө ачык.**
멘   보즈   윙뒤   작뜨르바임   멘   위췬   외뙤   아측
나는   회색을   좋아하지   않습니다.   나에게는   너무 밝은색입니다.

Айжан: **Андай эмес, сизге жакшы жарашты.**
안다이   에메스   시즈게   작쓰   자라쉬뜨
그렇지 않아요, 당신에게 잘 어울리는데요.

Марат: **Бул учурдагы модабы?**
불   우추르다그   모다브
요즘 유행하는 것입니까?

Айжан: **Ооба, бул модель азыр мода болуп жатат.**
오-바 불 모델 아즈르 모다 볼륩 자탑
네, 이 모델은 지금 유행하고 있습니다.

Марат: **Анда ушуну алайын.**
안다 우슈누 알라이은
그러면 이것을 사겠습니다.

Калпак да барбы?
칼팍 다 바르브
칼팍도 있습니까?

Ак калпак сатып алайын дегем.
악 칼팍 사뜹 알라이은 데겜
흰 칼팍을 살려고 하는데요.

Айжан: **Азыр берем.**
아즈르 베렘
지금 드리겠습니다.

Марат: **Кийип көрсөм болобу?**
기이입 괴르쉼 볼로부
써 봐도 됩니까?

Айжан: **Ооба болот.**
오-바 볼롣
네 됩니다.

Марат: **Бул калпак жакты, ушуну алайын.**
불 칼팍 작뜨 우슈누 알라이은
이 칼팍이 마음에듭니다. 이것을 사겠습니다.

Мага жакшы болду, каалаган баш кийимимди алдым.
마가 작쓰 볼두 칼-라간 바쉬 키이밈디 알듬
잘 됐습니다, (내가) 원하는 모자를 샀습니다.

Айжан: **Ооба сизге абдан жарашыктуу отурду.**
오-바 시즈게 아브단 자라쓱투- 오뚜르두
네, 당신에게 아주 잘 어울리고, 딱 맞습니다.

Чоң рахмат. Жакшы барыңыз.
총 라흐맡 작쓰 바릉으즈
대단히 감사합니다, 안녕히 가세요

25. Бут кийим дүкөнүндө
(신발 가게에서)

Үмүт: **Саламатсызбы? Кош келиңиз!**
살라맡스즈브 코쉬 겔링이즈
안녕하세요? 어서 오세요!

Эмнени каалайсыз?
엠네니 칼-라이스즈
무엇을 원하세요?

Эмне кылып жардам берейин?
엠네 클릅 자르담 베레이인
어떻게 도와 드릴까요?

Канат: **Мага туфли керек.**
마가 투플리 케렉
나에게(나는) 구두가 필요합니다.

Мен туфли сатып алайын дегем.
멘 투플리 사틉 알라이온 데겜
나는 구두를 사려고 하는데요.

Үмүт: **Кайсы туфлини каалайсыз?**
카이스 투플리니 칼-라이스즈
어떤 구두를 원하세요?

Канат: **Кара туфлини каалайм.**
카라 투플리니 칼-라임
검은색 구두를 원합니다.

-146-

Үмүт: **Бул жакка келиңиз.**
불 작카 겔링이즈
이쪽으로 오세요.

Бул туфли кандай экен?
불 투플리 칸다이 에켄
이 구두는 어때요(어떠세요)?

туура келет окшойт.
투-라 겔렡 옥쇼잍
맞을 것 같은데요.

Канат: **Бул өтө чоңдой.**
불 외되 총도이
이것은 너무 큰 것 같습니다.

Бул мага туура келет.
불 마가 투-라 겔렡
이것은 나에게 맞습니다.

Бул мага ылайык.
불 마가 을라이윽
이것은 나에게 적합니다.

Канча турат?
칸차 투랕
얼마입니까?

Канча төлөшүм керек?
칸차 툍뢰쉼 케렉
얼마를 지불해야(드려야) 합니까?

Бул туфли канча?
불 투플리 칸차
이 구두는 얼마입니까?

Үмүт: Эки миң сом.
에끼 밍 솜
이천솜입니다.

Канат: Бул кымбат го?
불 큼밭 고
이것은 (너무) 비싸군요?

Үмүт: Жок, кымбат эмес, жакшы фирмадан жасалган сапаттуу бут кийим.
족 큼밭 에메스 작쓰 피르마단 자살간 사빨뚜 붙 기이임
아닙니다, 비싸지 않습니다. 좋은 회사에서 만든 품질이 우수한 신발입니다.

Канат: Бир аз арзан кыла албайсызбы?
비르 아즈 아르잔 클라 알바이스즈브
조금 싸게 할 수 있습니까?

Үмүт: Биздин магазин түшүрө албайт.
비즈딘 마가진 튀쉬뢰 알바읻
우리 가게는 (가격을) 낮출 수 없습니다.

Канат: Түшүрө албасаңыз сатып албайм.
튀쉬뢰 알바상으즈 사뚭 알바임
(가격을) 내려 줄 수 없으시면 사지 않겠습니다.

Үмүт: Андай болсо беш процент түшүрүп берейин.
안다이 볼소 베쉬 쁘로젠뜨 튀쉬륍 베레인
(정) 그러시다면 5% 싸게 해 드리겠습니다.

Канат: Жарайт, бул баа менен алайын. Рахмат.
자라일 불 바- 메넨 알라이은 라흐맡
좋습니다. 이 가격으로 사겠습니다. 감사합니다.

Үмүт: Дагы келип туруңуз.
다그 겔립 투룽우즈
또 오세요.

[예제 1]

Канат: Кышкы туфли заказ берейин дедим эле.
크쉬크 투플리 자카즈 베레인 데딤 엘레
겨울 구두를 주문하려고 하는데요.

Үмүт: Кандай түстү каалайсыз?
칸다이 튀스튀 칼-라이스즈
어떤 색을 원하세요?

Канат: Кара түстүүсү жагат.
카라 튀스튀-쉬 자갈
검은 색이 좋습니다.

Үмүт: Сиздин размериңизди өлчөп алайын.
시즈딘 라즈메링이즈디 욀쵭 알라이은
당신의 치수를 재겠습니다.

Кандай модель жакшы?
칸다이   모델   작쓰
어떤 모델이 좋습니까?

Канат: Даярын көрсөтүп көрүнүзчү.
다야른   괴르쉽튑   괴뤙위즈취
완성품(준비된 것)을 보여 주세요.

Үмүт: Макул, бул модель кандай экен?
마쿨   불   모델   칸다이   에켄
좋아요, 이 모델은 어떻습니까?

Канат: Бул модель жакты. Канча турат?
불   모델   작뜨   칸차   투랕
이 모델이 좋습니다. 얼마입니까?

Эгерде заказ берсем качан даяр болот?
에게르데 자카즈 베르셈 가찬 다야르 볼롵
만약에 주문을 하면 언제 준비(완료)가 됩니까?

Тигүүчү: Кийинки жумага чейин даяр болот.
키이인끼   주마가   체인   다야르 볼롵
다음주까지는 준비(완료)가 됩니다.

[예제 2]

Канат: Бул туфлим айрылып калыптыр жаматайын дегем,
불   투플림   아이를릅   칼릅뜨르   자맡타이은 데겜
이 구두가 떨어져서 붙일려고 하는데요.

жамап бере аласызбы?
자맙　베레　알라스즈브
붙여 줄 수 있습니까?

Тигүүчү:　Жарайт.
　　　　　자라일
　　　　　좋습니다.

Канат:　Канча күн талап кылынат?
　　　　칸차　권　탈랍　클르날
　　　　몇일 걸립니까?

Тигүүчү:　Беш күндүн ичинде тигип бере алам. (*жамай алам.)
　　　　　베쉬　권뒨　이친데　티깁　베레　알람　자마이 알람
　　　　　5일 안에 수선해 줄 수 있습니다. (*붙일 수 있습니다.)

Канат:　Рахмат, беш күндөн кийин келем.
　　　　라흐맡　베쉬　권뒨　기이인　겔렘
　　　　감사합니다, 5일 안에 오겠습니다.

Тигүүчү:　Макул, жакшы барыңыз.
　　　　　마쿨　작쓰　바릉으즈
　　　　　좋습니다, 잘 가세요.

26. Кийим-кече дүкөнү
(옷 가게에서)

Сайра: **Кийим заказ берейин дегем.**
기이임 자카즈 베레인 데겜
옷을 주문하려고 하는데요.

Кийим заказ берсем болобу?
기이임 자카즈 베르셈 벨로부
옷을 주문해도 됩니까?

Жаркын: **Ооба.**
오-바
네(물론입니다).

Бул жака келиңиз.
불 작카 겔링이즈
이쪽으로 오시겠어요.

Сайра: **Материалдардын үлгүсү барбы?**
마테리알다르든 윌귀쉬 바르브
재료들을의 견본이 있습니까?

Жаркын: **Ооба, көп.**
오-바 쾹
네, 많이 있습니다.

Сайра: **Көргөзүп коюңузчу.**
괴르괴젚 코용우즈추

보여 주시겠어요.

Жаркын: Макул. Булар жаңы үлгүлөр.
마쿨   블라르   장으   윌귀뢰르
물론입니다, 이것들은 새 견본들입니다.

Кайсы түрүн каалайсыз?
카이스   튀륀   칼-라이스즈
어떤 종류를 원하세요.

Сайра: Мен жибек түрүн каалайм.
멘   지벡   튀륀   칼-라임
나는 비단(실크) 종류를 원합니다.

Бул жибекпи?
불   지벡삐
이것이 비단입니까?

Жаркын: Ооба жибек. Бул түрү кандай экен?
오-바   지벡   불   튀뤼   칸다이   에켄
네, 비단입니다. 이 종류는 어떻습니까?

Сайра: Бул түс жакпайт.
불   튀스   작빠잍
이 색깔은 싫습니다.

Мага бул түс өтө күңгүрт го.
마가   불   윙   외뙤   큉귀뤁   고
나에게 이 색깔은 너무 어두운 것 같습니다.

Жаркын: **Мунусу кандай экен?**
무누수 칸다이 에겐
이것은 어떻습니까?

Сайра: **Бул түс мага жарашпайт.**
불 түс 마가 자라쉬빠일
이 색깔은 나에게 어울리지 않습니다.

Бир аз ачыгын каалагам.
비르 아즈 아츠근 칼-라감
조금 밝은 것을 원해요.

Жаркын: **Анда бул түрүчү?**
안다 불 түрүчү
그러면 이 종류는요?

Сайра: **Ооба ушул материалдан кийимимди тигип бериңизчи.**
오-바 우슐 마테리알단 기이밈디 티깁 베리ңизчи
네, 이 재료(옷감)로 옷을 만들어 주세요.

Бул түрү мага жагат, анда канча турат?
불 түрү 마가 자같 안다 칸차 투랕
이 종류가 마음에 듭니다, 그런데 얼마나 합니까?

Жаркын: **Жибектен капталгандыктан беш миң сом турат.**
지벡텐 캅탈간드干탄 베쉬 밍 솜 투랕
비단으로 만들었기 때문에 5천 솜입니다.

Сайра: Алдын ала төлөйүнбү?
알든 알라 툍뢰윈뷔
먼저 지불할까요?

Жаркын: Жок, заказ бүткөндөн кийин төлөйсүз.
족 자카즈 뷔트쿈된 기이인 툍뢰이쉬즈
아니예요, 주문제작이 끝난 다음에 지불하세요.

Сайра: Чоң рахмат.
총 라흐맡
대단히 감사합니다.

Жаркын: Заказ квитанциясын берейинби?
자카즈 키피탄찌야슨 베레인비
주문 영수증을 드릴까요?

Сайра: Ооба, керек болот.
오-바 케렉 볼롵
네, 필요합니다.

Жаркын: Эми размериңизди ченеп алайын.
에미 라즈메링이즈디 체넵 알라이은
지금 치수를 재겠습니다.

Кийинки бейшембиге чейин даярдап коём, ошондо келесиз.
기이인끼 베이쉼비게 체인 다야르답 코욤
오숀도 겔레시즈
다음 주 목요일까지 준비해 놓겠습니다. 그 때 오세요.

Бир жумадан кийин... (일주일 후에...)
비르 주마단 기이인끼

Сайра: Кийип көрүш үчүн келдим, даяр болдубу?
기이입 괴뤼쉬 위췬 껠딤 다야르 볼두부
입어 보기 위해서 왔습니다, 준비됐습니까?

Жаркын: Ооба даяр болду, кийип көрүнүзчү.
오-바 다야르 볼두 기이입 괴륑위즈취
네, 준비가 됐습니다. 입어 보시겠어요.

Сайра: Колтугу бир аз тар го дейм.
콜투구 비르 아즈 타르 고 데임
팔 부분이 조금 좁은 것 같은 데요.

Көкүрөгү бир аз кысат экен.
괴키뢰귀 비르 아즈 크샅 에껜
가슴을 조금 누르는 것 같습니다.

Жаркын: Оңдосо болот.
옹도소 볼롵
고치면 됩니다.

Сайра: Анда жакшы болмок.
안다 작쓰 볼목
그러면 좋을 것 같습니다.

Дагы шым заказ берем.
다그 씀 자카즈 베렘
그리고 바지도 주문하겠습니다.

Баары качан даяр болот.
바르 가찬 다야르 볼롵
언제 모두 준비가 됩니까?

Жаркын: Кийинки жума шейшембиге чейин даярдап берем.
기인끼 주마 쎄이쉼비게 체인 다야르답 베렘
다음 주 화요일까지 준비해 드리겠습니다.

Сайра: Даяр болгондо бул адрес боюнча жиберип коюңузчу.
다야르 볼곤도 불 아드레스 보윤차 지베립 코윰우즈추
준비(완료)가 되면 이 주소로 보내 주시겠어요.

Жеткизгенде акысын төлөп беремин.
제트키즈겐데 아크슨 퇼뢥 베레민
도착하면 요금은 지불하겠습니다.

Жаркын: Макул, акысы 200 сом.
마쿨 아크스 에끼쥬즈 솜
좋습니다, 요금은 200솜입니다.

Сайра: Жарайт.
자라일
괜찮아요.

Жаркын: Жакшы барыңыз!
작쓰 바릉으즈
안녕히 가세요!

27. Чач тарачта
(이발소 / 미용실에서)

Кычан: Чачымды кыскартайын дедим эле, кыскартып бере аласызбы?
차츰드 크스카르타이은 데딤 엘레 크스카르틉 베레 알라스즈브
머리카락을 자르려고 하는데요.

Чокмор: Отуруңуз, кандай кыскартайын?
오뚜룽우즈 칸다이 크스카르타이은
앉으세요. 어떻게 자를까요?

Кычан: Учун тегиздеп бериңизчи.
우춘 테기즈뎁 베링이즈치
끝 부분을 고르게 해주세요.

다양한 표현들
{
Чачымды түз кылып бериңизчи.
차츰드 튀즈 클룝 베링이즈치
(나의) 머리카락을 곧게 펴 주세요

Маңдайымды кыскартып бериңизчи.
망다이음드 크스카르틉 베링이즈치
이마 부분을 짧게 잘라 주세요

Чачымды тармал кылып бериңизчи.
차츰드 타르말 클룝 베링이즈치
(나의) 머리카락을 파마(곱슬하게) 해 주세요.

Кырып бериңизчи. (*Кырбаңыз.*)
크룝 베링이즈치 크르방으즈
}

    ⎡ 잘라 주세요. (*자르지 마세요.)

    │ **Чачымды жууп бериңизчи.**
    │ 차츰드   주-읍   베링이즈치
    │ (나의) 머리카락을 감겨 주세요.

    │ **Акысы канча болот?**
    │ 아크스   칸차   볼롵
    ⎣ 얼마입니까? (요금은 얼마입니까?)

Чокмор: **350 сом.**
                위취줘즈 엘뤼 솜
                350솜입니다.

Кычан: **Жарайт.**
               자라일
              좋습니다.

Чокмор: **Кыркканым сизге жактыбы?**
                크륵카늠   시즈게 작뜨브
                제가 자른 머리카락이 마음에 듭니까?

Кычан: **Абдан жакты, чоң рахмат.**
              아브단 작뜨   총 라흐맡
              매우 마음에 듭니다. 정말 감사합니다.

Чокмор: **Дагы келип туруңуз.**
                다그   겔립   투룽우즈
                또 와 주세요. (종종 들려 주세요, 또 오세요.)

28. Почтада
(우체국에서)

Руслан: Марканы каэрден тапса болот?
마르카느 카에르덴 탑사 볼롵
우표를 어디에서 구할 수 있습니까?

Самара: Биринчи терезеден.
비린치 테레제덴
첫 번째 창구에서 (구할 수 있습니다.)

Руслан: 10 сомдон беш марка бериңизчи.
온 솜돈 베쉬 마르카 베링이즈치
10솜짜리 우표 5개 주세요.

Корейче билген адам барбы?
코레이체 빌겐 아담 바르브
한국어를 아는 사람이 있습니까?

Самара: Андай корейче билген эч ким жок, англисче сүйлөй аласызбы?
안다이 코레이체 빌겐 에츠 킴 족 앙글리스체
쉴뢰이 알라스즈브
한국어를 아는 사람은 아무도 없습니다, 영어를 말할 수 있습니까?

Руслан: Ооба, сүйлөй алам.
오-바, 쉴뢰이 알람
네, 말할 수 있습니다.

Самара: Бул жерде баары англисче түшүнүшөт.
불 제르데 바-르 안글리스체 튀쉬뉘쉴
여기에 있는 모두는 영어를 이해할 수 있습니다.

Руслан: Бул кат чет өлкөгө жөнөй турган кат,
불 캍 체 욀쾨괴 죄뇌이 투르간 캍
이 편지는 외국에 보내는 편지입니다,

бул катты авиа почта аркылуу Сеулга жөнөтөйүн дегем,
불 캍뜨 아비아 뽀츠타 아르클루- 세울가 죄뇌퇴윈 데겜
이 편지를 항공우편으로 서울에 보내려고 하는데,

Канча турат?
칸차 투랕
얼마입니까?

Самара: 100 сом турат, бул жерге кол коюп бериңизчи.
쥐즈 솜 투랕 불 제르게 콜 고윱 베링이즈치
100솜입니다. 여기에 서명해 주세요.

Сизди ким экениңизди далилдей турган документиңиз барбы?
시즈디 킴 에케닝이즈디 다릴데이 투르간
도쿠멘팅이즈 바르브
당신이 누구인지 증명해 주는 서류가 있습니까?

Руслан: Ооба бар, мына менин паспортум.
오-바 바르 므나 메닌 빠스뽀르툼
네, 있습니다. 여기에 저의 여권이 있습니다.

Мен дагы Сеулга почта аркылуу акча жана бул буюмду посылка боюнча жөнөткүм келет.
멘 다그 세울가 뽀츠타 아르클루 악차 자나 불
부윰두 뽀슬카 보윤차 죄뇔큄 겔렡
나는 또 서울에 우체국을 통해서 돈과 이 물건을 소포로 보내고 싶습니다.

Самара: Макул, кабыл алабыз.
마쿨 카블 알라브즈
좋아요, 받아 주겠습니다.

Руслан: Бул посылканын акысы канча турат?
불 뽀슬카는 아크스 칸차 투랕
이 소포의 요금은 얼마입니까?

Самара: Бул посылканын ичине эмне салынган?
불 뽀슬카는 이치네 엠네 살른간
이 소포(상자)의 안에는 무엇이 들어 있습니까?

Руслан: Бир нече китеп салынган.
비르 네체 기텝 살른간
몇 권의 책이 들어 있습니다.

Самара: Оордугу бир аз ашыкча болуп калды, кошумча төлөйсүз.
오-르두구 비르 아즈 아쓱차 볼릅 칼드 코슘차
퇼뢰이쉬즈
무게가 조금 초과했습니다. 추가 요금을 내셔야 합니다.

Руслан: Канча сом болот?
칸차 솜 볼롣

얼마입니까?

Самара: **650 сом болот.**
알뜨 쥐즈 엘뤼 솜 볼롵
650솜입니다.

Руслан: **Макул жарайт. Рахмат.**
마쿨   자라잍   라흐맡
괜찮아요. 감사합니다.

Самара: **Жакшы барыңыз.**
잨쓰   바릉으즈
안녕히(잘) 가세요.

29. Саат дүкөнүндө
(시계 가게에서)

Руслан: **Саламатсызбы?**
살라맡스즈브
안녕하세요?

Самара: **Саламатчылык.**
살라맡츌륵
네, 안녕하세요?

Руслан: **Сизде кол саат барбы?**
시즈데 콜 사알 바르브
당신에게 손목 시계가 있습니까?

Самара: **Кайсы жактын саатын каалайсыз?**
카이스 작튼 사아튼 칼-라이스즈
어느 곳(나라)의 시계를 원하십니까?

Руслан: **Швейцария саатын алайын дегем.**
쉬베이짜리야 사아튼 알라이은 데겜
스위스(산) 시계를 사려고 하는데요.

Самара: **Швейцариянын кол сааты калган жок,**
Американын кол сааты бар.
쉬베이짜리야는 콜 사아트 칼간 족
아메리카는 콜 사아트 바르
스위스(산) 시계는 다 팔렸습니다.(남아 있지 않습니다.)
미국산 손목 시계는 있습니다.

Руслан: **Көргөзүп көрүнүзчү.**
괴르괴젭   괴룅위즈취
보여 주시겠어요?

Самара: **Мынакей.**
므나께이
여기 있습니다.

Руслан: **Башкасы барбы?**
바쉬카스   바르브
다른 것도 있습니까?

Самара: **Кандайын каалайсыз?**
칸다이은   칼-라이스즈
어떤 것을 원하세요.

Руслан: **Алтын сымал, сары өңүн каалайм.**
알뜬   스말   사르 웡원 칼-라임
금(색) 같은, 노란색을 원합니다.

Самара: **Сиз каалаган саат, бир гана Япониянықы бар.**
시즈 칼-라간   사알 비르 가나 야뽀니야느끄   바르
당신이 원하는 시계는 오직 일본산만 있습니다.

Руслан: **Анда эң жакшы болмок.**
안다 엥 작쓰   볼목
그것이면 가장 좋을 것 같습니다.

Самара: **Мына танданыз.**
므나   탄당으즈

여기에 있습니다, 골라보세요(선택하세요).

Руслан: Канча турат?
칸차 투랕
얼마입니까?

Самара: 10 миң сом турат.
온 밍 솜 투랕
만솜입니다.

Руслан: Гарантиясы канча мөөнөткө чейин.
가란티야스 칸차 뫼-뇔쾨 체인
보증기간은 얼마나 됩니까?

Самара: 2 жылга чейин.
에끼 즐가 체인
2년간입니다.

Руслан: Дагы ойготкуч саат барбы?
다그 오이곹쿠츠 사앝 바르브
또 자명종 시계 있습니까?

Самара: Бар, Кытайдыкы.
바르 크타이드끄
있습니다, 중국산입니다.

Руслан: Бат бузулуп калбайбы, жакшы иштейби?
밭 부줄룹 칼바이브 작쓰 이쉬테이비
빨리 고장나지 않습니까, 잘 작동합니까?

Самара: Ооба, жакшы иштейт, ар кандай музыкалары бар.
오-바   작쓰   이쉬테일 아르 칸다이   무즈카라르   바르
네, 잘 작동합니다, 다양한 음악들이 있습니다.

Руслан: Баасы канча турат?
바-스   칸차   투랄
가격은 얼마입니까?

Самара: 250 сом.
에끼 쥐즈 엘뤼 솜
250솜 입니다.

Руслан: Ой рахмат, жакшы саатарыңыз бар экен.
오이 라흐맡   작쓰   사얕타릉으즈   바르 에켄
오, 감사합니다, 당신은 좋은 시계들을 가지고 계시군요.

30. Банкта
(은행에서)

Чолпон: Саламатсызбы? Эмне кылып жардам берейин?
살라맡스즈브 엠네 클릅 자르담 베레인
안녕하세요? 어떻게(무엇을) 도와 드릴까요?

Чынар: Долларын сомго алмаштырайын дегем.
돌라른 솜고 알마쉬뜨라이온 데겜
달러를 솜으로 환전하려고 하는데요.

* *Долларды сомго алмаштырып бересизби?*
돌라르드 솜고 알마쉬뜨릅 베레시즈비
달러를 솜으로 바꾸어 주시겠어요?

Чолпон: Жакшы, жарайт.
작쓰 자라잍
좋아요, 가능합니다.

Чынар: Америкалык акчанын бүгүнкү курсу канча?
아메리카특 악차는 뷔귄꿔 쿠르수 칸차
미국돈의 오늘 미국돈의 환율은 얼마입니까?

Чолпон: Кырк эки сом.
크륵 에끼 솜
42솜입니다.

Чынар: Жакшы, анан дагы банктан акча салып жибергим келет.
작쓰 아난 다그 방-탄 악차 살릅
지베르김 겔렡

좋습니다, 그리고 나서 은행을 통해서 송금하고 싶습니다.

Чолпон: Тез арада жетүүчү кызматка саласызбы?
테즈 아라다 제튀-취 크즈맡카 살라스즈브
급행으로 송금 하시겠습니까?

Чынар: Мен 1000 $(доллар)ды тез арада жетүүчү кызматка салам.
멘 밍 돌라르드 테즈 아라다 제튀-취
크즈맡카 살람
나는 1000불을 급행으로 송금하겠습니다.

Чолпон: Жакшы. Бул баракка атыңызды жана дарегиңизди жазып бериңиз.
작쓰 불 바락카 아뚱으즈드 자나
다레깅이즈디 자즙 베링이즈
좋습니다. 이 종이(서류)에 (당신의) 이름과 주소를 적어 주세요.

Чынар: Ооба, бул жерде жазсам болот да.
오-바 불 제르데 자즈삼 볼롣 다
네, 이곳에 쓰면 되지요.

Квитанцияны бересизби?
키피탄찌야느 베레시즈비
영수증을 주시겠습니까?

Чолпон: Ооба берем.
오-바 베렘
네, 드리겠습니다.

Чынар: Рахмат. Жакшы калыңыз.
라흐맡　　작쓰　　칼릉으즈
감사합니다. 안녕히 계세요.

Чолпон: Жакшы барыңыз, келип туруңуз.
작쓰　　바릉으즈　　겔립　　투룽우즈
안녕히 가세요, 또 오세요.

31. Мейманканада
(호텔에서)

Сагын: **Бош бөлмө барбы?**
보쉬 뵐뫼 바르브
빈방이 있습니까?

Каныш: **Кандай бөлмө каалайсыз?**
칸다이 뵐뫼 칼-라이스즈
어떤 방을 원하세요?

Сагын: **Күн тараптан жарык тынч бөлмө болсо жакшы болмок.**
퀸 타랍탄 자륵 튼츠 뵐뫼 볼소 작쓰 볼목
해가 드는 밝고 조용한 방이면 좋겠는데요(좋을 것 같습니다).

Каныш: **Бизде суу жээкти жана дарыя жакты карай бош бөлмө, дагы көчө жакта эки бош бөлмө бар.**
비즈데 수- 제엑테기 자나 다르야 작트 카라이 보쉬 뵐뫼 다그 괴최 작타 에끼 보쉬 뵐뫼 바르
우리에게는 물가와 강쪽을 바라보고 있는 빈방이 있고, 또 길(거리) 쪽으로 2개의 빈방이 있습니다.

Сагын: **Жакшы, мага суу жээк аябай жагат,**
작쓰 마가 수- 제엑 아야바이 자갈
좋아요, 나에게는 물가(를 볼 수 있는 방이, 쪽의 방이) 매우 마음에 듭니다.

эгерде тынч болсо суу жээк жактан бир бөлмө
бере аласызбы?
에게르데 튼츠 볼소 수-제엑 작탄 비르 뵐뫼
베레 알라스즈브
만약에 조용하다면 물가 쪽(을 볼수 있는) 방 하나를 줄 수 있습니까?

Каныш: Макул.
마쿨
네, 알겠습니다.

Сагын: Анда ал бөлмөнү көргөзүп коюңузчу.
안다 알 뵐뫼뉘 쾨르괴쥡 코윰우즈추
그러면 그 방을 보여 주시겠어요.

Каныш: Жүрүңүз бул жака келиңиз.
쥐륑위즈 불 작카 겔링이즈
가시죠, 이쪽으로 오세요.

Сагын: Эмне ал бөлмө экинчи кабаттабы? (*үчүнчү кабаттабы?)
엠네 알 뵐뫼 에낀치 카밭타브 위췬취 카밭타브
그 방은 2층에 있습니까? (*3층에 있습니까?)

Каныш: Экинчи кабатта. Сиз бир орундуу бөлмөнү каалайсызбы?
에낀치 카밭타 시즈 비르 오룬두- 뵐뫼뉘 칼-라이스즈브
2층에 있습니다. 당신은 1인용 방을 원하십니까?

Сагын: Ваннасы бар бир орундуу бөлмөнү каалайм.
반나스 바르 비르 오룬두- 뵐뫼뉘 칼-라임
욕실이 있는 1인용 방을 원합니다.

(*Эки орундуу кроваты бар бөлмөнү каалайм.)
에끼 오룬두- 크로밭트 바르 뵐뫼뉘 칼-라임
2인용 침대가 있는 방을 원합니다.

Каныш: Бул бөлмө кандай экен?
불 뵐뫼 칸다이 에껜
이 방은 어떻습니까?

Сагын: Бул бөлмө өтө кичине экен.
불 뵐뫼 외뙤 키치네 에껜
이 방은 너무 큽니다(작습니다).

Мындан жакшыраак бөлмө жокпу?
믄단 작쓰라아악 뵐뫼 족뿌
이보다 더 좋은 방은 없습니까?

Каныш: Ооба, бар. (*жок, калбады, калган жок.)
오-바 바르 족 칼바드 칼간 족
네, 있습니다. (*없어요, 안남았습니다, 남지 않았습니다.)

Бул бөлмө жактыбы?
불 뵐뫼 작트브
이 방은 마음에 듭니까?

Сагын:	**Ооба, бул бөлмө абдан жакты.**
	오-바 불 벌뫼 아브단 작뜨
	네, 이 방은 아주 마음에 듭니다.
Каныш:	**Терезеден бүт шаарды көрсө да болот.**
	테레제덴 뷜 샤-르드 괴르쇠 다 볼롯
	창문으로 온 도시(시내)를 볼 수도 있습니다.(봐도 됩니다.)
Сагын:	**Көрүнүшү абдан кооз экен, бул бөлмөнү алайынчы.**
	괴뤼뉘쉬 아브단 코오즈 에켄 불 뵐뫼뉘 알라이은츠
	보여지는 것(풍경)이 매우 아름답군요, 이 방으로 하겠습니다.
	Бир суткага(күнгө) баасы канча турат?
	비르 숱카가 퀸괴 바-스 칸차 투랕
	하루에 가격(요금, 숙박비)은 얼마입니까?
Каныш:	**Бир суткага миң сом.**
	비르 숱카가 밍 솜
	하루에 1000솜입니다.
Сагын:	**Баасы ылдый болбойбу?**
	바-스 을드이 볼보이부
	숙박비는 (좀) 싸게 안됩니까?
Каныш:	**Он күндөн ашык калсаңыз 20%(процент) түшүрүп беребиз.**
	온 퀸된 아쓱 칼상으즈 즈이르마 쁘로젠뜨 뛰쉬륩 베레비즈
	10일 이상 숙박하시면 20% 싸게 해드립니다.

Бир жума бою калсаңыз 15%(процент) түшүрүп беребиз.
비르 주마 보유 칼상으즈 온베쉬 쁘로쩬뜨 튀쉬륍 베레비즈
일주일 동안 숙박하시면 15% 할인해 드립니다.

Сагын: Жакшы, мен бир жумага калайын.
작쓰 멘 비르 주마가 칼라이은
좋습니다, 나는 1 주일간 숙박하겠습니다.

Менин сумкаларымды бөлмөмө жеткизип бериңизчи.
메닌 숨카라름드 뵐뫼뫼 젵키집 베링이즈치
나의 가방들을 (나의) 방에 갔다 주시겠어요.

Каныш: Макул, мына бөлмөңүздүн ачкычы, чыгаарда офиске ачкычты калтырып коюңуз.
마쿨 므나 뵐묑위즈뒨 아츠크츠 츠가-르다
오피스케 아츠크츠트 칼트릅 코윱우즈
물론입니다, 여기에 (당신의) 방의 열쇠입니다, 나가실 때 열쇠를 사무실에 맞겨 주세요.

Мейманканага келүүчү баракчаны толтуруңуз.
메이만카나가 겔뤼-취 바락차느 톨투룽우즈
호텔 사용자 기록장을 채워 주세요.

Сагын: Жарайт.
자라읻
알겠습니다.

Каныш: **Кечиресиз, бул жерге атыңызды, дарегиңизди кесибиңизди, жашыңызды да жазып бериңиз.**
게치레시즈 불 제르게 아뜽으즈드 다레긩이즈디
게시빙이즈디 자쏭으즈드 다 자쭙 베릥이즈
미안합니다, 이 곳에 (당신의) 이름, 주소, 직업, 나이도 함께 적어 주세요.

Сагын: **Жарайт, Тамакты качан жесе болот?**
자라읻 타막트 가찬 제세 볼롣
알겠습니다, 식사를 언제 하면 됩니까?

Каныш: **Эртең мененки тамак саат 6дан 8ге чейин, түшкү тамак 11ден баштап 1ге чейин,**
에르뗑 메넨끼 타막 사알 알뜨단 세기즈게 체인
튀쉬꿔 타막 온비르덴 바쉬탑 비르게 체인
아침식사는 6시부터 8시까지, 점식식사는 11부터 1시까지,

кечки тамак 5тен баштап 7ге чейин болот.
게츠끼 타막 베쉬텐 바쉬탑 제띠게 체인 볼롣
저녁 식사는 5시부터 7시까지 입니다.

Сагын: **Эртең эртең менен эрте турушум керек.**
에르뗑 에르테 메넨 에르테 투루슘 케렉
(나는) 내일 아침 일찍 일찍 일어나야 합니다.

Каныш: **Саат канчада ойготуп коёюн?**
사알 칸차다 오이고툽 코요윤
몇시에 깨워 드릴까요?

Сагын: **Беш жарымда ойготуп коюңузчу.**
베쉬 자름다 오이고툽 코융우즈
5시 반에 깨워 주세요.

Каныш: **Жарайт.**
자라잍
네, 잘 알겠습니다.

Сагын: **Жуула турган кир кийимдерим бар.**
줄-라   투르간   키르 기이임데림   바르
빨아야 할 세탁물이 있습니다.

Каныш: **Аны кир жуй тургандарга берип коюңуз.**
아느 키르 주이 투르간다르가   베맆   코윰우즈
그것을 세탁하는 직원들에게 주세요.

Сагын: **Эртең эрте мененки тамакты өзүмдүн бөлмөмдө жегим келет.**
에르뗑   에르테   메넨끼   타막트   외쵬뒨
뵐묌되   제김   겔렡
내일 아침 식사를 저의 방에서 먹고 싶습니다.

Каныш: **Сиздин каалооңуз боюнча болот.**
시즈딘   칼-롱-우즈   보윤차   볼롣
당신이 원하시는 대로 하겠습니다(됩니다).

Сагын: **Сауна жана ашкана кайсы жерде?**
(*Даараткана кайсыл жерде?)
사우나 자나   아쉬카나   카이스 제르데
      다-랕카나   카이슬   제르데
사우나와 식당은 어디입니까? (*화장실은 어느 곳입니까?)

Каныш: **Сизге азыр баарын көргөзүп беребиз.**
시즈게   아즈르 바-른   괴르괴쥪   베레비즈
당신에게 지금 모든 것을 보여 드리겠습니다.

Мейманканадан чыкканда (호텔을 떠날 때)
메이만카나단   츠칸다

Сагын: Мен эртең менен эрте (*кечинде*) чыгышым керек.
멘 에르뗑 메넨 에르테 게친데 츠그씀 케렉
나는 내일 아침에 (*저녁에) 나가야 합니다.

Ошондуктан эсебин берип коюңузчу.
오숀둑탄 에세빈 베립 코윰우즈추
그렇기 때문에 계산서를 주시겠어요.

Каныш: Бир аз күтө туруңуз.
비르 아즈 귀퇴 투룽우즈
조금 기다려 주십시요.

Сагын: Такси чакырып бериңизчи.
탁시 차크릅 베링이즈치
택시를 불러주세요.

Каныш: Макул, чакырып беребиз.
마쿨 차크릅 베레비즈
네, 불러 드리겠습니다.

Сагын: Кичи пейилдигиңизге чоң рахмат. Жакшы калыңыз.
키치 페일디깅이즈게 총 라흐맡 작쓰 칼릉으즈
(당신의) 친절(공손)함에 대단히 감사합니다. 안녕히 계세요.

32. Ашканада
(식당에서)

Урмат: Ачка эмессизби?
아츠카 에메스시즈비
시장하지(배고프지) 않으세요?

Элнура: Ооба, ачкамын.
오-바 아츠카믄
네, 배가 고픕니다.

Урмат: Мен да бүгүн түштөн кийин көп жөө баскандыктан аябай ачка болдум.
멘 다 뷔귄 튀쉬퇸 기이인 쾹 죄-바스칸득탄 아야바이 아츠카 볼둠
저도 오늘 오후에 많이 걸었기 때문에 무척 배가 고픕니다.

Элнура: Ашканага кирип чогуу тамак жегенди каалайсызбы?
아쉬카나가 키립 초구- 타막 제겐디
칼-라이스즈브
식당에 가서 함께 식사 하기를 원하세요?

Урмат: Ооба макул, мен да айтайын дегем.
오-바 마쿨 멘 다 아이타이은 데겜
네, 물론입니다. 저도 말하려고 했습니다.

Элнура: Анда такси менен баралы. Таксинин акчасын мен төлөйм.
안다 탁시 메넨 바랄르 탁시닌 악차슨
멘 퇼뢰임

그러면 택시로 가(시)지요. 택시비는 제가 내겠습니다.

Урмат: Мен өзүм эле төлөйм.
멘 외쥠 엘레 튈뢰임
제가 내겠습니다.

Элнура: Жөн эле коюңуз, төлөп койдум.
죈 엘레 코융우즈 튈룁 코이둠
그냥 두세요, (제가 이미) 지불했습니다.

Мына ашканага келип калдык.
므나 아쉬카나가 겔립 칼득
여기 식당에 도착했습니다.

Урмат: Экинчи кабатка чыгалы.
에낀치 카밭카 츠갈르
2층에 올라 가시죠.

Официант: Кош келиңиздер!
코쉬 겔링이즈데르
어서 오세요!

Элнура: Официант, бош орун барбы?
아삐찌안트 보쉬 오룬 바르브
웨이터, 빈 자리가 있습니까?

Официант: Ооба бар.
오-바 바르
네 있습니다.

Урмат: Каэрде бар?
카에르데 바르
어디에 있습니까?

Официант: Терезенин жанында бул стол бош.
테레제닌 자는다 불 스톨 보쉬
창문 옆 이 자리가 비어있습니다.

Элнура: Бул столго отурса деле болобу?
불 스톨го 오투르사 델레 볼루부
이 자리에 앉아도 됩니까?

Официант: Ооба отуруңуз.
오-바 오뚜룽우즈
네, 앉으세요.

Урмат: Официант, менюну ала келиңиз.
아삐찌안트 메뉴누 알라 겔링이즈
웨이터, 메뉴(표)를 가져다 주시겠어요.

Официант: Жарайт, мына меню. Эмне каалайсыз?
자라잍 므나 메뉴 엠네 칼-라이스즈
알겠습니다, 여기에 메뉴(표)가 있습니다. 무엇을 원하세요?

Элнура: Урмат байке каалаганыңызды тандаңыз.
우르맡 바이께 칼-라가능으즈드 탄당으즈
우르맛 선생님 원하시는 것을 선택하세요.

Урмат: Анда нан, шорпо, бифштекс жана жашылча-
дан салат бериңиз.
안다 난 쇼르뽀 비프쉬텍스 자나 자슬차
단 살랕 베링이즈

그러면 빵, 수프, 비프스테이크와 야채 샐러드를 주세요.

Официант: Суусундука эмне ичесиз?
수-순둑카 엠네 이체시즈
음료수는 무엇을 드시겠습니까?

Элнура: Жүзүмдүн ширесинен эки стакан берип коюңузчу.
쥐쥼뒨 쉬레시넨 에끼 스타칸 베립 코윰우즈
포도 주스를 두 잔 주세요.

Урмат: Официант, тамагым кургап кетти, батыраак суу бериңизчи.
아삐찌안트 타마금 쿠르갑 켙띠 바트라악 수- 베링이즈치
웨이터, 목이 마릅니다. 빨리 물 (좀) 주세요.

Официант: Азыр эле суу алып келейин.
아즈르 엘레 수- 알릅 겔레인
지금 바로 물을 가지고 오겠습니다.

Дагы мындан тышкары эмне каалайсыз?
다그 믄단 트쉬카르 엠네 칼-라이스즈
이외에 또 무엇을 원하십니까?

Элнура: Биз жемиш каалайбыз, анан кофе берип коюңузчу.
비즈 제미쉬 칼-라이브즈 아난 코폐 베립 코윰우즈추
우리는 과일을 원합니다, 그리고 나서 커피를 주세요.

Тамактан кийин (식사 후에)
타막탄　　　　기이인

Элнура: Официант, эсебин ала келиңиз.
아삐찌안트　　에세빈　알라 겔링이즈
웨이터, 계산서를 가져다 주세요.

Официант: Официант: Ооба, азыр ала келем. Мына эсеби.
아삐찌안트　　오-바　아즈르　알라 겔렘　　므나 에세비
네, 지금 가지고 오겠습니다. 여기에 계산서가 있습니다.

Урмат: Рахмат, тамак абдан даамдуу болуптур.
라흐맡　타막　아브단　다암두-　볼룹투르
감사합니다, 음식이 매우 맛있었습니다.

Официант: Чоң рахмат, дагы келип туруңуздар.
총　라흐맡　다그　겔립　투룽우즈
대단히 감사합니다. 또 들려 주세요.

33. Ресторанда
(레스토랑에서)

Официант: **Кош келиңиз, эмне каалайсыз?**
코쉬 겔링이즈　엠네　칼-라이스즈
어서 오세요, 무엇(을) 원하세요?

Венера: **Тамактанайын дедим эле.**
타막타나이은　데딤　엘레
식사를 하려고 하는데요.

Менюну берип коюңузчу.
메뉴누　베립　코윰우즈
메뉴(표)를 주시겠어요.

Официант: **Эмне ичкиңиз келип жатат?**
엠네　이츠킹이즈 겔립　자탙
무엇(을) 드시고 싶으세요?

Калык: **Мага бир кружка пиво, Венера эже болсо ыссык тамак ичкиси келип жатат.**
마가　비르　쿠루즈카　피보　베네라　에제　볼소
으쏙　타막　이츠키시 겔립　자탙
나는 맥주 한잔, 베나라 선생님(누님, 아주머니)은 더운 음식을 먹고 싶습니다.

Венера: **Кечки тамака эмне бар?**
게츠키　타막카　엠네　바르
저녁 식사로 무엇이 있습니까?

Официант: Кечки тамака: рак менен майонез, бифштекс, дымдалган тоок жана жашылча салаттар бар.
게츠키 타마카 락 메넨 마이오네즈 비프쉬텍스
듬달간 톡- 자나 자슬차 살랄타르 바르
저녁 식사로 왕새우와 마요네즈, 비프스테이크, 찐 닭 그리고 야채 샐러드들이 있습니다.

Калык: Десертке алма, банан жана бал муздак бериниз.
데세를케 알마 바난 자나 발 무즈닥
베링이즈
디저트에 사과, 바나나 그리고 아이스크림을 주세요.

Венера: Калык байке, кофе же чай заказ бербейлиби?
칼륵 바이께 코페 제 차이 자카즈 베르베일리비
칼륵 선생님 커피 또는 차를 주문하지 않으시겠어요?

Калык: Мен кофе ичким келет, сизчи?
멘 코페 이츠킴 겔렡 시즈치
나는 커피를 마시고 싶은데, 당신은요?

Венера: Мен бал менен чай заказ берейин.
멘 발 메넨 차이 자카즈 베레인
나는 꿀과 차를 주문하겠습니다.

Калык: Бул кафеде тамактар дайыма даамдуу жасалат, сизге жактыбы?
불 카페데 타막타르 다이마 다암두-
자사랕 시즈게 작뜨브
이 음식점은 음식을 항상 맛있게 만듭니다, 당신에게 좋았습니까?

Венера: Ооба, тамактардын даамы анан тейлөөсү да жакты.
오바, 타막타르든 다아므 아난 테이뢰-쉬 다 작뜨
네, 음식들의 맛과 더불어 서비스도 좋았습니다.

Калык: Официант, эсебин берип коюңузчу.
아삐찌안트 에세빈 베립 코용우즈추
웨이터, 계산서를 주세요.

Венера: Калык байке, сиз менен чогуу тамактанган мага жагымдуу болду. Чоң рахмат.
칼륵 바이께 시지 메넨 초구 타막탄간 마가 자금두- 볼두 총 라흐맡
칼륵 선생님, 당신과 함께 음식을 먹어서 기분이 좋습니다. 정말 감사합니다.

Калык: Эч нерсе эмес, мен үчүн да жагымдуу кеч болду.
에츠 네르세 에메스 멘 위췬 다 자금두- 게츠 볼두
괜찮습니다, 나에게도 좋은 저녁(식사) 시간이었습니다.

Официант канча сом болду?
아삐찌안트 칸차 솜 볼두
웨이터, 몇 솜입니까(얼마입니까)?

Официант: 1350 сом болду.
비르밍 위취쥐즈 엘뤼 솜 볼두
1350솜 입니다.

Калык: **Ашкан акчаны өзүңүзгө алыңыз.**
아쉬칸   악차느   외정위즈괴 알릉으즈
남는 돈은 당신이 가지세요.

Официант: **Чоң рахмат. Келип туруңуздар!**
충   라흐맡   겔맆   투룽우즈다르
대단히 감사합니다. (자주) 들러 주세요.

34. Дастаркондо
(식탁에서)

Бектур: **Келиңиз!**
젤링이즈
오세요!

Асыл: **Коноктоп чакырганыңызга рахмат.**
코녹톱   차크르가능으즈가   라흐맡
손님으로 초청해 주셔서 감사합니다.

Бектур: **Кечки тамак даяр болуп калды, дасторконго отуруңуз.**
게츠키   타막   다야르 볼룹   칼드   다스타르콘고
오뚜룽우즈
저녁 식사가 준비 되었습니다, 식탁에 앉으세요.

Кыйналбай эле келдиңизби?
크이날바이   엘레 젤딩이즈비
어렵지 않게(힘들지 않게) 오셨습니까?

Асыл: **Жол тайгак болгондуктан, алыс жолдон бир аз кыйналып келдим.**
졸   타이각 볼곤둑탄   알르스 졸돈   비르 아즈
크이날릅   겔딤
길이 미끄러웠기 때문에 먼 길을 조금 힘들게 왔습니다.

Бектур: **Жакшы жайланышып өз үйүңүздөй отуруңуз.**
작쓰   자이라느숩   외즈 위윙위즈되이 오뚜룽우즈
당신의 집처럼 편안하게 지내세요.

-188-

Асыл: Рахмат.
        라흐맡
        감사합니다.

Бектур: Ысык чайдан ичиңиз, үшүп калсаңыз керек.
         으슥   차이단   이칭이즈 위쉽   칼상으즈   케렉
         뜨거운 차를 마시세요, (아마도) 추웠을 것입니다.

         Тамагыңыз даамдуу болсун.
         타마긍으즈   다암두-   볼순
         맛있게 드세요.

Асыл: Ооба чайың жакты, ысык экен.
         오-바   차잉   작뜨   으슥   에켄
         네, 차가 뜨거워서 좋습니다.

Бектур: Сиз баарынан кайсы тамакты жактырасыз?
         시즈 바-르난   카이스   타막트   작뜨라스즈
         당신은 모든 것 중에서 어떤 음식이 마음에 드십니까?

Асыл: Мен тамакты тандабайм.
         멘   타막트   탄다바임
         저는 음식을 가려먹지 않습니다.

         Тамактын жаманы болбойт да, мен үчүн баары жакшы.
         타막튼   자마느   볼보읻   다   멘   위췬 바-르 작쓰
         맛 없는(안 좋은) 음식은 없습니다. 나에게는 모두 맛있습니다(좋습니다).

Бектур: **Уй менен чочко этинин ичинен кайсынысын жактарасыз?**
우이 메넨 초츠코 에티닌 이치넨 카이스느슨 작뜨라스즈
소고기와 돼지고기 중에 어느것을 좋아 하십니까?

Асыл: **Уй этин жактырам. Өзгөчө сан этин жактырам.**
우이 에틴 작뜨람 외즈괴춰 산 에틴 작뜨람
소고기를 좋아합니다. 특별히 넓적다리고기를 좋아합니다.

Бектур: **Сиз үчүн атайын дымдалган тоок этин дагы даярдадык.**
시즈 위췬 아타이은 듬달간 토옥 에틴 다그 다야르다득
(우리는) 당신을 위해서 찐 닭고기 도 준비했습니다.

Тартынбай көп-көп алыңыз.
타르튼바이 쾹 쾹 알릉으즈
사양하지 마시고 많이 많이 드세요.

Асыл: **Рахмат, аябай тойдум, башка жей албайм.**
라흐맡 아야바이 토이둠 바쉬카 제이 알바임
감사합니다, 정말 배가 부릅니다, 더 먹을 수 없습니다.

Бектур: **Кайсы жүзүмдүн шарабы жагат?**
카이스 쥐쥠뒨 샤라브 자같
어떤 포도주를 좋아합니까?

Асыл: **Мага кызыл жүзүмдүн шарабы жагат.**
카가 크즐 쥐쥠뒨 샤라브 자같
나는 적포도주를 좋아합니다.

Бектур: Анда биздин жолугушканыбыз үчүн тост айтайын.
안다 비즈딘 졸루구쉬카느브즈 위췬 토스트 아이타이은
그러면 우리의 만남을 위해서 건배를 합시다.

Ден-соолугуңуз чын болсун, ишиңизге ийгилик болсун!
덴 솔-루궁우즈 츤 볼순 이싱이즈게 이길릭 볼순
당신의 건강을 위해서, 당신이 하고 있는 일의 성공을 위해서!

Асыл: Рахмат, менин да тостум жолукканыбыз жана достугубуз үчүн болсун!
라흐맡 메닌 다 토스툼 졸-룩카느브즈 자나 도스투구부즈 위췬 볼순
감사합니다, 나의 건배 또한 (우리의) 만남과 (우리의) 우정을 위해서!

Бектур: Асыл эже тамакты аябай аз жейт экенсиз.
아슬 에제 타막트 아야바이 아즈 제잍 에켄시즈
아슬 선생님, 음식을 매우 적게 드시는군요.

Асыл: Жок, даамдуу болгондуктан көп жедим.
죡 다암두- 볼곤둑탄 쾹 제딤
아닙니다, 맛있기 때문에 많이 먹었습니다.

Бектур: Кара кофе берейинби же сүт менен берейинби?
카라 코페 베레인비 제 쉬트 메넨 베레인비
블랙 커피를 드릴까요, 아니면 우유와 함께 드릴까요?

Асыл: Сүттөн бир аз куюп бересизби?
쉬퇸 비르 아즈 쿠윱 베레시즈
우유를 조금 부어(쒀어) 주시겠어요?

Бектур: Тартынбай ичиңиз, десертке балмуздактан алыңыз.
타르튼바이 이칭이즈 데세르케 발무즈닥탄 알릉으즈
사양하지 마시고 드세요, 디저트로 아이스크림을 드세요.

Асыл: Оой! Банан менен балмуздак аябай даамдуу экен.
오이 바난 메넨 발무즈닥 아야바이 다암두-에켄
오, 바나나와 아이스크림은 정말 맛있군요.

Бектур: Бул коондон дарбыздан алып жеңиз.
불 콘-돈 다르브즈단 알릅 젱이즈
이 멜론과 수박도 드세요.

Асыл: Сиздин жылуу тосуп алганыңызга, меймандостугуңузга абдан ыраазымын.
시즈딘 즐루- 토숩 알가늉으즈가 메이만도스 투궁우즈가 아브단 으라즈믄
당신의 뜨거운 환영과 손님접대에 정말 감사합니다.

Бектур: Эч нерсе эмес, үйүмдүн эшиги сиз үчүн дайыма ачык, келип туруңуз!
에츠 네르세 에메스 위윔듄 에쉬기 시즈 위췬 다이마 아측 겔립 투룽우즈
아무것도 아닙니다, 저의 집의 문은 당신을 위해서 항상 열려있습니다, (자주) 들러 주세요.

Асыл: Чоң рахмат! Жакшы калыңыз!
총 라흐맡 작쓰 칼릉으즈
대단히 감사합니다! 안녕히 계세요!

35. Сүрөт канада
(사진관에서)

Руслан: **Мен сүрөткө түшүшүм керек, тартасызбы?**
멘 쉬룉쾨 튀쉬쉼 케렉 타르타스즈브
나는 사진을 찍어야(만) 합니다. (사진을) 찍어 주시겠어요?

Эмиль: **Ооба тартам. Кандай өлчөмдө түшөсүз?**
오-바 타르탐 칸다이 욀쵬되 튀쇠쉬즈
네, 찍어 드리겠습니다. 어떤 사이즈로 찍으시겠어요?

Руслан: **Ар кандай өлчөмдөгү үлгүлөрдү көргөзүңүзчү.**
아르 칸다이 욀쵬되귀 윌귀뢰르뒤 괴르괴죙위즈춰
다양한 사이즈의 견본들을 보여 주세요.

Эмиль: **Мынакей.**
므나케이
여기에 있습니다.

Руслан: **Мен 12-16 өлчөмүнө түшөйүн. Баасы канча болот?**
멘 온에낀치 온알뜬츠 욀최뮈뇌 튀쇠이윈 바-스 칸차 볼롵
나는 12-16 크기로 찍겠습니다. 가격은 얼마입니까?

Эмиль: **Алты даанасы жүз элүү сом турат.**
알뜨 다-나스 쥐즈 엘뤼 솜 투랕
6장에150솜입니다.

Руслан: **Макул, тарта бериңиз.**
마쿨 타르타 베링이즈

좋습니다, 찍어 주세요.

Эмиль: Бүт боюңуздан бери тартайынбы?
븟 보윰우즈단 베리 타르타이은브?
몸 전체(전체 키)를 찍을까요?

Руслан: Ооба, бүт боюм менен түшкүм келет.
오-바 븟 보윰 메넨 튀쉬큄 겔렡
네, 몸 전체를 찍고 싶습니다.

다른 표현

Жок, бүт боюм менен түшкүм келбейт.
족 븟 보윰 메넨 튀쉬큄 겔베읻
아니요, 몸 전체를 찍고 싶지 않습니다.

Белимден өйдө тартыңыз.
벨림덴 외이되 타르뜽으즈
(나의) 허리 위로 찍어세요.

Эмиль: Келиңиз тиги жака туруңуз.
겔링이즈 티기 작카 투릉우즈
오셔서 저쪽에 서시겠어요.

Бир аз жүзүңүздү көтөрүп, башыңызды түз кылыңыз, бери караңыз.
비르 아즈 쥐쥥위즈뒤 괴퇴륖 바쑹으즈드 튀즈 클릉으즈 베리 카랑으즈
조금 (당신의) 얼굴을 드시고, (당신의) 머리를 똑바로 세워 주세요. 이쪽을 보세요.

Жакшы, эми кыймылдабаңыз. Тартам.
작쓰 에미 크이믈다방으즈 타르탐
좋습니다, 지금 움직이 마세요. 찍습니다.

Руслан: Жакшы эле түштүмбү? Көрсөм болобу?
작쓰 엘레 튀쉬튐뷔 괴르쇰 볼로부
(저는) 괜찮게 찍혔습니까? 봐도 됩니까?

Эмиль: Ооба болот. Көрүңүз.
오-바 볼롵 괴륑위즈
네, 됩니다. 보세요.

Руслан: Мага жаккан жок, кайрадан башка түшөйүнчү.
마가 작칸 족 카이라단 바쉬카 튀쇠이윈취
나에게 마음이 안드네요. 다시 다르게 찍을래요.

Эмиль: Сиз кыймылдап кеткендиктен жаман болуп калды окшойт.
시즈 크이믈답 게트켄딕텐 자만 볼룹
칼드 옥쇼일
당신이 움직였기 때문에 나쁘게 나온 것 같습니다.

Макул, башка тартайын. Башыңызды өтө көп көтөрбөңүз.
마쿨 바쉬카 타르타이은 바셩으즈드 외퇴 쾹
괴퇴르뵝위즈
좋습니다, 다른 것을 (다시) 찍겠습니다. 머리를 너무 많이 들지 마세요.

Башыңызды бир аз ылдый (*өйдө, солго, оңго) кылыңыз.
바쑹으즈드 비르 아즈 을드이 외이되 솔고 옹고
클릉으즈
(당신의) 머리를 조금 아래로 (*위로, 왼쪽으로, 오른쪽으로) 해 주세요.

Руслан: Ушундайбы?
우순다이브
이렇게요?

Эмиль: Аябай жакшы, болду эми кыймылдабаңыз, тартам бир, эки, үч, жакшы!
아야바이 작쓰 볼두 에미 크이믈다방으즈
타르탐 비르 에끼 위취 작쓰
아주 좋습니다, 됐어요, 찍겠습니다, 하나, 둘, 셋, 좋습니다!

Руслан: Сүрөт качан даяр болот?
쉬룔 가찬 다야르 볼롯
사진은 언제 준비가 됩니까?

Эмиль: Эртең эртең менен даяр болот. Сүрөт алыш үчүн келесизби?
에르뗑 에르뗑 메넨 다야르 볼롯 쉬룔 알르쉬
위췬 겔레시즈비
내일 아침에 준비가 됩니다. 사진을 가지러 오시겠습니까?

Руслан: Ооба, эртең менен саат 9да келем.
오-바 에르뗑 메넨 사앝 토구즈다 겔렘
네, 사진과 함께 보내 드리겠습니다.

Чоң рахмат! Жакшы калыңыз!
총 라흐맡 작쓰 칼릉으즈
대단히 감사합니다! 안녕히 계세요.

Эмиль: Эч нерсе эмес. Жакшы барыңыз.
에츠 네르세 에메스 작쓰 바릉으즈
괜찮습니다. 안녕히 가세요.

36. Телефон
(전화)

Айша: **Үйдө телефон барбы?**
위이되 텔레폰 바르브
집에 전화가 있습니까?

Чинара: **Ооба бар.**
오-바 바르
네, 있습니다.

Айша: **Номери кандай?**
노메리 칸다이
(전화) 번호는 어떻게 됩니까?

Чинара: **Менин номерим 330203.**
Сиздин кол телефонуңуз барбы?
메닌   노메림   오투즈 위취 즈이르마 놀위취
시즈딘 콜   텔레포눙우즈   바르브
나의 (전화)번호는 33-02-03입니다. 당신은 핸드폰이 있습니까?

Айша: **Ооба бар.**
Меники фонекс 0543 -22 – 00 – 54.
Жазып алыңыз.
오-바 바르
메니끼   포넥스 놀베쉬쥐즈크륵위취 즈이르마에끼 놀놀 엘위퇴릅
자즙   알릉으즈
네 있습니다. 나의 것은 포넥스 0543 220054입니다.
적어시겠어요.

Чинара: **Телефон номери жазган китебиме жазып алдым.**
텔레폰   노메리   자즈간   기테비메   자즙   알듬

-197-

전화번호를 기록하는 (나의) 책에 적었습니다. (전화번호 수첩에 적었습니다.)

Айша: **Кайсы учурда чалсам болот?**
카이스 우추르다 찰삼   볼롵
언제(어떤 시간에) 전화를 해도 됩니까?

Чинара: **Сизге кайсы учур ыңгайлуу болсо, чала бериңиз.**
시즈게 카이스 우추르 응가이루- 볼소   찰라   베링이즈
당신이 편한 시간에 전화해 주세요.

Айша: **Анда кийинки жумада чалам.**
안다   기이인끼   주마다   찰람
그러면 다음 주에 전화 할께요.

Чинара: **Мейли, чалыңыз.**
메일리   찰릉으즈
좋아요, 전화 하세요.

Айша: **Алло!**
알로
여보세요!

Чинара: **Алло! Угуп жатам.**
알로   우굽   자탐
여보세요! 듣고 있습니다.

Айша: **Чинарасызбы?**
치나라스즈브
(당신은) 치나라입니까?

Чинара: Угулбай жатат, кайрадан чалыңыз.
우굴바이 자탙 카이라단 찰룽으즈
들리지 않습니다, 다시 전화 해 주세요.

Айша: Бул номер 33 – 02 – 03пү?
불 노메르 오투즈우취 놀에끼 놀위취 쀠
여기 전화번호가 33-02-03 입니까?

Чинара: Ооба, Айшасыңбы?
오-바   아이샤승브
네, 아이샤입니까?

Айша: Ооба менмин. Кандайсыз?
오-바 멘민   칸다이스즈
네, 접니다. 어떻게 지내세요?

Эмне кылып жатасыз?
엠네   클릅   자타스즈
뭐하고 있어요?

Чинара: Жакшы, китеп окуп жатам.
작쓰   기텦 오꿉 자탐
잘 지냅니다, 책을 읽고(독서하고) 있습니다.

Айша: Ий, мен тоскоолдук кылып койдум го?
이이 멘 토스콜-둑   클릅 코이둠   고
에이, 네가 방해를 해버렸군요?

Чинара: Эч нерсе эмес, өзүм деле эс алайын деп тургам. Өзүңүз кандайсыз?
에츠 네르세 에메스 외쥠   델레 에스 알라이온 뎊
투르감   외쥥위즈 칸다이스즈

괜찮습니다, 저도 쉬려고 하던 참이었어요. 당신은 어떻게 지내세요?

Айша: Жакшы, кечээ чалсам телефонунуз бош эмес экен.
작쓰   게체- 찰삼   텔레포능우즈   보쉬 에메스 에켄
어제 전화를 했는데 (당신의) 전화는 통화 중이었습니다.

Чинара: Сиз Кореяга качан кетесиз?
시즈 코레야가 가찬   겔테시즈
당신은 한국에 언제 가십니까?

Айша: Мен эртең дароо эле кетишим керек.
멘   에르떵 다로- 엘레 겔티쉼   케렉
나는 내일 바로 떠나야 합니다.

Чинара: Сиз ал жакта канча убакытка чейин болосуз?
시즈 알 작타   칸차   우바큩카   체인 볼로수즈
당신은 그 곳에 얼마동안 있을 거예요?

Айша: Мен ал жакта мүмкүн, бир ай болом. Кайтып келгенде телофон чалам.
멘   알 작타 뮘퀸   비르 아이 볼롬   카이틉
겔겐데   텔레폰   찰람
나는 그곳에서 아마도 한달 있을 것입니다. 다시 돌아오면 전화 하겠습니다.

Чинара: Менин номеримди унуткан жоксузбу?
메닌   노메림디   우눝칸   족수즈부
나의 전화번호를 잊지 않았습니까?

Айша: Жок, эсимде. Макул, жолугушканча!
족 에심데 마쿨 졸루구쉬칸차
아니예요, 기억하고 있습니다. 네, 다시 만날때까지 (평안하세요.)

Чинара: Мейли! Көрүшкөнчө!
메일리 괴뤼쉬쾬최
좋아요! 다시 볼때 까지 (평안히...)!

Аман-эсен барып келиңиз.
아만 에센 바릅 겔링이즈
평안히(안전하게, 무사히) 다녀 오세요.

Үй-бүлөңүзгө салам айтып коюңуз.
위 뷜룅위즈괴 살람 아이튭 코용우즈
(당신의) 가족에 안부를 전해 주세요.

37. Поездеги саякат
(기차 여행)

Тилек: **Азыр вокзалга келдикпи?**
아즈르 박잘가 켈딕뻬
지금 역에 왔습니까(도착했습니까)?

Зуура: **Ооба келдик.**
오-바 켈딕
네, 왔습니다(도착했습니다).

Тилек: **Күтүү залы кайда?**
퀏뀨- 잘르 카이다
대합실은 어디입니까?

Зуура: **Тиги жакта.**
티기 작타
저쪽입니다.

Тилек: **Богаж бөлүмү жана билет кассасы кайда?**
바가쥐 뵐뤼뮈 자나 빌렛 까싸스 카이다
수화물 취급소와 표 파는 곳은 어디입니까?

Зуура: **Экинчи кабатта.**
에킨치 카밭따
2층에 있습니다.

Тилек: **Сурап билүү бюросу кайда?**
수랍 빌뤼- 뷰로수 카이다
안내 데스크는 어디입니까?

Зуура: **Мен дагы жакшы билбейм, азыр сурайбыз.**
멘 다그 작쓰 빌베임 아즈르 수라이브즈
나도 잘 모르겠습니다. 지금 물어봅시다.

Тилек: **Жүк ташуучуну чакырып бериңизчи.**
쥑 타슈-추누 차크릅 베링이즈치
수화물을 옮겨 주시는 분을 불러 주시겠어요.

Зуура: **Байке, бул жүктү багаж бөлүмүнө жеткирип бериңизчи.**
바이께 불 쥑튀 바가쥐 뷜뤼뮈뇌 제트키립
베링이즈치
아저씨, 이 짐을 수화물 취급소에 옮겨 주세요.

Ташуучу: **Баасы: бир чоң сумкага 50 сом.**
바-스 비르 총 숨카가 엘뤼 솜
요금은 큰 가방 하나에 50솜입니다.

Зуура: **Жарайт.**
자라읻
좋습니다.

Билеттерди сатып алуу (표 사기)
빌렡때르디   사틉   알루

Тилек: **Билет сатып алабызбы?**
빌렡   사띕   알라브즈브
(우리는) 표를 살까요?

Зуура: **Ооба, богажды тапшырыш үчүн билет керек. Азыр мен билет сатып алайын.**
오-바 바가쥐드 탑쓰르쉬 위췬 빌렡 케렉
아즈르 멘 빌렡 사듭 알라이은
네, 수화물을 붙이기 위해서는 (기차)표가 필요합니다.
지금 나는 표를 사겠습니다.

Тилек: **Сиз кайсы поезд менен барасыз?**
시즈 카이스 뽀에즈 메넨 바라스즈
당신은 어느 기차로 가십니까?

Зуура: **Мен 11:50дө Бишкекке чейин түз бара турган поезд менен барам.**
멘 온비르 엘뤼되 비쉬켁케 체인 튀즈 바라 투르간
뽀에즈 메넨 바람
저는 11시 50분에 비쉬켁 까지 가는 기차로 갑니다.

Тилек: **Кайсы класстан сатап алгыңыз келет?**
카이스 클라쓰탄 사듭 알긍으즈 겔렡
어떤 클래스(등급)로 사기를 원하세요?

Зуура: **Купелик билет сатып алгым келет.**
쿠페릭 빌렡 사듭 알금 겔렡
침대차로(침대칸으로) 표를, 사고 싶습니다.

Тилек: **Бишкекке чейин купелик билеттен экини сатып алалы.**
비쉬켁케 체인 쿠페릭 비렡텐 에끼니 사듭 알라르
(우리는) 비쉬켁까지 침대칸으로 표 2 장을 삽시다.

Күтө турган жерде (기다리는 곳에서)
　　귀뙤　　　투르간　　　제르데

Зуура: Поездин жөнөөрүнө дагы бир саат калды.
　　　뽀에즈딘　죄뇌-뤄뇌　　다그　비르　사앝　칼드
　　　기차가 출발 하려면 한 시간 더 남았습니다.

Тилек: Ашканадан тамактанасызбы?
　　　아쉬카나단　　타막타나스즈브
　　　식당에서 식사하시겠습니까?

Зуура: Ашканасы кайда?
　　　아쉬카나스　카이다
　　　식당은 어디입니까?

Тилек: Экинчи кабатта, жүрүңүз чыгалы.
　　　에낀치　　카밭타　쥐륑위즈　츠갈르
　　　2층에 있습니다,(2층으로) 올라 가시죠.

Зуура: Дагы чай ичип алалыбы?
　　　다그　차이 이칩　알릉으즈
　　　(우리는) 더 차를 마실까요?

Тилек: Тездетиңиз, саат 11ден 10 мүнөт өткөндө дароо эле жөнөйбүз.
　　　테즈데팅이즈　　사앝　온비르덴　온　뮈뇔　외트굉되
　　　다로-　엘레　죄뇌이뷔즈
　　　서두르세요,11시 10 분이 되면 바로 일어납시다.

Зуура: Ооба тездетели. Жөнөдүк.
              오-바   테즈데텔리   죄뇌둑
              네, 서두릅시다. 일어납시다. (기차를 타러 갑시다.)

Поездге түшө турган жерде (기차를 타는 곳에서)
              뽀에즈게   튀쇠   투르간   제르데

Кызматчы: Билетиңерди көрсөткүлө.
              빌렛떵에르디   꾀르쇨퀄뢰
              (너희들의) 표를 보여 주세요.

Зуура: Мына биздин билетибиз бар.
              므나   비즈딘   빌레티비즈   바르
              여기에 우리의 표가 있습니다.

Кызматчы: Бул буюмуңуздун баарын тапшырасызбы?
              불   부유뭉우즈둔   바-른   탑쓰라스즈브
              이 물건들을 모두 맡기시겠습니까?

Тилек: Жок, бул сумкамды өзүм алып барам.
              족   불   숨캄드   외쥼   알릅   바람
              아니예요, 이 가방은 제가 가지고 갈 것입니다.

Жеткенде (도착 할 때)
              제트켄데데

Акыркы токтой турган станцияга келдик.
Жүгүңүздү унутпай алыңыздар.
아크르크   톡토이   투르간   스탄찌야가   겔딕
쥐귕위즈뒤   우눋빠이   알릉으즈다르
마지막 정차하는 역에 도착했습니다. 수화물을 잊지 말고
가져 가시기 바랍니다.

Тилек: Зуура эже, менин жүгүмдү кармашып коё
аласызбы?
주-라   에제   메닌   쥐귐뒤   카르마쉽   코요
알라스즈브
주라 선생님(아주머니), 저의 짐을 잡아 주실 수 있으세요.

Зуура: Ооба, жардам бере алам.
오-바   자르담   베레 알람
네, 도와 드릴 수 있습니다.

Тилек: Чоң рахмат! Сиз менен поездеги саякат мага
жакты.
총   라흐맡   시즈 메넨   뽀에즈데기   스야캎   마가
잨뜨
대단히 감사합니다! 당신과 함께 한 기차 여행은 저에게
(참) 좋았습니다.

Зуура: Мага дагы жакты. Мейли, ийгилик сизге!
마가   다그   잨뜨   메일리   이길릭   시즈게
저에게도 좋았습니다. 그래요, 좋은 일(행운)이 당신에게
(있기를 희망하며 안녕!)!

38. Учактагы саякат
(항공 여행)

Айзирек: Сиз Кореяга барат деп уктум, качан жөнөйсүз?
시즈 코례야가 바랄 뎁 욱툼 가찬 죄뇌이쉬즈
당신은 한국에 간다고 들었습니다, 언제 따나십니까?

Жеңиш: Кийинки жуманын экинчи күнү жөнөйм.
기이인끼 주마는 에낀치 귀뉘 죄뇌임
다음주 화요일에 떠납니다.

Айзирек: Сиз кеме менен барасызбы? же учак менен барасызбы?
시즈 케메 메넨 바라스즈브 제 우착 메넨 바라스즈브
당신은 배로 가십니까? 아니면 비행기로 가십니까?

Жеңиш: Учак менен барам.
우착 메넨 바람
(저는) 비행기로 갑니다.

Айзирек: Сиз учак менен биринчи жолу учасызбы?
시즈 우착 메넨 비린치 졸루 우차스즈브
당신은 비행기로 처음 여행하십니까?

Жеңиш: Жок, мен учак менен бат-бат саякатта жүрөм.
족 멘 우착 메넨 밭 밭 사약캍타 쥐룀
아닙니다, 저는 비행기로 자주 여행을 다닙니다.

-208-

Айзирек: Эл аралык "Манас" аэропортунан качан жөнөйт?
엘 아랄륵 만나스 아에로뽀르투난 가찬 죄뇌일
만나스 국제 공항에서 언제 떠나십니까?

Жеңиш: Бул айдын жыйырмасында эртең менен саат он бирде жөнөйт.
불 아이든 즈이르마슨다 에르뗑 메넨 사앝 온 비르데 죄뇌일
이번달 20일 아침 11시에 떠납니다.

Айзирек: Эмне себептен сиз ал жакка барасыз?
엠네 세볩덴 시즈 알 작카 바라스즈
당신은 무슨 이유로 그 곳에 가십니까?

Жеңиш: Кореянын өнөр жайы менен таанышуу үчүн.
코레야는 외뇌르 자이 메넨 타-느슈- 위췬
한국의 산업시설을 둘러보고 알기 위해서입니다.

Айзирек: Ал жактын кандай жерлерине баргыңыз келет?
알 작튼 칸다이 제르레리네 바르긍으즈 겔렢
그곳에서 어떤 장소들을 가보고 싶습니까?

Жеңиш: Кореянын белгилүү жана чоң заводдорун көрсөм деп ойлонуп жатам.
코레야는 벨길뤼- 자나 총 자볻도룬 괴르쇰 뎊 오이로늪 자탐
한국의 유명하고 큰 공장들을 보았으면 하고 생각하고 있습니다.

Айзирек: Сиз учак саякаты менен кеме саякатынын ичинен кайсынысы ыңгайлуу деп ойлойсуз?
시즈 우착 사야칻ㅌ 메넨 케메 사야카튼 이친데 카이스느스 응가일루- 뎊 오이로이수즈

당신은 배 여행과 항공 여행 중에서 어느 것이 편리하다고 생각 하십니까?

Жеңиш: Мага учактагы саякат ыңгайуу.
마가 우착타그 사야캍 응가이루-
나는 항공 여행이 편합니다.

Айзирек: Учакта сиздин жүрөгүңүз айланбайбы?
우착타 시즈딘 쥐뤠귕위즈 아일란바이브
비행기(안)에서 멀미하지는 않습니까?

Жеңиш: Бир аз, кээ бирде айланат.
비르 아즈 게- 비르데 아이라낱
조금, 가끔씩 멀미를 합니다.

Айзирек: Сиз Кореяга дайыма түз рейс менен учасызбы?
시즈 코례야가 다이마 튀즈 레이스 메넨 우챠스즈브
당신은 한국에 항상 직항으로 가십니까?

Жеңиш: Жок, кээде Алмата аркылуу же Ташкент аркылуу учам.
족 게-데 알마타 아르클루- 제 타쉬켄트
아르클루 우참
아닙니다, 가끔 알마타 또는 타쉬켄트를 통해서 갑니다.

Айзирек: Сиз орунуңузду бронядап койдуңузбу?
시즈 오루눙우즈두 브로냐닾 코이둥우즈부
당신은 (비행기) 자리를 예약해 놓았습니까?

Жеңиш: Ооба, мен бир жума мурда бронядап койгом.
오-바 멘 비르 주마 무르다 브로냐랖 코이곰

네, 나는 일주일 전에 예약해 놓았습니다.

Айзирек:	Учакка канча салмакта жүк кабыл алынат?
	우착카 칸차 살막타 쥑 카블 알르낱
	비행기에 어느 정도 무게의 짐을 받아 줍니까?

Жениш:	20 килограммга чейин.
	즈이르마 킬로그람가 체인
	20 킬로그램까지 (*가능합니다).

Учактын ичинде (비행기 안에서)
우착튼 이친데

Айзирек:	Азыр канча бийиктиктебиз?
	아즈르 칸차 비이익틱테비즈
	(우리는) 지금 어느 정도의(몇) 고도(높이)에 있습니까?

Жениш:	Азыр үч миң метр бийиктиктебиз деп ойлойм.
	아즈르 위춰 밍 메트르 비이익틱테비즈 뎁 오이로임
	지금 (고도) 3000미터 높이에 있다고 생각합니다.

Айзирек:	Кандай ылдамдыкта учуп баратабыз?
	칸다이 을담득타 우춥 바라타브즈
	(우리는) 어느 정도의(어떤) 속도로 날아가고 있습니까?

Жениш:	Так билбейм, бирок саатына 500 километр ылдамдыкта учуп баратабыз деп ойлойм.
	탁 빌베임 비록 사아트나 베쉬쥐즈 킬로메트르
	을담득타 우춥 바라타브즈 뎁 오이로임

정확히 모릅니다. 그러나 시속 500킬로미터로 날아 가고
있다고 생각합니다.

Айзирек: Кандай кооз көрүнүш! Панораманы көрүп
турагандаймын.
칸다이 코오즈 괴뤼뉘쉬 파노라마느 괴륖
투르간다이믄
풍경이(보이는 것이) 얼마나 아름답습니까!
전경(파노라마)을 보고 있는 듯 합니다.

Жениш: Азыр жерге конобуз.
아즈르 제르게 코노부즈
(우리는) 지금 땅에 착륙하겠습니다.

Айзирек: Оой! Абдан бат учуп келдик ээ.
오이 아브단 밭 우춥 젤딕 에-
오, 매우 빠르게 날아 왔습니다.

Жениш: Ооба, мен да убакыттын кандай өткөнүн
сезген жокмун.
오-바 멘 다 우바크뜬 칸다이 외트푀뉜
세즈겐 족문
네, 저도 시간이 어떻게 지나 갔는지 몰랐습니다.

Айзирек: Сизге абадагы саякат кандай болду?
시즈게 아바다그 사야캍 칸다이 볼두
당신은 항공 여행이 이땠습니까?

Жениш: Абдан сонун болду.
아브단 소눈 볼두
매우 좋았습니다.

-212-

39. Аэропортто
(공항에서)

Марзия: **Азыркы самолёт Кореяга учабы?**
아즈르끄 사말룃 코레야가 우차브
지금 (*출발하는) 비행기가 한국에 가는 것입니까?

Элистан: **Ооба, түшкү саат экиде Кореяга уча турган самолёт.**
오-바 튀쉬꾀 사앝 에끼데 코레야가 우차 투르간
사말룃
네, 오후 2시에 한국으로 떠나는 비행기입니다.

Азыр кабыл алуу процесси жүргүзүп жатат.
아즈르 카븰 알루- 쁘로쩨쓰 쥐르귀쥡 자탙
지금 (출국을 위한) 심사를 진행하고 있습니다.

Сиз Кореяга учасызбы?
시즈 코레야가 우차스즈브
당신은 한국에 가십니까?

Марзия: **Ооба, мен азыркы самолёт менен Кореяга барам.**
오-바 멘 아즈르끄 사말룃 메넨 코레야가
바람
네, 나는 지금 비행기로 한국에 갑니다.

Марзия: **Паспортуңуз менен билетиңизди көрсөтүңүзчү.**
빠스쁘루퉁우즈 메넨 빌롙팅이즈디 쾨르쇠
퉁위즈취

-213-

(당신의) 여권과 비행기표를 보여 주세요.

Элистан: **Мына менин паспортум жана билетим.**
므나 메닌 빠스쁘르툼 자나 빌레팀
여기에 저의 여권과 비행기 표가 있습니다.

Марзия: **Сиздин канча сумкаңыз бар?**
시즈딘 칸차 숨캉으즈 바르
당신의 가방은 모두 몇개입니까?

Элистан: **Беш сумка бар.**
베쉬 숨카 바르
가방 다섯 개가 있습니다.

Марзия: **Сиздин жүгүнүздү карайбыз. (*текшеребиз.)**
시즈딘 쥐귕위즈뒤 카라이브즈 텍쇠레비즈
(당신의) 짐을 보겠습니다. (*검사하겠습니다.)

Элистан: **Карап көрүңүз. (*текшерип көрүңүз.)**
카랍 괴룅위즈 텍쇠립 괴룅위즈
보십시요. (*검사해 보십시요.)

Марзия: **Сумкаңызды ачып көрсөтүңүз.**
숨캉으즈드 아츕 괴르쇠퉁위즈
가방을 열어 보여 주세요.

Алып өтүүгө уруксаты жок буюмуңуз жокбу?
알릅 외뛰괴 우룩샬드 족 부유뭉우즈 족뿌
가지고 갈 수 없는 물건이 있습니까? (허가하지 않는 물건이 있습니까?)

Элистан: **Жок, менин андай буюмум жок.**
족   메닌   안다이 부유뭄   족
없습니다, 그런 물건은 없습니다.

Марзия: **Бул сумкаңыздын ичинде эмне бар?**
불   숨캉으즈든   이친데   엠네   바르
이 가방 안에는 무엇이 있습니까?

Элистан: **Бул жерде менин кийимдерим гана бар.**
불   제르데   메닌   기이임데림   가나   바르
이 가방에는 저의 옷들만 있습니다.

Марзия: **Тиги кара сумкаңыздын ичинде эмне бар?**
티기   카라   숨캉으즈든   이친데   엠네   바르
저기 검은색 가방 안에는 무엇이 있습니까?

Элистан: **Китептерим менен кургак тамактар бар.**
기텝테림   메넨   쿠르각   타막타르   바르
(나의) 책들과 마른 음식들이 있습니다.

Марзия: **Анда, эч проблема жок.**
안다   에츠 쁘로블레마   족
그렇다면 아무 문제 없습니다.

Элистан: **Болдубу?**
볼두부
됐습니까?

Марзия: **Ооба, болду.**
오-바   볼두

네, 됐습니다.

Элистан: Чоң рахмат.
촁　　라흐맡
대단히 감사합니다.

Багаж кабыл алуучу жай (수화물 취급소)
바가쥐　카블　알루-추　자이

Миргүл: Канча сумкаңызды багаж аркылуу жибересиз?
칸차　숨캉으즈드　바가쥐 아르클루-　지베레시즈
가방 몇 개를 수화물로 보내겠습니까?

Элистан: 4 сумкамды багаж аркылуу жиберем.
퇴를 숨캄드　바가쥐 아르클루-　지베렘
가방 4개를 수화물로 보내겠습니다.

Миргүл: Бир адамдын багажына 20 килограммга чейин,
비르 아담든　바가즈나 즈이르마 킬로그램가　체인
한 사람의 (*한 사람이 보낼 수 있는) 수화물은 20 킬로그램 까지이고,

колго максимум 10 килограммга чейин берилет.
콜고　막시뭄　온 킬로그람가　체인　베릴렡
손으로 들고 갈 수 있는 것은 최대 10 킬로그램까지입니다.

Элистан: Меники канча килограмм ашып кетти?
메니끼　칸차　킬로그람　아씁　겓띠
나의 것은 몇 킬로그램 초과했습니까?

Миргүл: Сиздин сумкаңыздардын бардыгы 10 килограмм ашып кетти.
시즈딘   숨캉으즈다르든   바르드그   온 킬로그
람   아씁   겔띠
당신의 가방들은 모두 10 킬로그램 초과했습니다.

Сиздин ашып кеткен багажыңыз үчүн 50 доллар беришиңиз керек.
시즈딘   아씁   게트켄   바가즁으즈   위친   엘뤼
돌라르   베리셩이즈   케렉
초과한 당신의 수화물을 위해서 50 달러를 내야(만) 합니다.

Элистан: Мейли, 50 доллар берейин.
메일리   엘뤼 돌라르   베레인
알겠습니다, 50 달러를 드리겠습니다.

Миргүл: Болду! 4 сумкаңызды багажга салдым.
볼두   퇴릍 숨캉으즈드   바가쥐가   살듬
됐습니다, (당신의) 가방 4개를 수화물로 붙였습니다.

Мынакей 4 сумкаңыздын купонун алыңыз.
므나케이   퇴릍 숨캉으즈든   쿠포눈   알릉으즈
여기에 가방 4개의 짐표(쿠폰)를 받으세요.

Элистан: Чоң рахмат.
총   라흐맡
대단히 감사합니다.

Күтүүчү жай (대합실)
귀뛰춰   자이

Мирбек: Каякка бара жатасыз?
카약카 바라 자타스즈
어디로 가십니까?

Элистан: Мен Кореяга бара жатамын.
멘 코레야가 바라 자타믄
나는 한국에 갑니다.

Мирбек: Сиз канча күнгө барасыз?
시즈 칸차 궈괴 바라스즈
당신은 얼마 동안 가십니까?

Элистан: Мен эки жумага бара жатам.
멘 에끼 주마가 바라 자탐
나는 2주 동안 한국에 갑니다.

Мирбек: Кандай максат менен барасыз.
칸다이 막샅 메넨 바라스즈
어떤 목적으로 가십니까?

Элистан: Мен туризм боюнча барам.
멘 투리즘 보윤차 바람
나는 관광하러 갑니다.

Мирбек: Кореяда сиздин таанышыңыз барбы?
코레야다 시즈딘 타-느쉬타릏으즈 바르브
당신은 한국에 아는 사람이 있습니까?

Элистан: Ооба, бар. Кореялык бир кишини жакшы тааныйм.
오-바 바르 코레야륵 비르 기쉬니 작쓰 타-느임

-218-

네, 있습니다. 한국인 한사람을 잘 압니다.

Ал эки жыл мурда Бишкекте жашап кеткен.
알 에끼 즐 무르다 비쉬켁테 자샵 게트켄
그는 2년 전에 비쉬켁에서 살다 갔습니다.

Мирбек: Ал сизди тосуп алганы "Инчын" эл аралык аэропортуна келеби?
알 시즈디 토숩 알가느 인츤 엘 아랄륵 아에로쁘르투나 겔레비
그는 당신을 마중하기 위해 인천 국제공항에 나옵니까?

Элистан: Албетте, келет, анткени ал менин жакын досум.
알벹떼 겔렡 안트케니 알 메닌 자큰 도숨
물론입니다. 왜냐하면 그는 나의 가까운 친구이기 때문입니다.

Мирбек: Жакшы, сапарыңыз шыдыр болсун.
작쓰 사빠릉으즈 셔드르 볼슨
좋습니다. 평안한 여행이 되세요.

Элистан: Чоң рахмат, сиздин иштериңиз дагы ийгилик болсун!
총 라흐맡 시즈딘 이쉬테링이즈 다그 이길릭 볼슨
대단히 감사합니다. 당신의 일들도 성공하세요!

40. Жыл мезгили
(계절)

Элнура: Сиз төрт мезгилдин атын атап бере аласыз-бы?
시즈 퇴르트 메즈길딘 아뜬 아탑 베레 알라스즈브
당신은 4 계절의 이름을 말해 줄 수 있습니까?

Бегимай: Ооба, атап бере алам. Алар: жаз, жай, күз, кыш.
오-바 아탑 베레 알람 알라르 자즈 자이 귀즈 크쉬
네, 말해 줄 수 있습니다. (그것들은) 봄, 여름, 가을, 겨울입니다.

Элнура: Азыр кайсы мезгил?
아즈르 카이스 메즈길
지금은 어느(어떤, 무슨) 계절입니까?

Бегимай: Азыр жаз.
아즈르 자즈
지금은 봄입니다.

Элнура: Туптуура, азыр жаз мезгили.
툽투-라 아즈르 자즈 메즈길리
정확히 맞습니다, 지금은 봄입니다.

Бегимай: Сиз үчүн бир жылдын ичинде эң жакшы мезгил кайсы?
시즈 위췬 비르 즐든 이친데 엥 작쓰 메즈길 카이스
당신은 일년 중에서 어떤 계절을 가장 좋아 하십니까?

Жаз келди. (봄이 왔습니다.)
자즈 겔디

Элнура: Жаз.
자즈
봄입니다.

Бегимай: Сиз жазды жакшы көрөсүзбү?
시즈 자즈드 작쓰 쾨뢰쉬즈뷔
당신은 봄을 좋아 하십니까?

Элнура: Ооба, бул мезгилде климат аябай жумшак жана жагымдуу,
오.-바 불 메즈길데 클리맡 아야바이 줌샥 자나 자금두-
네, 이 계절에는 기후가 매우 부드럽고 유쾌합니다.

бул мезгилде баардыгы ойгонушат.
불 메즈길데 바-르드그 오이고누샽
이 계절에는 모든 것이 깨어납니다.

Гүлдөр гүлдөп чымчыктар сайрашат.
귈되르 귈됩 츔측타르 사이라샽
꽃들은 꽃이 피고, 새들은 지저귑니다.

Сизге да жаз жагабы?
시즈게 다 자즈 자가브
당신에게도 봄이 좋습니까?

Бегимай: Ооба, жаз да жагат бирок жайды да жактырам.
오-바 자즈 다 자같 비록 자이드 다 작뜨람

네, 봄도 좋습니다. 그러나 여름이 더 마음에 듭니다.

Жай келди. (여름이 왔습니다.)
자이 겔디

Элнура: Эмнеге сиз жайды жактырасыз?
엠네게 시즈 자이드 작뜨라스즈브
왜 당신은 여름을 좋아 하십니까?

Бегимай: Анткени бул учурда сууга түшүп, тоого чыгам.
안트케니 불 우추르다 수-가 뒤쉽 토-고 츠감
왜냐하면 그 때에 수영을 하고, 등산을 하기 때문입니다.

Жайдын өзүнүн көркү бар.
자이든 외쥐넌 꾀르키 바르
여름 특유의 아름다움이 있습니다.

Элнура: Чын эле ошондой. Кореяда качан жамгыр көп жаай баштайт?
츤 엘레 오숀도이 코레야다 가챤 잠그르 꾑 자-이 바쉬타일
정말로 그렇습니다. 한국에는 언제 비가 많이 오기 시작합니까?

Бегимай: Июлдан баштап жамгыр жаап баштайт.
이율단 바쉬탑 잠그르 자압 바쉬타일
7월부터 비가 내리기 시작합니다.

Элнура: Жаштар жайды аябай жактырышат.
자쉬타르 자이드 아야바이 작뜨르샬

젊은이들은 여름을 아주 좋아합니다

Сиз жайында каяка барасыз?
시즈 자이은다 카야카 바라스즈
당신은 여름에 어디에 갑니까(가십니까)?

Бегимай: Мен көбүнчө токойго барам.
멘 쾨뷘최 토코이고 바람
나는 보통 숲에 갑니다.

Элнура: Токойдогу сууга түшөсүзбү?
토코이도구 수-가 튀쇠쉬즈뷔
숲에 있는 물에 (수영하러) 들어가십니까?

Бегимай: Ооба, Мен сууга түшкөнду абдан жакшы көрөм.
오-바 멘 수-가 튀쉬쾬뒤 아브단 작쓰 쾨룀
네, 나는 물에 들어가는(수영하는) 것을 매우 좋아합니다.

Күз келди. (가을 왔습니다.)
귀즈 겔디

Элнура: Аба ырайы суук болуп калды.
아바 으라이으 수욱 볼룹 칼드
날씨가 추워졌습니다.

Бегимай: Ооба, күзүндө күн кыскарып түн узарат.
오-바 귀쥔되 귄 크스카룹 튄 우자랓
네, 가을에는 해가 짧아지고 밤이 길어집니다.

Элнура: Күзүндө жалбырактар саргайып, жерге кооз болуп түшкөнү мага жагат.
귀췬되   잘브락타르   사르가이읍   제르게   코-즈
볼룹   튀쉬쾨뉘   마가   자갇
가을에 나뭇잎들이 노랗게 변하고, 땅에 아름답게 떨어지는 낙엽을 나는 좋아합니다.

Бегимай: Мага күз мезгилинин өтө ысык да эмес өтө суук да эмес, орточо болгону жагат.
마가 귀즈 메즈길니닌   외뙤 으슥   다 에메스 외뙤
수욱 다 에메스 오르토초 볼고누   자갇
나는 가을이 너무 덥지도 않고, 춥지도 않고, 중간 정도여서 좋습니다.

Элнура: Күз окуу жылына эң жакшы мезгил.
귀즈 오꾸- 즐르나   엥 작쓰   메즈길
가을은 공부하기에 매우 좋은 계절입니다.

Бегимай: Эменге?
엠네게
왜요?

Элнура: Анткени күзүндө аба аябай таза жана асман ачык.
안트케니   귀췬되   아바 아야바이 타자 자나   아스만
아측
가을에는 공기가 매우 깨끗하고 하늘은 맑기 때문입니다.

Кыш келди. (겨울이 왔습니다.)
크쉬   겔디

Элнура: Сиз кышты жактырасызбы?
시즈 크쉬트　　작뜨라스즈브
당신은 겨울을 좋아하십니까?

Бегимай: Жок, кышында мен дайыма тумоолоп ооруйм.
족　크쓴다　멘　다이마　투모-롭　오-루임
아니, 겨울에 나는 항상 감기에 걸려.

Элнура: Ооба, кыштын суугу сөөккө чейин өтөт.
오-바　크쉬튼　수-구　쇠엑꾀　체인　외튈
맞습니다, 겨울의 추위는 뼈에 까지 스며듭니다.

Бегимай: Мен тоолуу жерде жашагандыктан жерди аппак кар баскан.
멘　토-루　제르데　자샤간득탄　제르디
압빡　카르　바스칸
나는 산이 많은 곳에서 살기 때문에 새하얀 눈들이 땅을 덮었었습니다.

Элнура: Анда биз лыжа тепсек болобу?
안다　비즈　르자　텝섹　볼로부
그러면 우리는 스키를 타도 됩니까?

Бегимай: Ооба болот, сен лыжа тебе аласыңбы?
오-바　볼롯　센　르자　테베　알라슝브
그럼, 되지, 너는 스키를 탈수 있니(탈 줄 아니)?

Элнура: Ооба, мен коньки да тебе алам.
오-바　멘　콘키　다　테베　알람
네, 나는 스케이트도 탈 수 있습니다.

Бегимай: Ой! Сен коньки тебе алсаң, бизде көлмөлөр абдан калың муз тоңот, тепкенге ыңгайлуу.
오이 셴 콘키 테베 알상 비즈데 쿌뫼뢰르 아브단 칼릉 무즈 통옫 텝켄게 응가이루-
오! 너는 스케이트를 탈 줄 알면, 우리에게 있는 작은 호수들은 아주 두껍게 얼어붙습니다. 타기에 아주 편합니다(좋습니다).

Элнура: Анда мен кышкы каникулда сиздикине барам.
안다 멘 크쉬끄 카니쿨다 시즈디키네 바람
그렇다면 나는 겨울 방학때 당신의 집에 가겠습니다.

Бегимай: Жакшы! Кышкы каникулда сөзсүз кел.
작쓰 크쉬끄 카니쿨다 쇠스쉬스 겔
좋아! 겨울 방학때 반드시 오도록 해.

Элнура: Макул, рахмат чакырганыңызга.
마쿨 라흐맏 차크르가능으가
네 알겠습니다. 초청해 주셔서 감사합니다.

Бегимай: Көрүшкөнчө!
괴뤼쉬쾬최
또 만나! (*안녕히, 잘가, 또 만나, 다시 만날 때 까지)

41. Концертте
(음악회에서)

Дастан: **Бүгүн кечинде убактыңыз барбы?**
뷔귄　게친데　　우박뚱으즈　　바르브
오늘 저녁에 (당신의) 시간이 있습니까?

Сабира: **Ооба, убактым бар.**
오-바　우박틈　　바르
네, (나의) 시간이 있습니다.

Дастан: **Мени менен чогуу концертке (театрга) бара албайсызбы?**
메니　메넨　　초구　콘쩨르트케　　테아트르가　바라 알바이스즈브
나와 함께 음악회(극장)에 가시지 않을래요?

Сабира: **Бара алам, кайсы жерде болот?**
바라　알람　카이스　제르데　볼롵
갈 수 있습니다, (음악회는) 어느 곳에서 합니까?

Дастан: **Филармонияда болот.**
필라르모니야다　　볼롵
필라르모니야 (극장)에서 있습니다.

Сабира: **Программасы жаныңызда барбы?**
프로그람마스　　자느ㅇ으즈다　　바르브
(음악회의) 프로그램을 가지고 있습니까?

Дастан: Менде программа бар болчу, аны унутуп келиптирмин.
멘데 프로그람마 바르 볼추 아느 우누툽 겔립티르민
나에게 프로그램이 있었습니다, 그것을 깜박 잊고 왔습니다.

Сабира: Билет сатып алдыңыз беле?
빌렡 사뚭 알등으즈 벨레
표를 샀습니까?

Дастан: Мен бир жума мурун экөөбүз үчүн эки билетти сатып алгам.
멘 비르 주마 무룬 에꼐뷔즈 위췬 에끼 빌렡티 사틉 알감
나는 일주일 전에 우리 두사람을 위해서 표 2장을 샀습니다.

Сабира: Кең пейилдигиңизге чоң рахмат.
켕 페일디깅이즈게 총 라흐맡
당신의) 친절함(관대함)에 대단히 감사합니다.

Дастан: Эч нерсе эмес.
에츠 네르세 에메스
아무것도 아닙니다. (괜찮습니다.)

Сабира: Ой, бардык билеттер сатылып кеткен окшойт! Мен үчүн алдын ала алып койдуңуз.
오이 바르득 빌렡테르 사틀릅 게트켄 옥쇼일 멘 위췬 알든 알라 알릅 코이둥우즈
오, 모든 표들이 매진 된 것 같습니다! 나를 위해서 미리 사 두셨군요.

Дастан: **Чын элеби?**
츤 엘레비
정말이예요?

Белгилүү ырчылар келгендиктен бат түгөнүп калса керек.
벨길뤼- 으르츠라르 겔겐딕텐 밭 튀괴늡
칼사 케렉
유명한 가수들이 노래를(공연을) 하기 때문에 표들이 빨리 매진 되었을 것입니다.

Сабира: **Концерт саат канчада болот?**
콘쩨르트 사앝 칸차다 볼롵
음악회는 몇시에 있습니까?

Дастан: **Кечки саат алтыда башталат.**
게츠키 사앝 알트다 바쉬탈랕
저녁 6시에 시작합니다.

Сабира: **Канчада бүтөт?**
칸차다 뷔퇼
몇시에 마칩니까?

Дастан: **Түнкү саат ондо бүтөт.**
튄뀌 사앝 온도 뷔퇼
밤 10시에 마칩니다.

Сабира: **Костюм кийип барыш керекпи?**
카스튬 기이입 바르쓰 케렉뻬
양복을 입고 가야 합니까?

Дастан: Жок, анын кажети жок.
족   아는   카제티   족
아닙니다, 그렇게 하실 필요는 없습니다.

Сабира: Анда саат бешке чейин менин үйүмө келе аласызбы?
안다   사알   베쉬케   체인   메닌   위이뫼 겔레
알라스즈브
그러면 5시 까지 저의 집에 오실 수 있습니까?

Дастан: Албетте, сөзсүз келем.
알벧떼   쇠스쉬스 겔렘
물론입니다, 꼭 오겠습니다. (*가겠습니다.)

Сабира: Кечке чейин!
게츠케   체인
저녁때 까지! (*저녁에 만날 때 까지 잘 지내요.)

Дастан: Мейлиңиз.
메일링이즈
네, 그래요.

Концерт бүткөндөн кийин
콘쩨르트   뷔트쿈된   기이인
(음악회가 끝나고 나서)

Сабира: Концерт аябай жагымдуу болду.
콘쩨르트 아야바이 자금두-   볼두
음악회는 정말로 유쾌하고 좋았습니다.

Дастан: Мен да сиз менен кечки убакты аябай көңүлдүү өткөрдүм.
멘 다 시즈 메넨 게츠끼 우박뜨 아야바이 꿩윌듀-외트꾀르듐.
저도 당신과 함께 저녁시간을 매우 즐겁게 보냈습니다.

42. Бий
(춤)

Кубан: Сиз бийлегенди жактырасызбы?
시즈 빌레겐디 작뜨라스즈브
당신은 춤추는 것을 좋아 하십니까?

Рахат: Ооба, мага жагат. (*Мен бийлегенди аябай жакшы көрөм.)
오.바 마가 자갇 멘 빌레겐디 아야바이 작쓰 괴룀
네, 나는 좋아합니다. (*나는 춤추는 것을 매우 좋아합니다.)

Кубан: Сиз канча убакытта бийлегенди үйрөнгөнсүз?
시즈 칸차 우바킅타 빌레겐디 위이뢴귄쉬즈
당신은 얼마만에 춤추는 것을 배웠습니까?

Рахат: Бийлеген мага жаккандыктан, алты айда үйрөнгөнмүм.
빌레겐 마가 자칸득탄 알뜨 아이다 위이뢴굄
춤추는 것을 좋아하기 때문에 6 개월 만에 배웠습니다.

Кубан: Сиз кимден үйрөнгөнсүз?
시즈 킴덴 위이뢴귄쉬즈
당신은 누구에게서 배웠습니까?

Рахат: **Мен байкемден үйрөнгөм.**
멘 바이껨된 위이뢴꿈
나는 형(오빠)에게서 배웠습니다.

Кубан: **Сиз Кыргыз улуттук бийин билесизби?**
시즈 크르그즈 울루뚝 비이인 빌레시즈비
당신은 키르기즈 민속 춤을 아십니까?

Рахат: **Албетте, мен жакшы билем.**
알벧떼, 멘 작쓰 빌렘
물론입니다, 나는 잘 압니다.

Кубан: **Мага үйрөтө аласызбы?**
마가 위뢸뙤 알라스즈브
나에게 가르쳐 줄 수 있습니까?

Рахат: **Эгерде сиз кааласаңыз, үйрөтөм.**
에게르데 시즈 칼-라상으즈 위뢸뜀
만약에 당신이 원하면 가르치겠습니다.

Кубан: **Албетте, каалайм.**
알벹떼, 칼-라임
물론, 원합니다. (*정말 배우기를 원합니다.)

Качан, кайсы жерден жолугалы?
가찬, 카이스 제르덴 졸루갈르
언제, 어디에서 만날까요?

Рахат: **Бир жумадан кийин, музкалык мектепке келиңиз.**
비르 주마단 기이인 무즈칼특 멕텝케 겔리이즈
일주일 후에 음악 학교로 오세요.

Кубан: **Макул, саат канчага барсам болот,**
마쿨, 사알 칸차가 바르삼 볼롵
좋습니다, 몇 시에 가면 됩니까?

Рахат: **Түштөн кийин саат үчкө келиңиз.**
튀쉬퇸 기이인 사알 위츠쾨 겔리이즈
오후 3시에 오세요.

Кубан: **Чоң рахмат!**
총 라흐맡
대단히 감사합니다.

Рахат: **Эч нерсе эмес!**
에츠 네르세 에메스
괜찮습니다.

43. Спорт
(스포츠)

Эмиль: Сизге кандай спорт жагат?
             시즈게 칸다이 스포를 자같
             당신은 어떤 스포츠를 좋아하십니까?

Үпөл: Мен сүзгөндү жактырам. Агама футбол жагат.
             멘 쉬즈괸뒤 작뜨람 아감아 풋볼 자같
             나는 수영하는 것을 좋아합니다. (나의) 형은 축구를 좋아합니다.

Эмиль: Менин эжем да сүзгөндү жактырат.
             메닌 에쩸 다 쉬즈괸뒤 작뜨랕
             나의 누나(언니)도 수영하는 것을 좋아합니다.

Үпөл: Сиз кайсы спорттун түрү менен машыгасыз?
             시즈 카이스 스포를툰 튀뤼 메넨 마쓰가스즈
             당신은 어떤 종류의 스포츠로 훈련(연습)하십니까?

Эмиль: Мен баскетбол менен машыгам.
             멘 바스켙볼 메넨 마쓰감
             나는 농구를 연습합니다.

Үпөл: Бир жумада канча жолу машыгасыз?
             비르 주마다 칸차 졸루 마쓰가스즈
             일주일에 몇 번 연습하십니까?

Эмиль: Үч жолу.
위취 졸루
3번 (연습합니다.)

Үпөл: Сиз гольф ойнойсузбу?
시즈 골프　　오이노이수즈부
당신은 골프를 치십니까?

Эмиль: Ооба, ойном.
오-바　오이노임
네, (골프를) 칩니다.

Үпөл: Мен бадминтон ойногум келет.
멘　바드민톤　　오이노굼　겔렏
나는 베드민턴을 치고 싶습니다.

Эмиль: Силер жакта кайсы спорт белгилүү?
실레르　작타　카이스　스포릍　벨길뤼-
당신들이 사는 곳에는 어떤 스포츠가 유명합니까?

Үпөл: Биз жакта спорттун эң белгилүү түрү - бейсбол.
비즈 작타　스포릍툰　엥 벨길뤼　　튀뤼　베이스볼
우리가 사는 곳에는 가장 유명한 스포츠는 야구입니다.

Сиз футбол ойногонду жактырасызбы?
시즈 풋볼　　오이노곤두　　작뜨라스즈브
당신은 축구 하는 것을 좋아 하십니까?

Эмиль: **Жок, жактырбайм.**
족 짝뜨르바임
아니요, 좋아하지 않습니다.

Үпөл: **Сиз сүзө аласызбы?**
시즈 쉬죄 알라스즈브
당신은 수영을 할 수 있습니까?

Эмиль: **Ооба, бир аз сүзө алам.**
오-바 비르 아즈 쉬죄 알람
네, 조금 수영할 수 있습니다.

(*Жок, мен сүзгөндү такыр билбейм.)
족 멘 쉬즈괸뒤 타크르 빌베임
아니요, 나는 수영하는 것을 전혀 모릅니다.

Үпөл: **Сиз туура сүзгөндү үйрөндүңүз беле?**
시즈 투-라 쉬즈괸뒤 위륀뒹위즈 벨레
당신은 바르게 수영하는 것을 배웠습니까?

Эмиль: **Жок, мен өзүм эле үйрөнгөм.**
족 멘 외쥠 엘레 위륀굄
아니요, 나는 스스로 배웠습니다.

Үпөл: **Сиздин байкеңизди жакшы сүзөт деп айтышат.**
시즈딘 바이껭이즈디 작쓰 쉬죝 뎁 아이트샽
(그들은) 당신의 형(오빠)이 수영을 잘한다고 말했습니다.

Эмиль: Ооба, ошондой.
오-바   오숀도이
네, 그렇습니다.

Үпөл: Ал сүзгөндү кайдан үйрөнгөн?
알 쉬즈굔뒤   카이단   위이뤈귄
그는 어디에서 수영하는 것을 배웠습니까?

Эмиль: Ал сүзгөндү мектептен үйрөнгөн.
알 쉬즈굔뒤   멕텝텐   위이뤈귄
그는 수영하는 것을 학교에서 배웠습니다.

Азыр сүзүүнүн негизги кайсы стили колдонулат?
아즈르 쉬쥐뉜   네기즈기 카이스 스틸리 콜도눌랕
지금 수영할 때 기본적으로 어떤 방법을 사용합니까?

Үпөл: Ал брасс, баттерфляй жана эркин сүзөт.
알 브라쓰   바떼르플랴이   자나   에르킨 쉬쥘
그는 평영, 접영 그리고 자유형으로 수영합니다.

Эмиль: Сиз сүзгөндүн кайсы стилин жактырасыз?
시즈 쉬즈굔뒨   카이스 스틸린 작뜨라스즈
당신은 어떤 방법으로 수영하는 것을 좋아하니까?

Үпөл: Мен эркин сүзүүнү жактырам.
멘   에르킨 쉬쥐-뉘   작뜨람
나는 자유형으로 수영하는 것을 좋아합니다.

Эмиль: Сиз дайыма эркин сүзөсүзбү?
시즈 다이으마 에르킨 쉬죄쉬즈뷔
당신은 항상 자유형으로 수영합니까?

Үпөл: Жок, мен чарчабаш үчүн көбүнчө брасс менен сүзөм.
족 멘 차르차바쉬 위췬 다이으마 브라쓰 메넨 쉬쬠
아닙니다, 나는 피곤하지 않도록 하기 위해서 보통 평영으로 수영합니다.

Эмиль: Мен чалкалап сүзө алам.
멘 찰카랍 쉬죄 알람
나는 배영으로 수영할 수 있습니다.

Үпөл: Сиз сууга секире аласызбы?
시즈 수-가 세키레 알라스즈브
당신은 다이빙을 할 수 있습니까?

Эмиль: Жок, мен сууга секире албайм.
족 멘 수-가 세키레 알바임
아니요, 나는 다이빙을 못합니다.

Мен боюман ашык терең жерге бара албайм.
멘 보유만 아쓱 테렝 제르게 바라 알바임
나는 (나의) 키보다 깊은 곳에 가지 못합니다.

Үпөл: Мен бассейинде сүзгөндү үйрөнгөм.
멘 바쎄인데 쉬즈괸듸 위이륀꼄
나는 수영장에서 수영하는 것을 배웠습니다.

| Эмиль: | Сиз суунун алдына кире аласызбы?
시즈 수-눈 알드나 키레 알라스즈브
당신은 물 밑으로 잠수 할 수 있습니까& (*들어 갈수 있습니까?) |

| Үпөл: | Ооба, кире алам.
오-바 키레 알람
네, 잠수 할 수 있습니다. (*물 속에 들어 갈 수 있습니다.) |

| Эмиль: | Сиз канча убакыт суунун алдында тура аласыз?
시즈 칸차 우바크틀 수-눈 알든다 투라 알라스즈
당신은 몇 분 동안 물밑에 있을 수 있습니까? |

| Үпөл: | Эки мүнөт гана тура алам.
에끼 뮈눹 가나 투라 알람
2분 동안만 있을 수 있습니다. |

| Эмиль: | Бүгүн аябай ысык.
뷔권   아야바이 으슥
오늘은 정말 덥습니다. |

| | Сиз мени менен чогуу сууга түшкөнү бара албайсызбы?
시즈 메니 메넨   초구 수-가 튀쉬쾨뉘 바라 알바이스즈브
당신은 나와 함께 수영하러 가지 않으시겠어요? |

| Үпөл: | Ооба, бара алам.
오-바 바라 알람
네, 갈 수 있습니다. |

III. 영역별 단어 정리

(Сандык, мезгилдик, заттык түшүнүктү билдирген сөздөр)

1. Эсептик сан
(수, 숫자)

■ *Эсептик сан* (기수)

Эмиль: Канча?
         칸차
         얼마

Талас: Он. (беш, жети, тогуз, жыйрма, отуз, кырк, жүз)
         온   베쉬   제띠   토구즈   즈이르마   오투즈   크륵   쥐즈
         십,   오,   칠,   구,   이십,   삼십,   사십,   백

■ *Килограмм* (킬로그램)

Эмиль: Канча килограмм?
         칸차   킬로그람
         몇 킬로그램입니까?

         Сабизден канча килограмм берейин?
         사비즈덴   칸차   킬로그람   베레인
         당근 몇 킬로그램을 줄까요?

Талас: Сегиз килограмм.
         세기즈   킬로그람
         팔(8) 킬로그램.

Сабизден үч килограмм бериңизчи.
사비즈덴   위취 킬로그람   베링이즈치
당근 삼(3) 킬로그램을 주세요.

- *Сантиметр* (센티미터)

Эмиль: **Канча сантиметр?**
칸차   산티메트르
몇 센티미터입니까?

Бул китептин бийиктиги канча сантиметр?
불 기텝틴   비이익티기   칸차   산티메트르
이 책의 높이는 몇 센티미터입니까?

Талас: **Он беш сантиметр.**
온   베쉬   산티메트르
십오(15) 센티미터입니다.

(Бул китептин бийиктиги) 30   сантиметр.
불   기텝틴   비이익티기   오투즈 산티메트르
이 책의 높이는 삼십(30) 센티미터입니다.

- *Километр* (킬로미터)

Эмиль: **Канча километр?**
칸차   킬로메트르
몇 킬로미터입니까?

Сенин мектебиңе бул жерден канча километр калды?
세닌   텍테빙에   불   제르덴   칸차   킬로메트르 칼드
너의 학교는 이곳에서부터 몇 킬로미터 남았습니까?

Талас: Элүү километр.
엘뤼- 킬로메트르
오십(50) 킬로미터입니다.

Менин мектебиме төрт километр калды.
메닌   멕테빔에   퇴르트 킬로메트르   칼드
나의 학교는 4 킬로미터 남았습니다.

■ *Daaна(штук)* (개)

Эмиль: Канча даана(штук)?
칸차   다-나   쉬툭
몇 개입니까?

Азыр сенде канча даана дептер бар?
아즈르 센데   칸차 다-나   뎁테르   바르
지금 너에게 공책(노트) 몇 개(권) 있습니까?

Талас: Төрт даана.
퇴를   다-나
네(4) 개(권) 있습니다.

Азыр менде беш даана дептер бар.

아르즈 멘데 베쉬 다-나 뎁테르 바르
지금 나에게 공책 4개(권) 있습니다.

- *Литр* (리터)

Эмиль: Канча литр?
칸차 리트르
몇 리터입니까?

Сизге канча литр бензин керек?
시즈게 칸차 리트르 벤진 케렉
당신에게 휘발유 몇 리터가 필요합니까?

Талас: Жети литр.
제띠 리트르
칠(7) 리터입니다.

Мага он үч литр бензин керек.
마가 온 위취 리트르 벤진 케렉
나에게 십삼(13) 리터(의) 휘발유가 필요합니다.

- *Бөтөлкө* (бутылка) (병)

Эмиль: Канча бөтөлкө (*бутылка*)?
칸차 뵈뚤쾨 부틀가
몇 개의 병?

Үйдө канча бош бөтөлкө бар?
위이되 칸차 보쉬 뵈툍쾨 바르?
집에 몇 개(의) 빈병이 있습니까?

Талас: Жетимиш бир бөтөлкө.
제티미쉬 비르 뵈툍쾨
칠십 한 개 병, (일흔 한 개 병)

Үйдө он алты бош бөтөлкө бар.
위이되 온 알뜨 보쉬 뵈툍쾨 바르
집에 열 여섯 개(의) 빈병이 있습니다.

■ *Kap* (부대/ 포대)

Эмиль: Канча кап?
칸차 캅?
몇 부대(포대)

Бир кап ун канча сом турат?
비르 캅 운 칸차 솜 투랍
한 부대 밀가루는 몇 솜입니까? (* 밀가루 한 부대는)

Талас: Үч кап.
위취 캅
세(3) 부대(포대)

Бир кап ун беш жүз сом турат.

비르 캅 운 베쉬 쥐즈 솜 투랍

한 부대 밀가루는 오백 솜입니다.

- **Ылдамдык (тездик)** (속도)

Үпөл: Ылдамдык (*тездик*) канча?

을담득   테즈딕   칸차

속도는 얼마입니까?

Азыр машина канча ылдамдык менен бара жатат?

아즈르 마쉬나   칸차   을담득   메넨   바라 자탙

지금 자동차는 얼마나 빠르게 달리고 있습니까?

Үпөл: (Саатына) жүз километр.

사아트나   쥐즈 킬로메트르

시속 백(100) 킬로미터.

(Саатына) сексен километр менен бара жатат.

사아트나   섹센   킬로메트르   메넨   바라 자탙

시속 팔십(80) 킬로미터로 달리고(가고) 있습니다.

- **Жаш** (나이 - 살)

Үпөл: Канча жаш?

칸차   자쉬

몇 살?

Сиз канча жаштасыз?
시즈 칸차   자쉬타스즈
당시은 몇 살입니까?

Үпөл: Жыйырма төрт жаш.
즈이르마   퇴를   자쉬
스물 넷(24)살 (입니다.)

Мен отуз беш жаштамын.
멘   오투즈 베쉬   자쉬타믄
나는 서른 다섯(35)살 입니다.

- *Адам* (사람 - 명)

Эмиль: Канча адам чогулушка келди?
칸차   아담   초굴루쉬카   겔디
몇 사람이 회의(모임)에 왔습니까?

Талас: Алтымыш эки адам келди.
알트므쉬   에끼 아담 겔디
육십 이명/예순 두명/62 명이 회의(모임)에 왔습니다.

[Эсептик сандын айтылышы / 숫자 읽기]

1	бир 비르	일/하나
2	эки 에끼	이/둘
3	үч 위취	삼/셋/세
4	төрт 퇴를	사/넷/네
5	беш 베쉬	오/다섯
6	алты 알뜨	육/여섯
7	жети 제띠	칠/일곱
8	сегиз 세기즈	팔/여덟
9	тогуз 토구즈	구/아홉
10	он 온	십/열
11	он бир 온 비르	십일/열하나/열한
12	он эки 온 에끼	십이/열둘/열두
13	он үч 온 위취	십삼/열셋/열세
14	он төрт 온 퇴를	십사/열넷/열네
15	он беш 온 베쉬	십오/열다섯

16	он алты 온 알뜨	십육/열여섯
17	он жети 온 제띠	십칠/열일곱
18	он сегиз 온 세기즈	십팔/열여덟
19	он тогуз 온 토구즈	십구/열아홉
20	жыйырма 즈이르마	이십/스물
21	жыйырма бир 즈이르마 비르	이십 일
22	жыйырма эки 즈이르마 에끼	이십 이
24	жыйырма төрт 즈이르마 퇴르뜨	이십 사
27	жыйырма жети 즈이르마 제띠	이십 칠
30	отуз 오투즈	삼십
33	отуз үч 오투즈 위취	삼십 삼
38	отуз сегиз 오투즈 세기즈	삼십 팔
40	кырк 크륵	사십
46	кырк алты 크륵 알뜨	사십 육
48	кырк сегиз 크륵 세기즈	사십 팔

50	элүү 엘뤼-	오십
55	элүү беш 엘뤼- 베쉬	오십 오
57	элүү жети 엘뤼- 제띠	오십 칠
60	алтымыш 알뜨므쉬	육십
64	алтымыш төрт 알뜨므쉬 퇴르트	육십 사
66	алтымыш алты 알뜨므쉬 알뜨	육십 육
70	жетимиш 제티미쉬	칠십
71	жетимиш бир 제티미쉬 비르	칠십 일
79	жетимиш тогуз 제티미쉬 토구즈	칠십 구
80	сексен 섹센	팔십
83	сексен үч 섹센 위취	팔십 삼
85	сексен беш 섹센 베쉬	팔십 오
90	токсон 톡손	구십
93	токсон үч 톡손 위취	구십 삼
96	токсон алты 톡손 알뜨	구십 육

100	жүз 쥐즈	백
105	жүз беш 쥐즈 베쉬	백오
108	жүз сегиз 쥐즈 세기즈	백팔
110	жүз он 쥐즈 온	백십
126	жүз жыйырма алты 쥐즈 즈이르마 알뜨	백 이십 육
200	эки жүз 에끼 쥐즈	이백
247	эки жүз кырк жети 에끼 쥐즈 크륵 제띠	이백 사십 칠
300	үч жүз 위취 쥐즈	삼백
369	үч жүз алтымыш тогуз 위취 쥐즈 알뜨므쉬 토구즈	삼백 육십 구
400	төрт жүз 퇴릍 쥐즈	사백
489	төрт жүз сексен тогуз 퇴릍 쥐즈 섹센 토구즈	사백 팔십 구
500	беш жүз 베쉬 쥐즈	오백
600	алты жүз 알뜨 쥐즈	육백
700	жети жүз 제띠 쥐즈	칠백
800	сегиз жүз 세기즈 쥐즈	팔백

900	тогуз жүз 토구즈 쥐즈	구백
1000	(бир) миң 비르 밍	천
1005	(бир) миң беш 비르 밍 베쉬	천오
1027	(бир) миң жыйырма жети 비르 밍 즈이르마 제띠	천 이십 칠
1278	миң эки жүз жетимиш сегиз 밍 에끼 쥐즈 제띠미쉬 세기즈	천 이백 칠십 팔
1500	(бир) миң беш жүз 비르 밍 베쉬 쥐즈	천오백
1999	(бир) миң тогуз жүз токсон тогуз 비르 밍 토구즈 쥐즈 톡손 토구즈	천 구백 구십 구
2000	эки миң 에끼 밍	이천
2009	эки миң тогуз 에끼 밍 토구즈	이천구
2893	эки миң сегиз жүз токсон үч 에끼 밍 세기즈 쥐즈 톡손 위취	이천 팔백 구십 삼
3000	үч миң 위취 밍	삼천
4000	төрт миң 퇴를 밍	사천
5000	беш миң 베쉬 밍	오천
6000	алты миң 알뜨 밍	육천
7000	жети миң 제띠 밍	칠천

8000	сегиз миң 세기즈 밍	팔천
9000	тогуз миң 토구즈 밍	구천
10000	он миң 온 밍	만
10007	он миң жети 온 밍 제띠	만칠
10045	он миң кырк беш 온 밍 크륵 베쉬	만 사십 오
10478	он миң төрт жүз жетимиш сегиз 온 밍 퇴를 쥐즈 제띠미쉬 세기즈	만 사백 칠십 팔
16535	он алты миң беш жүз отуз беш 온 알뜨 밍 제쉬 쥐즈 오투즈 베쉬	만 육천 오백 삼십 오
20000	жыйырма миң 즈이르마 밍	이만
50000	элүү миң 엘뤼 밍	오만
100000	жүз миң 쥐즈 밍	십만
100009	жүз миң тогуз 쥐즈 밍 토구즈	십만 구
100045	жүз миң кырк беш 쥐즈 밍 크륵 베쉬	십만 사십 오
100348	жүз миң үч жүз кырк сегиз 쥐즈 밍 위취 쥐즈 크륵 세기즈	십만 삼백 사십 팔
108748	жүз сегиз миң жети жүз кырк сегиз 쥐즈 세기즈 밍 제띠 쥐즈 크륵 세기즈	십만 팔천 칠백 사십 팔

189483	жүз сексен тогуз миң төрт жүз сексен үч 쥐즈 섹센 토구즈 밍 퇴릍 쥐즈 섹센 위취	십 팔만 구천 사백 팔십 삼
200000	эки жүз миң 에끼 쥐즈 밍	이십만

500000	беш жүз миң 베쉬 쥐즈 밍	오십만
1000000	миллион 밀리온	백만
2000000	эки миллион 에끼 밀리온	이백만
10000000	он миллион 온 밀리온	천만
100000000	жүз миллион 쥐즈 밀리온	(일)억
1000000000	миллиард 밀리아르드	십억
10000000000	он миллиард 온 밀리아르드	백억
100000000000	жүз миллиард 쥐즈 밀리아르드	천억
1000000000000	триллион 트릴리온	조

2. Иреттик сан
(서수)

■ 서수와 관련된 질문과 대답

Эмиль: Канчанчы?
         칸찬츠
         몇 번째?

Талас: Экинчи. (*биринчи, алтынчы, тогузунчу)
         에킨치   비린치   알뜬츠   토구준추
         두 번째. (*첫 번째, 여섯 번째, 아홉 번째)

Эмиль: Кыргызстанга канча жолу келдиң?
         크르그즈스탄가   칸차   졸루   겔딩
         키르기즈에는 몇 번째 왔습니까?

Талас: Мен биринчи жолу келе жатам.
         멘   비린치   졸루   겔레   자탐
         나는 첫 번째로(처음으로) 옵니다.

다른표현 { *Мен экинчи жолу келдим.*
         멘   에킨치   졸루   겔딤
         나는 두 번째 왔습니다.

Эмиль: Бүгүн канчанчы күн?
         뷔귄   칸찬츠   귄
         오늘은 무슨(몇 번째) 요일입니까?

Талас: **Бүгүн биринчи (*дүйшөмбү) күн.**
뷔귄 비린치 뒤이쉼뷔 귄
오늘은 첫 번째 (*월요일) 날 입니다.

다른표현 { *Бүгүн бешинчи (*жума) күн.*
뷔귄 베쉰치 주마 귄
오늘은 다섯 번째 (*금요일) 날 입니다.

Эмиль: **Бүгүн канчанчы ай?**
뷔귄 칸찬츠 아이
오늘은 무슨 (몇 번째) 달입니까?

Талас: **Азыр алтынчы ай. (*Азыр июнь.)**
아즈르 알튼츠 아이 아즈르 이윤
지금은 여섯 번째 달 입니다. (*지금은 유월입니다.)

다른표현 { *Азыр он экинчи ай. (*Азыр декабрь.)*
아즈르 온 에낀치 아이 아즈르 데카브르
지금은 열 두번 째 달 입니다. (*지금은 십이월입니다.)

Эмиль: **Бүгүн канчанчы число?**
뷔귄 칸찬츠 치슬로
오늘은 몇 일 입니까?

Талас: **Бүгүн жыйырма бешинчи декабрь.**
뷔귄 즈이르마 베쉰치 데카브르
오늘은 12월 25일 입니다.

다른표현
> Бүгүн он биринчи август.
> 뷔귄   온   비린치   아브구스트
> 오늘은 8월 11일 입니다.

[Иреттик сандын айтылышы / 서수 읽기]

биринчи	비린치	첫 번째
экинчи	에낀치	두 번째
үчүнчү	위췬취	세 번째
төртүнчү	퇴를퇸취	네 번째
бешинчи	베쉰치	다섯 번째
алтынчы	알튼츠	여섯 번째
жетинчи	제틴치	일곱 번째
сегизинчи	세기진치	여덟 번째
тогузунчу	토구준추	아홉 번째
онунчу	오눈추	열 번째
он биринчи	온 비린치	열한 번째
он экинчи	온 에낀치	열두 번째
жыйырманынчы	즈이르마는츠	스무 번째
жыйырма төртүнчү	즈이르마 퇴를퇸취	스물 네 번째
жыйырма жетинчи	즈이르마 제틴치	스물 다섯 번째

отузунчу	오투준추	서른 번째
отуз үчүнчү	오투즈 위췬취	서른 세 번째
отуз сегизинчи	오투즈 세기진치	서른 여덟 번째
кырктынчы	크륵튼츠	마흔 번째
кырк алтынчы	크륵 알튼츠	마흔 여섯 번째
кырк сегизинчи	크륵 세기진치	마흔 여덟 번째
элүүнчү	엘뤼윈취	쉰 번째
элүү бешинчи	엘뤼 베쉰취	쉰 다섯 번째
элүү жетинчи	엘뤼 제틴치	쉰 일곱 번째
алтымышынчы	알트므쏜츠	예순 번째
алтымыш төртүнчү	알뜨므쉬 퇴를튄취	예순 네 번째
алтымыш алтынчы	알뜨므쉬 알튼츠	예순 여섯 번째
жетимишинчи	제티미쉰치	일흔 번째
жетимиш биринчи	제티미쉬 비린치	일흔 한 번째
жетимиш тогузунчу	제티미쉬 토구준추	일흔 아홉 번째
сексенинчи	섹세닌치	여든 번째
сексен үчүнчү	섹센 위췬취	여든 세 번째
токсонунчу	톡손눈추	아흔 번째
токсон үчүнчү	톡손 위췬취	아흔 세 번째
жүзүнчү	쥐췬취	백 번째
миңинчи	밍인치	천 번째

3. Ай жана айдын күндөрү
(월과 날짜)

- 달 / 월

Январь 얀바르	일(1)월	Февраль 페브랄	이(2)월	Март 마를	삼(3)월
Апрель 아쁘렐	사(4)월	Май 마이	오(5)월	Июнь 이윤	유(6)월
Июль 이율	칠(7)월	Август 아부구스트	팔(8)월	Сентябрь 센짜브르	구(9)월
Октябрь 악짜브르	시(10)월	Ноябрь 나야브르	십일(11)월	Декабрь 데카브르	십이(12)월

- 날짜

1 일	Бири	비리	일일
2 일	Экиси	에끼시	이일
3 일	Үчү	위취	삼일
4 일	Төртү	퇴르튀	사일
5 일	Беши	베쉬	오일
6 일	Алтысы	알트스	육일
7 일	Жетиси	제티시	칠일

8 일	Сегизи	세기지	팔일
9 일	Тогузу	토구주	구일
10 일	Ону	오누	십일
11 일	Он бири	온 비리	십일일
12 일	Он экиси	온 에끼시	십이일
13 일	Он үчү	온 위취	십삼일
14 일	Он төртү	온 퇴를튀	십사일
15 일	Он беши	온 베쉬	십오일
16 일	Он алтысы	온 알트스	십육일
17 일	Он жетиси	온 제티시	십칠일
18 일	Он сегизи	온 세기지	십팔일
19 일	Он тогузу	온 토구주	십구일
20 일	Жыйырмасы	즈이르마스	이십일
21 일	Жыйырма бири	즈이르마 비리	이십일일
22 일	Жыйырма экиси	즈이르마 에끼	이십이일
23 일	Жыйырыма үчү	즈이르마 위취	이십삼일
24 일	Жыйырма төртү	즈이르마 퇴를튀	이십사일

25 일	Жыйырма беши	즈이르마 베쉬	이십오일
26 일	Жыйырма алтысы	즈이르마 알트스	이십육일
27 일	Жыйырма жетиси	즈이르마 제티시	이십칠일
28 일	Жыйырма сегизи	즈이르마 세기지	이십팔일
29 일	Жыйырма тогузу	즈이르마 토구주	이십구일
30 일	Отузу	오투주	삼십일
31 일	Отуз бири	오투즈 비리	삼십일일

■ 날짜 말하기

1월 13일	Он үчүнчү январь 온 위췬취　얀바르	일월 십삼일
	Январдын он үчү 얀바르든　　온 위취	
4월 21일	Жыйрма биринчи апрель 즈이르마　비린치　아쁘렐	사월 이십일일
	Апрелдин жыйрма бири 아쁘렐딘　즈이르마　비리	
10월 16일	Он алтынчы октябрь 온 알뜬츠　　악쨔브르	시월 십육일
	Октябрдын он алтысы 악쨔브르든　　온 알뜨스	

■ 년도와 날짜 말하기

- **1974년 04월 21일**

Жыйрыма биринчи апрель, бир миң тогуз жүз жетимиш төртүнчү жыл

즈이르마　　비린치　　아쁘렐　　비르 밍　토구즈 쥐즈 제티미쉬 퇴릍퇸취　즐

- **1990년 10월 08일**

Сегизинчи октябрь, бир миң тогуз жүз токсонунчу жыл

세기진치　악짜브르　비르 밍　토구즈 쥐즈 톡손눈추　　즐

- **2009년 12월 17일**

Он жетинчи декабрь эки миң тогузунчу жыл

온　제틴치　　데카브르　에끼 밍　토구준추　　즐

4. Жуманын күндөрү
(요일)

■ 요일의 명칭

요일 1	요일 2	뜻
Дүйшөмбү 뒤이쉼뷔	Биринчи күн 비린치 귄	월요일
Шейшемби 쇠이셈비	Экинчи күн 에킨치 귄	화요일
Шаршемби 샤르셈비	Үчүнчү күн 위췬취 귄	수요일
Бейшемби 베이셈비	Төртүнчү күн 퇴르튄취 귄	목요일
Жума 주마	Бешинчи күн 베쉰취 귄	금요일
Ишемби 이셈비	Алтынчы күн 알튼츠 귄	토요일
Жекшемби 젝셈비	Жетинчи күн 제틴치 귄 Базар күн 바자르 귄	일요일

5. Убакыт
(시간)

■ 시간과 관련된 말들

☞ 해 / 년

Кылым 클름 백년, (일)세기	Өткөн жыл 외트퀸 즐 지난 해, 작년	Былтыр 블트르 작년
Жыл 즐 (일)년, 해	Быйыл 브이을 올해, 금년	Эки жыл 에끼 즐 이(2)년
Жаңы жыл 장으 즐 새해, 신년	Жыл сайын 즐 사이은 해마다	Эмки жыл 엠키 즐다 내년

Бир жылдан кийин 비르 즐단 기인 일(1)년 후에	Он жыл мурда 온 즐 무르다 십(10)년 전에
Он жылдан кийин 온 즐단 기이인 십년(10)년 후에	Бир жыл мурун 비르 즐 무룬 일(1)년 전
Үч жыл мурда 위취 즐 무르다 삼(3)년 전에	Беш жыл мурун 베쉬 즐 무룬 오(5)년 전

☞ 월, 일

| Биринчи январь
비린치 얀바르
일월 일일, 1월 1일 | Онунчу май
오눈추 마이
오월 십일, 5월 10일 |

☞ 월 / 달

Ай 아이 달, 월	Өткөн ай 외트쾬 아이 지난 달	Ай сайын 아이 사이은 달마다, 월마다
Бир ай 비르 아이 한달	Эмки ай 엠키 아이 다음 달	Бир ай мурун 비르 아이 무룬 다음 달
Бул ай 불 아이 이번 달	Эки айдан кийин 에끼 아이단 키이인 두달 후에	

☞ (일)주

Жума 주마 (일)주, 1주	Бир жума 비르 주마 일주일, 1주일
Жума сайын 주마 사이은 주마다	Бул жума 불 주마 이번 주

Кийинки жума / эмки жума 기인끼 주마 엠키 주마 다음 주	Өткөн жума 외트쾬 주마 지난 주
Бир жума мурда 비르 주마 무르다 일주 전에, 1주 전에	Үч жума мурда 위취 주마 무르다 삼주 전에, 3주 전에
Бир жума өткөндөн кийин 비르 주마 외트쾬된 기이인 일주 지난 후에, 1주 지난 후에	Үч жума өткөндөн кийин 위취 주마 외트쾬된 기이인 삼주 지난 후에, 3주 지난 후에
Кийинки дүйшөмбү 기이인끼 뒤이쉼뷔 다음 (주) 월요일	Өткөн жекшемби 외트쾬꿔 젝쉼비 지난 일요일
Жуманын башында 주마는 바쓴다 일주일의 처음에	Жуманын аягында 주마는 아야근다 일주일의 마지막에

☞ 하루 / 요일

Күн 퀸 하루, 요일, 일	Эртең менен 에르뗑 메넨 아침(에)
Күндүз 퀸뒤즈 낮의, 주간의, 한낮의	Күндүз убакта 퀸뒤즈 우바근다 낮 시간에

Күн сайын 퀸 사이은 매일, 날마다	Бир күн 비르 퀸 하루
Бир күн бою 비르 퀸 보유 하루 종일, 온종일	Акыркы күндөрдө 아크르크 퀸되르되 최근에, 최후에, 근래에
Бир күндөн кийин 비르 퀸된 기이인 하루 후에, 일일 후에, 1일 후에	Үч күн мурда 위춰 퀸 무르다 삼일 전에, 3일 전에
Жакында 자큰다 곧, 금방	Жакын арада 자큰 아라다 가까운 시일에, 가까운 시간에

☞ 밤

Түн 퇸 밤	Түн ичинде 퇸 이친데 한 밤중에
Түнкү 퇸퀴 밤의, 야간의	Түнү бою 퇸 보유 밤이 새도록
Түнкүсүндө 퇸퀴쉰되 밤에, 야간에	

정오/ 오후

Түш 튀쉬 정오	Түшкө чейин 튀쉬꾀 체인 정오까지, 점심때 까지
Түштөн кийин 튀쉬퇸 기이인 오후에	Түшкү 튀쉬꿔 정오의, 점심의
Түшкү убакта 튀쉬꿔 우박타 점심 시간에	Түштө 튀쉬퇴 점심때

새벽

Таң 탕 새벽	Таң атпай 탕 앗빠이 새벽이 되기 전에
Таңкы 탕크 새벽의	Таңкы убакта 탕크 우박타 새벽에, 새벽 시간에
Таңгамаал 탕가말- 새벽녘	Таң атар менен 탕 아타르 메넨 새벽이 되자 마자

○ 저녁

Кеч 게츠 저녁	Кечки 게츠키 저녁의, 저녁 시간의
Кечки убакта 케츠키 우박타 저녁에, 지녁 시간에	Кечинде 게친데 저녁에

○ 어제

Кечээ 게체- 어제	Кечээ кечинде 게체- 게친데 어제 저녁에
Кечээ эртең менен 게체- 에르땡 메넨 어제 아침(에)	Мурда(гы) күнү 무르다 그 귀뉘 그저께, 그제

○ 오늘

Бүгүн 뷔귄 오늘	Бүгүн эртең менен 뷔귄 에르땡 메넨 오늘 아침(에)

Бүгүн кечинде 뷔귄 게친데 오늘 저녁에	Бүгүн түнү 뷔귄 튀뉘 오늘 밤(에)
Азыр 아즈르 지금	Бир аздан кийин 비르 아즈단 기이인 조금 있다가, 조금 후에

☞ 내일

Эртең 에르땡 내일	Эртең эртең менен 에르땡 에르땡 메넨 내일 아침(에)
Бүрсүгүнү 뷔뤼스귀뉘 모레	Эки күндөн кийин 에끼 귄된 기이인 이일 후에, 2일 후에

☞ 시간 / 시

Убакыт 우바끝 시간	Саат 사앝 시
бир саат 비르 사앝 한 시간	Саат бир 사앝 비르 한 시

Жарым саат 자름 사앝 삼십분, 30분	Бир сааттан кийин 비르 사알탄 기이인 한 시간 후에
Эки сааттан кийин 에끼 사알탄 기이인 두 시간 후에	Бир саат мурда 비르 사아알 무르다 한 시간 전에
Эки саат мурда 에끼 사알 무르다 두 시간 전에	

☞ 분

Мүнөт 뮈뇔 분	Бир мүнөт 비르 뮈뇔 일분, 1분, 잠깐만
Беш мүнөттөн кийин 베쉬 뮈뇔뙨 기이인 오분 후에, 5분 후에	

☞ 초

Секунд 세쿤 초	Бир секунд 비르 세쿤 일초, 1초, 잠깐	Он секунд мурда 온 세쿤 무르다 십초 전에, 10초 전에

6. Жыл мезгилдери
(계절)

■ 계절

Жаз 자즈 봄	**Бул жаз** 불 자즈 이번 봄
Өткөн жаз 외트퀀 자즈 지난 봄	**Келээрки жаз / Эмки жаз** 겔레-르끼 자즈 엠키 자즈 다음 봄, 내년 봄
Жазында 자즌다 봄에	**Жай** 자이 여름
Жайында 자이은다 여름에	**Бул жай** 불 자이 이번 여름
Өткөн жай 외트퀀 자이 지난 여름	**Келээрки жай / Эмки жай** 겔레-르끼 자이 엠키 자이 다음 여름, 내년 여름
Күз 귀즈 가을	**Бул күз** 불 귀즈 이번 가을

Өткөн күз 외트쾬 귀즈 지난 가을	**Келээрки күз / Эмки күз** 겔레-르끼 귀즈 엠키 귀즈 다음 가을, 내년 가을
Күзүндө 귀쥔되 가을에	**Кыш** 크쉬 겨울
Бул кыш 불 크쉬 이번 겨울	**Өткөн кыш** 외트쾬 크쉬 지난 겨울
Келээрки кыш / Эмки кыш 겔레-르끼 크쉬 엠키 크쉬 다음 겨울, 내년 겨울	**Кышында** 크쓴다 겨울에

7. Туугандык байланыштарды билдирүүчү сөздөр
(가족, 친척을 부르는 명칭)

■ 가족, 친척을 부르는 명칭

Эркек (киши) 에르켁 기쉬 남자, 여성	Аял (киши) 아얄 기쉬 여자, 여성
Ата 아타 아버지, 아빠	Апа / Эне 에네 아빠 어머니, 엄마
Чоң ата 총 아타 할아버지	Чоң эне / Чоң апа 총 에네 총 아빠 할머니
Күйөө 귀외- 남편	Аял 아얄 아내, 부인
Жубай 주바이 부부	Уул 울- 아들
Кыз 크즈 여자 아이, 딸	Бала 발라 남자 아이, 아들

Ымыркай 으므르카이 신생아, 갓난아이	Байке 바이께 1) 형, 오빠 2) 선생님
Эже 에제 1) 누나, 누님, 언니 2) 선생님	Ага 아가 형
Улуу ага 울루- 아가 큰 형	Улуу эже 울루- 에제 큰 누나, 큰 언니
Сиңди 싱디 여동생 (*여자가 부를 때)	Карындаш 카른다쉬 여동생 (*남자가 부를 때)
Ини 이니 남동생	Бир тууган 비르 투-간 형제, 자매
Кайын эне 카이은 에네 장모	Кайын ата 카이은 아타 장인
бөлө 뵐뢰 사촌	Жээн 제-엔 조카
Ата-эне 아타 에네 부모님	Аталаш байке 아탈라쉬 바이께 삼촌

Аталаш эже 아탈라쉬 에제 고모	**Тайаке** 타이아케 외삼촌
Тайэже 타이에제 외숙모	**Жолдош** 졸도쉬 친구, 동무 (*아내가 남편을 부를 때)
Кемпир 켐삐르 할머니 (*낮추어 부르는 말)	**Чал** 찰 노인
Чоң кыз 총 크즈 아가씨, 젊은 여자	**Жаш жигит** 자쉬 지깉 젊은 남자, 젊은 청년
Жесир киши 제시르 기쉬 홀아비	**Жесир аял** 제시르 아얄 과부
Багып алган кыз 바급 알간 크즈 양녀	**Багып алган бала** 바급 알간 발라 양자
Жетим (бала) 제띰 고아	**Мырза** 므르자 선생님, 나리 (*남자의 존칭)
Айым 아이음 여사, 부인 (*여자의 존칭)	

8. Адамдын дене мүчөлөрү
(사람 몸의 기관들)

- 몸을 이루는 각 부분의 명칭

Тулку бой 툴쿠 보이 몸통	Жүз 쥐즈 얼굴	Баш 바쉬 머리	Көз 괴즈 눈
Карек 카렉 동공, 눈동자	Каш 카쉬 눈썹	Кирпик 키르픽 속눈썹	Сурма 수르마 눈꺼풀
Чыкый 츠크이 뒤통수, 뒷골	Чач 차츠 머리카락	Мурун 무룬 코	Мурут 무룰 콧수염
Ооз 오-즈 입	Дене 데네 몸	Кулак 쿨락 귀	Маңдай 망다이 이마
Чеке 체케 이마	Тил 틸 혀	Тиш 티쉬 이, 치아	Ээрин 에-린 입술
Үстүнкү ээрин 위스튄꿔 에-린 윗 입술	Алдынкы жаак 알듸끄 자악 아랫 턱	Алдынкы ээрин 알듸끄 에-린 아랫 입술	Үстүнкү жаак 위스튄꿔 자악 윗 턱

Ээк 에엑 턱	Жаак 자악 턱	Моюн 모윤 목	Желке 젤케 목덜미
Ийин 이이인 어깨	Көкүрөк 쾨퀴뢱 가슴	Эмчек 엠첵 유방, 젖	Жон 존 등(골)
Кол 콜 손, 팔	Алакан 알라칸 손바닥	Чыканак 츠카나 팔꿈치	Муштум 무쉬툼 주먹
Билек 빌렉 팔뚝	Манжа 만자 손가락	Бармак 바르막 손가락	Баш бармак 바쉬 바르막 엄지
Сөөмөй 쇠-뫼이 집게 손가락	Ортон 오르톤 중지	Аты жок 아뜨 족 약지, 무명지	Чыпалак 츠빠락 새끼 손가락
Тырмак 트르막 손톱, 발톱	Ич 이츠 배	Киндик 킨딕 탯줄, 배꼽	Бел 벨 허리
Жамбаш 잠바쉬 골반, 궁둥이	Сан 산 넓적다리	Бут 붙 발, 다리	Тизе 티제 무릎
Согончок 소곤촉 발꿈치	Таман 타만 발바닥	Бут манжа 붙 만자 발가락	Тери 테리 피부, 가죽

Жыныс уурттары	
즈느스 우-르따르	
성기	

■ 내장 및 내부 기관의 명칭

Жүрөк	Ашказан	Өпкө
쥐뤽	아쉬카잔	윕쾨
심장	위(장)	허파
Ичеги	Ичке ичеги	Жоон ичеги
이체기	이츠케 이체기	존- 이체기
내장, 창자	소장	대장
Боор	Мээ	Бөйрөк
보-르	메-	뵈이뤽
간	뇌	신장
Карын	Сокур ичеги	Он эки эли ичеги
카른	소쿠르 이체기	온 에끼 엘리 이체기
내장, 창자	맹장	십이지장
Жатын	Кекиртек	Нерв
자튼	케키르텍	네릅
자궁	식도	신경
Булчуң	Кан	Артерия
불충	칸	아르테리야
근육	피	동맥

| Вена
베나
정맥 | Кан тамыр
칸 타므르
혈관 | |

■ 뼈의 명칭

Сөөк 쇠엑 뼈	Омуртка 오무르트카 척추	Баш сөөк 바쉬 쇠엑 두개골
Кабырга 카브르가 갈비(뼈)	Жамбаш сөөк 잠바쉬 쇠엑 골반	

■ 몸에서 나오는 분비물의 명칭

Шилекей 쉴레케이 침	Чимкирик 침키릭 콧물	Тер 테르 땀	Заң / Бок 장 복 똥
Жаш 자쉬 눈물	Ириң 이링 고름	Сүт 쉿 젖	Сийдик 시이딕 오줌, 소변
Түкүрүк 튀퀴뤽 가래	Какырык 카크륵 가래		

9. Оору
(병, 질병)

■ 각종 질병(통증)의 명칭

Баш оору 바쉬 오-루 두통, 머리가 아픔	**Тиш оору** 티쉬 오-루 치통, 이가 아픔
Ашказан оору 아쉬카잔 오-루 위장병, 위통, 위가 아픔	**Тумоолоо** 투몰-로- 감기와 관련된 증상(감기)
Жугуштуу оору 주구쉬투- 오-루 전염병	**Бронхит** 브론힡 기관지염
Ич оору 이치 오-루 복통, 배가 아픔	**Астма** 아스트마 천식
Жөтөл 죄뙬 기침	**Ангина** 안기나 편도선염, 후두염
Тамак оору 타막 오-루 목이 아픔	**Өпкө оору** 욉쾨 오-루 폐병, 허파가 아픔

Туберкулез 투베르쿨레스 결핵(병)	Өпкө туберкулезу 윕쾨 투베르쿨레스 폐 결핵(병)
Жүрөк оору 쥐뢱 오-루 심장병	Жүрөк кармоо 쥐뢱 카르모- 심장마비
Ашказан жарасы 아쉬카잔 자라스 위염	Рак 락 암
Ашказан рагы 아쉬카잔 라그 위암	Ичеги оору 이체기 오-루 내장병
Каны аз / Анемия 카느 아즈 아네미야 빈혈증	Столбняк 스톨브냐 파상풍
Нерв оору 네릅 오-루 신경병	Апеннины 아뻰니느 소화불량
Сарык / Боткин 사륵 볻킨 황달	Кант диабети 사하르느이 디아볟 당뇨병
Бөйрөк оору 뵈이뢱 오-루 신장병	Кулак оору 쿨락 오-루 귓병

Жугуштуу көз оору 주구쉬투- 괴즈 오-루 전염성 눈병	Гепатит 게파티트 간염
Холера 홀레라 콜레라 (급서 전염병)	Аллергия 알레르기야 알레르기, 앨러지
Жугуштуу оорунун бир түрү 주구쉬투- 오-루눈 비르 튀뤼 전염병의 한 종류	Артрит 아르트리트 관절염
Эмфизема 엠피제마 기종(氣腫)(조직 내에 공기가 침입하여 팽창 또는 확대된 상태)	Ревматизм 레브마티즘 류머티즘
Грипп 그립 감기	Инфлюэнца 인플류엔짜 인플루엔자, 유행성감기, 독감
Ысытма оору 으스트마 오-루 열병	Пес оору 페스 오-루수 나병, 문둥병
Сынык / Перелом 스늑 뻬렐롬 골절	Сыздоок / фурункул 스즈독- 푸룬쿨 종기, 부스럼
Тери оору 테리 오-루 피부병	

10. Үй
(집을 구성하는 부분들의 명칭)

- 집을 이루고 있는 부분들의 명칭

үй 위이 집	Бөлмө / Комната 뵐뫼 콤나타 방	Эки кабаттуу үй 에끼 카밭뚜- 위이 이층집
Уктоо(чу) бөлмө 옥토 추 뵐뫼 침실	Тапчан / Сөөрү 탑찬 쇠-뤼 평상	Балкон 발콘 발코니
Ашкана 아쉬카나 부엌	Эшик 에쉭 문	Айнек 아이넥 유리
Мейманкана 메이만카나 호텔, 손님용 방	Дубал 두발 벽	Туалет 투알렡 화장실
Даараткана 다-랕카나 화장실	Тепкич 텦키치 계단	Потолок / Шып 빠톨록 쏖 천장
Пол 뽈 바닥	Коридор 카리토르 복도	Тамдын башы 탐든 바쓰 지붕

Астынкы кабат 아스튼끄 카밭 아래층	Экинчи кабат 에낀치 카밭 이층, 2층	Жуунучу жай 주-누추 자이 욕실
Лифт 리프트 승강기	Подвал 빠드발 지하실	Ванна 반나 욕실
Коңгуроо 콩구로- 초인종	Терезе 테레제 창문	Бак 박 정원
Үйдүн номери 위뒨 노메리 집의 번지	Зал 잘 거실, 홀	Короо 코로- 마당
Дарбаза 다르바자 대문	Эшиктин алды 에쉭틴 알드 현관	

11. Үй эмеректери
(집에 속한 물건들)

- 집안에 있는 물건들의 명칭

Стол 스톨 탁자, 책상	Отургуч 오뚜르구츠 의자	Скамья 스카미야 긴 의자
Диван 디반 소파	Кресло 크레슬라 팔걸이 의자	Жазуучу стол 자주-추 스톨 책상
Кровать 크라밭 침대	Печка 페치카 페치카, 난로	Китеп шкафы 기텝 쉬카프 책장
Шкаф 쉬카프 찬장	Саат 사앝 시계	Кийим шкафы 기이임 쉬카프 옷장
Сүрөт / Картина 쉬룔 카르티나 그림	Парда 파르다 커튼	Занавеска 자나베스카 커튼
Электр 엘렉트르 전기	Лампочка 람뽀치카 전구	Гүл кутуча 귈 쿠투차 화분

Шырдак	Ашкана столу	Аба тазалагыч
쓰르닥	아쉬카나 스톨루	아바 타자라그츠
양털 카펫	식탁	공기 청정기
Пианино	Компьютер	Шамалдаткыч
피아노	컴퓨테르	샤말닽크츠
피아노	컴퓨터	선풍기
Кондиционер	Мебель	Таштанды
칸디찌오네르	메벨	타쉬탄드
에어컨	가구	쓰레기
Дубал шкафы	Куту	Магнитофон
두발 쉬카프	쿠투	마그니타폰
벽장	함, 궤	카세트
Муздаткыч		
무즈닽크츠		
냉장고		

12. Азык-түлүктөр

(음식과 음식의 재료)

■ 음식을 만드는 재료

Туз 투스 소금	Калемпир 칼렘삐르 고추	Май 마이 기름
соевый соус 소에브이 소우스 간장	Соус 소우스 소스	Суу 수- 물
Кум-шекер 쿰 세게르 설탕	Шекер 세케르 설탕	Сыр 스르 치즈
Эт 엩 고기	Тооктун эти 똑-툰 에띠 닭고기	Чочконун эти 초츠코눈 에띠 돼지고기
Уйдун эти 우이둔 에띠 소고기	Ачуу соус 아추- 소우스 매운 소스	Койдун эти 코이둔 에띠 양고기
Сосиска 소시스카 소시지	Варенье 바레니에 쨈	

■ 식당의 요리 이름

Тамак 타막 음식	Суусундук 수-순둑 음료수	Нан 난 빵
Чай 차이 차	Салат 살랕 샐러드	Куурулган эт 쿠-룰간 엩 뽁은 고기
Куурдак 쿠-르닥 뽁은 고기	Котлет 커틀롙 커틀릿	Шашылык 샤셜륵 샤슬릭(꼬지구이)
Балык 발륵 물고기, 생선	Шорпо 쑈르뽀 수프, 국	Бифштекс 비프스테이크 비프스테이크
Омлет 오믈롙 오믈렛	Манты 만뜨 만두	Гамбургер 감부르게르 햄버거
Бутерброд 부테르브롣 샌드위치	Кесме 케스메 국수	Лапша 랍샤 국수
Пицца 피짜 피자	Пирог 삐로그 파이	Аш / Плов 아쉬 쁠롭 플롭(기름밥)

Консоме 콘소메 콩소메, 맑은 수프	Дымдалган эт 듬달간 엘 찐(익힌) 고기
Айран 아이란 아이란 (*요구르트와 비슷한)	Жумуртка / Тукум 주무를까 뚜꿈 달걀, 계란
Гуляш 굴야쉬 맵게 한 쇠고기와 야채의 스튜 요리	Беш бармак 베쉬 바르막 베쉬 바르막 (*키르기즈 전통음식)
Гулчатай 쿨쳴타이 얇은 밀가루 반죽으로 만든 음식	Лагман 라그만 라그만 (*짬뽕과 비슷한)
Ганфан 간판 간판 (*짬뽕 소스에 쌀을 넣은음식)	Кайнатылган жумуртка 카이나틀칸 주무를까 삶은 계란
Куурулган жумуртка 쿠-룰간 주무를까 계란 프라이	Куурулган устрица 쿠-룰간 우스트리짜 기름에 뽁은 굴(조개)
Куурулган креветка 쿠-룰간 그레벨까 기름에 뽁은 새우	Куурулган картошка 쿠-룰간 카르토쉬카 기름에 뽁은 감자
Жашылча салат 자슬차 살랄 야채 샐러드	Борщ 보르쒸 보르쒸 (빨간 순무가 든 러시아식 수프)

13. Мөмө жемиш
(과일, 열매)

- 과일, 열매의 이름

Алма 알마 사과	Жүзүм 쥐쥠 포도	Алмурут 알무룻 배
Шабдалы 샤브달르 복숭아	Алча 알차 앵두	Кулпунай 쿨푼아이 딸기
Апельсин 아뻴신 오렌지	Ананас 아나나스 파인애플	Банан 바난 바나나
Дарбыз 다르브즈 수박	Коон 콘 참외, 멜론	Кара өрүк 카라 외뤽 검은 자두
Анжыр 안즈르 무화과	Мандарин 만다린 귤	Өрүк 외뤽 살구
Гилас / Черешня 길라스 체레쉬냐 체리	Курма 쿠르마 감	Алча 알차 앵두

Анар	Бадам	Бүлдүркөн
아나르	바담	뷜뒤르쾬
석류	아몬드	검은 딸기
Жаңгак	Мисте	Лимон
장각	미스테	리몬
호두	피스타치오	레몬

14. Суусундук
(음료수)

- 음료수의 종류들

Суу 수- 물	Кайнак суу 카이낙 수- 뜨거운 물	Чай 차이 차
кара чай 카라 차이 홍차	Кара Кофе 카라 코페 블랙 커피	Көк чай 꼭 차이 녹차
Кофе 코페 커피	Какао 카카오 코코아	Жүзүм ширеси 쥐쥠 쉬레쉬 포도 쥬스
Пиво 삐보 액주	Бренди 브렌디 브랜디	Алкаголь 알카골 알코올
Коньяк 코냐 코냑	Шампанский 샴판스키 샴페인	Сок / Шире 속 쉬레 주스
Апельсин согу 아뻴신 소구 오렌지 주스	Сүт 쉳 우유	Лимонад 리모낟 레모네이드
Кола 콜라 콜라	Арак 아락 술	Шарап / Вино 샤랍 비노 포도주

15. Кийим
(옷, 의류)

■ 옷의 종류들

Костюм 카스튬 양복, 정장	Шым 씀 바지	Пальто 팔토 외투
Ич кийим 이츠 기이임 속옷	Юбка 읍카 치마	Кофта 콮타 여성용 재킷
Уктоочу кийим 욱토-추 기이임 잠옷	Көйнөк 쾨이뇍 셔츠	Халат 할랕 실내복
Шаль 샬 숄	Свитер 스비테르 스웨터	Шарф 샤르프 스카프
Смокинг 스모키니그 턱시도	Айым көйнөгү 아이음 쾨이뇌귀 블라우스	Жилет 질롙 조끼
Бюстгальтер 뷰스드갈테르 브래지어	Роб декольте 로브 데콜테 로브데콜테(여성의 야회복)	Визитка 비질카 모닝코트

Кече көйнөгү	Фрак	Мантия
게체 꾀이뇌귀	프락	만티야
파티 복	연미복	망토
Жакет	Сюртук	Фуфайка
자켙	슈르툭	푸파이카
재킷	프록 코트	스웨터
Галстук	Кур	Кол кап
갈스툭	쿠르	콜 캅
넥타이	혁대, 벨트	장갑
Чулки	Носки / Байпак	Баш кийим
출키	나스키 바이팍	바쉬 기이임
스타킹	양말	모자
Шапка	Топу	Калпак
샤카	토뿌	칼팍
모자	천으로 만든 전통 모자	양털로 만든 전통 모자
Жылуу шарф	Чапан	
즐루- 샤르프	차판	
목도리	외투 (*키르기즈 전통 외투)	

16. Бут кийим
(신발)

■ 신발의 종류들

Туфли 투플리 구두	Өтүк / Батинке 외뙥 바틴께 부츠
Бут кийим 붙 기이임 신발	Сандалия 산달리야 샌들
узун өтүк 우준 외뙥 긴 부츠	Кыска өтүк 크스카 외뙥 짧은 부츠
Бийик така 비이익 타카 하이힐	Спорттук бут кийим 스뽀를뚝 붙 기이임 스포츠용 신발
Тапочки 타뽀츠키 실내화	Резина өтүк 레지나 외뙥 고무 장화
Кышкы бут кийим 크쉬끄 붙 기이임 겨울 신발	Жайкы бут кийим 자이끄 붙 기이임 여름 신발

17. Канцелярдык буюмдар
(문구 용품)

■ 문구 용품의 종류와 명칭

Кагаз 카가즈 종이	Ак кагаз 악 카가즈 흰종이(복사용)	Тетрадь / дептер 테트랕 뎁테르 공책, 노트
Ручка / Калем 루치카 칼렘 볼펜	Карандаш 카란다쉬 연필	Кайчы 카이츠 가위
Өчүргүч 외취르귀츠 지우개	Сызгыч 스즈그츠 자	Боёк 보욕 물감
Клей 클레이 풀	бычак 브착 칼	Конверт 칸베를 봉투
Папка / файл 팝카 파일 파일	Открытка 앝크릍카 엽서	Сыя калем 스야 칼렘 잉크펜
Скотч 스콭츠 스카치 테이프	Компакт-диск 콤팍트 디스크 CD	Сыя 스야 잉크
Түстүү карандаш 튀스튀 카란다쉬 색연필	Кара кагаз 카라 카가즈 먹지	

18. TYC
(색깔)

■ 색깔

Ак 악 흰색	Аппак 압빡 새하얀	агыш 아그쉬 희끄무레한
Кара 카라 검은색	Капкара 캅카라 짙은 검은색	Сары 사르 노란색
Сапсары 삽사르 샛노란	Саргыл /Саргыч 사르글 사르그츠 노르스름한	Жашыл 자쓸 녹색, 초록색
Жапжашыл 잡자쓸 진한 녹색	Ачык-жашыл 아측 자쓸 밝은 녹색	Боз 보즈 회색
бопбоз 봅보즈 진한 회색	Кочкул 코츠쿨 색이 짙은	Көк 꾁 파란색
Көпкөк 쾹꾁 새파란	Көгүш 괴귀쉬 파르스름한	Күрөң 귀룅 갈색

Кара күрөң	Кызыл	Кыпкызыл
카라 귀룅	크즐	큽크즐
진한 갈색	빨간색	새빨간
Кочкул кызыл	Кызгылт	
코즈쿨 크즐	크즈글트	
짙은 빨간색	불그스름한	

19. Транспорт / Унаа
(교통 수단)

■ 교통수단

Поезд 뽀에즈 기차	Автобус 압토부스 버스
Троллейбус 트랄레이부스 전기버스	Такси 탁시 택시
Мотоцикл 모토찌클 오토바이	Велосипед 벨라시뺃 자전거
Тез жардам машна 테즈 자르담 마쉬나스 구급차	Жүк ташуучу машина 쥑 타슈-추 마쉬나 화물차
Өрт өчүргүч машина 빠자르나야 마쉬나 소방차	полицейская машина 폴리쩨이스카야 마쉬나 경찰차
Электровоз 엘렉트로보즈 전기 기관차	Автомобиль 압토모빌 자동차
Ашкана вагон 아쉬카나 바곤 식당차	Купе 쿠페 침대차

Метро 메트로 지하철	Экспресс поезди 엑스쁘레쓰 뽀에즈 고속열차
Жөнөкөй поезд 죄뇌쾨이 뽀에즈 일반기차	Жүргүнчүлөр 쥐르귄취뢰르 여행객, 승객
вагон 바곤 객차 (열차의)	Уктоочу вагон 욱토-추 바곤 침대차
Трамвай 트람바이 시가전차	Кеме 케메 여객선, 배
Жөнөтүү станция 죄뇌튜- 스탄찌야스 출발역	Акыркы станция 아크르끄 스탄찌야스 종착역
Прицеп 쁘리쩹 트레일러	Автобус аялдамасы 압토부스 아얄다마 버스 정류소
Билет бир жака 빌롙 비르 작카 편도 티켓	Билет эки жака 빌롙 에끼 작카 왕복 티켓
Перрон билети 뻬론 빌롙티 입장권	Расписание 라스피사니에 시간표

20. жай
(장소)

■ 장소

автобекет 압토베켙 버스 터미널	автовокзал 압토박잘 버스 터미널	аэропорт 아에로포르트 공항
ак үй 악 위이 정부 청사, 도청	банк 방크 은행	посольство 파솔스트바 대사관
почта 뽀츠타 우체국	институт 인스티툴 전문대학, 연구소	университет 우니베르시텥 대학교
мектеп 멬텝 학교 (*초.중.고등학교)	музей 무제이 박물관	китепкана 기텝카나 도서실
сот 솓 법원	ашкана 아쉬카나 식당	ресторан 레스토란 레스토랑
оорукана 오-루카나 병원	телеком 텔레콤 전화국	нотариус 나타리우스 공증인 사무소

театр 테아트르 극장	мейманкана 메이만카나 호텔, 여관	магазин 마가진 가게, 상점
аялдама 아얄다마 정류장	милиция 밀리찌야 경찰서	кино театр 키노 테아트르 영화관
дүң(оптом) базар 듕 옵톰 바자르 도매 시장	универмаг 우니베르마그 백화점	базар 바자르 시장
цирк 찌르크 서커스	выставка 브스탑카 전시회	парк 파르크 공원
лагерь 라게르 캠프(장)	бассейн 바세인 수영장	сауна 사우나 사우나
төрөт үйү 퇴릍 위이 산부인과 병원	талаа 탈라- 들밭, 들	телекомпания 텔레콤빠니야 방송국
Жыйын (чиркөө) 즈이은 치르쾨- 교회 (러시아 정교회)	мечит 메칟 이슬람 사원	көчө 괴최 거리
квартира 크바르티라 아파트 / 월세 집	зал 잘 1)거실 2)홀, 강당	уктоочу бөлмө 욱토추 뵐뫼 침실

үй 위이 집	бөлмө 뵐뫼 방(房)	ванна 반나 목욕실, 목욕탕
бала бакча 발라 박차 유치원	туалет 투알렡 화장실	ажаткана 아잩카나 화장실
аянт 아얀트 광장	концерт 콘쩨를 음악회	опера театр 오페라 테아트르 오페라 극장
завод 자볻 공장 (*대규모의)	фабрика 파브리카 공장 (*작은)	өнөркана 외뇌르카나 공장
чач тарач 차츠 타라츠 이발소	токой 토코이 숲	тоо 토- 산
көл 괼 호수	эткана 엩카나 고깃집	чайкана 차이카나 찻집
акча алмаштыруу жайы 악차 알마쉬트루- 자이 환전소		

21. жашылчалар
(야채)

■ 야채

Капуста	Сабиз	Чеснок
카푸스타	사비즈	치스녹
양배추	당근	마늘

Пияз	Көк пияз	Картошка
피야즈	꼭 피야즈	카로토쉬카
양파	파	감자

Помидор	Бадыраң	Редиска
파미도르	바드랑	레디스카
토마토	오이	무

Лук-порей	Ашкабак	Кызылча
룩 뽀레이	아쉬카박	크즐차
부추	호박	비트

Таттуу калемпир	Калемпир	Козу карын
타뚜- 칼렘삐르	칼렘삐르	코주 가른
피망	고추	버섯

Репа	Салат-латук	Баклажан
레파	살랕 라툭	바크라잔
순무	상추	가지

22. айбандар
(동물들)

- 동물의 이름

ит 일 개	күчүк 귀췩 강아지	уй 우이 소	торпок 토르폭 송아지
кой 코이 양	козу 코주 양 새끼	ат / жылкы 앝 즐크 말	кулун 쿨룬 망아지
төө 퇴- 낙타	тайлак 타이락 낙타 새끼	төөк 톡- 닭	жөжө 죄죄 병아리
аю 아유 곰	мамалак 마마락 곰 새끼	эчки 에츠키 염소	куу 쿠- 백조
эшек 에쉭 당나귀	өрдөк 외르뒥 오리	чымчык 츔측 새 (*참새)	балык 발륵 물고기
индюк 인듀 칠면조	кенгуру 켄구루 캥거루	чочко 초츠코 돼지	балапан 발라빤 새의 새끼

жолборс	арстан	бүркүт	көгүчкөн
졸보르스	아르스탄	뷔르큍	괴귀츠쾬
호랑이	사자	독수리	비둘기
маймыл	мышык	жылан	пил
마이믈	므쓱	즐란	삘
원숭이	고양이	뱀	코끼리
чычкан	коён	жираф	зебра
츠츠칸	코욘	지라쁘	제브라
쥐	토끼	기린	얼룩말
крокодил	карышкыр	ажыдаар	сөөлжан
크라카딜	카르쉬크르	아즈다-르	쇨-잔
악어	늑대	용	지렁이
чегиртке	кит	акула	
체기를케	킫	아꿀라	
메뚜기	고래	상어	

23. Спорт
(운동 / 스포츠)

■ 운동 경기의 이름

волейбол 볼레이볼 배구	баскетбол 바스켙맡 농구	бейсбол 베이스볼 야구
марафон 마라폰 마라톤	сүзүү 쉬쥐- 수영	футбол 풋볼 축구
гольф 골프 골프	теннис 테니스 테니스	жүгүрүү / чуркоо 쥐귀뤼- 추르코 달리기
лыжа 르자 스키	шахмат 샤흐맡 체스	стол теннис 스톨 테니스 탁구

IV. 주요 문형 회화

(Маанилц формадагы сүйлөмдөр)

1. Бул эмне?
(이것은 무엇입니까?)

Кубан: **Бул эмне?**
불 엠네?
이것은 무엇입니까?

Айжан: **Бул калем.**
불 칼렘
이것은 볼펜입니다.

Бул китеп.
불 기텝
이것은 책입니다.

Бул дарак.
불 다락
이것은 나무입니다.

Бул сумка.
불 숨카
이것은 가방입니다.

Кубан: **Тиги эмне?**
티기 엠네?
저것은 무엇입니까?

Айжан: **Тиги нан.**
티기 난
저것은 빵입니다.

Тиги суу.
티기 수-
저것은 물입니다.

Тиги тоо.
티기 토-
저것은 산입니다.

Тиги токой.
티기 토코이
저것은 숲입니다.

Кубан: **Тээтиги эмне?**
테-티기 엠네?
저기 저것은 무엇입니까?

Айжан: **Тээтиги машина.**
테-티기 마쉬나
저기 저것은 자동차입니다.

Тээтиги ат.
테-티기 앋
저기 저것은 말입니다.

Тээтиги автобус.
테-티기 압토부스
저기 저것은 버스입니다.

2. Бул ким?
(이 분은 누구 입니까?)

Кубан: **Бул ким?**
불 킴
이 사람은 누구입니까?

Айзан: **Бул Мирбек.**
불 미르벡
이 분(사람)은 미르벡입니다.

Бул доктор(*врач).
불 독토르
이 사람(분)은 의사입니다.

Бул студент.
불 스투덴트
이 사람(분)은 학생입니다.

Бул жазуучу.
불 자주-추
이 사람(분)은 작가입니다.

Кубан: **Тиги ким?**
티기 킴
저 사람은 누구입니까?

Айзан: **Тиги Алтынай.**
티기 알튼아이
저 분(사람)은 알튼아이입니다.

Тиги сүрөтчү.
티기   쉬렡춰
저 사람은 화가입니다.

Тиги койчу.
티기   코이추
저 사람은 목동입니다.

Тиги мугалим.
티기   무갈림
저 사람은 선생님입니다.

Тиги котормочу.
티기   코토르모추
저 사람은 통역가입니다.

Кубан: **Тээтиги ким?**
테-티기   킴
저기 저 사람은 누구입니까?

Айзан: **Тээтиги Кадырбек.**
테-티기   카드르벡
저기 저(사람)은 카드르벡입니다.

Тээтиги спортсмен.
테-티기   스포릍스멘
저기 저 분은 스포츠엔입니다.

Тээтиги жоокер.
테-티기   조-케르
저기 저 분은 군인입니다.

3. Сиз азыр каякка барасыз?
(당신은 지금 어디에 가십니까?)

[예제 1]

Алтын: Кубан, сиз азыр **каякка** барасыз?
쿠반, 시즈 아즈르 카약**카** 바라스즈
쿠반, 당신은 지금 어디에 가십니까?

Кубан: Мен азыр парк**ка** барам. Сизчи?
멘 아즈르 파륵**카** 바람. 시즈치
나는 지금 공원에 갑니다. 당신은요?

Алтын: Мен авто вокзал**га** барам.
멘 압토 박잘**가** 바람
나는 시외버스 터미널에 갑니다.

Кубан: Бир жумадан кийин сиз **кайсы жакка** барасыз?
비르 주마단 기이인 시즈 카이스 작**카** 바라스즈
1 주일 후에 당신은 어느 곳에 가십니까?

Алтын: Мен эч жак**ка** барбайм.
멘 에츠 작**가** 바르바임
나는 어느 곳에도 가지 않습니다.

[예제 2]

Алтын: Мен базар**га** барам.
멘 바자르**가** 바람

나는 시장에 갑니다.

Мен офиске бардым.
멘 오피케 바람
나는 사무실에 갑니다.

Мен Ошко барышым керек.
멘 오쉬코 바르쐼 케렉
나는 오쉬에 가야만 합니다.

Мен үйгө баргым келет.
멘 위괴 바르금 겔렡
나는 집에 가고 싶습니다.

Мен мектепке барсам болобу?
멘 멕텝케 바르삼 볼로부
나는 학교에 가도 됩니까?

Мен апама барам.
멘 아빠마 바람
나는 (나의) 어머니에게 갑니다.

Сен Бишкекке бардыңбы?
셴 비쉬켁케 바르듸브
너는 비쉬켁에 갔었니?

Мен сенин жүрөгүңө айттым.
멘 세닌 쥐뢰귕외 아이뜸
나는 너의 마음에 말했습니다.

Анын ишканасы**на** барабыз.
아는   이쉬카나스**나**   바라브즈
(우리는) 그의 회사**에** 갑시다.

Сен тоо**го** бара жатасыңбы?
셴   토-**고**   바라   자타슝브
너는 산**에** 가고 있니?

Сен Корея**га** бардың беле?
셴   코레야**가** 바르둥   벨레
너는 한국**에** 갔었니?

Сиз кечээ концерт**ке** бардыңыз.
시즈 게체-   콘쩨를**케**   바르둥으즈
당신은 어제 음악회**에** 갔습니다.

Сиз бир жыл мурда Талас**ка** баргансызбы?
시즈 비르 즐 무루다 탈라스**카**   바르간스즈브
당신은 일년 전에 탈라스**에** 갔었습니까?

4. Сиз азыр кайдасыз?
(당신은 지금 어디에 있습니까?)

[예제 1]

Алтын: **Кубан, сиз азыр кайдасыз?**
쿠반, 시즈 아즈르 카이다스즈?
쿠반, 당신은 지금 어디에 있습니까?

Кубан: **Мен азыр офистемин. Сенчи?**
멘 아즈르 오피스테민. 센치?
나는 지금 사무실에 있습니다. 너는?

Алтын: **Мен музейдемин.**
멘 무제이데민.
나는 박물관에 있습니다.

Кубан: **Түшкү тамактан кийин кайсы жерде болосуң?**
튀쉬퀴 타막탄 기인 카이스 제르데 볼로숭?
점심식사 후에 어디에 있을 거예요?

Алтын: **Мен үйде болом. Сизчи?**
멘 위데 볼롬 시즈치?
나는 집에 있을 겁니다. 당신은요?

Кубан: **Мен токойдо эс алам.**
멘 토코이도 에스 알람.
나는 숲에서 쉴 거예요.

-318-

[예제 2]

Алтын: Мен заводдо иштейм.
        멘 자봇도 이쉬테임
        나는 공장에서 일합니다.

Сен Таласта жашайсыңбы?
센 탈라스타 자샤이승브
너는 탈라스에(서) 사니?

Сиз Ошто окуйсузбу?
시즈 오쉬토 오꾸이수즈부
당신은 오쉬에서 공부합니까?

Мен тоодо кой кайтарганды жакшы көрөм.
멘 토-도 코이 카이타르간드 작쓰 괴룀
나는 산에서 양을 돌보는 것을 좋아합니다.

Сиз Кыргызстанда канча жыл жашадыңыз?
시즈 크르그즈스탄다 칸차 즐 자샤등으즈
당신은 키르기즈스탄에서 몇 년 살았습니까?

Сиз Кореянын борбору Сеулда болгонсузбу?
시즈 코레야는 보르보루 세울다 볼곤수즈부
당신은 한국의 수도 서울에 있었던 적이 있습니까?

Мен үч жыл мурда Ысык-Көлдө болгонмун.
멘 위취 즐 무르다 으쓱 굄되 볼곤문

나는 3년 전에 이스쿨에 있었습니다.

Сенин атаң кайсы жерде иштейт?
세닌　　아땅　카이스　제르데　이쉬테일
너의 아버지는 어디에서 일합니까?

Менин агам мектепте мугалим болуп иштеп жатат.
메닌　　아감　멕텝테　　무갈림　　볼룹　　이쉬텝　자탙
나의 형(오빠)은 학교에서 선생님으로 일하고 있습니다.

Мен Америкада жүргөндө толук болчумун.
멘　아메리카다　　쥐르괸되　　　톨룩　　볼추문
나는 미국에서 지낼 때 뚱뚱했습니다.

Мен жер үйдө жашаганды жакшы көрөм.
멘　　제르 위되　　자샤간드　　　작쓰　　괴룀
나는 땅집(주택)에서 사는 것을 좋아합니다.

Сиз кайсы шаарда жашагансыз?
시즈 카이스　　샤르다　　자샤간스즈
당신은 어느 도시에서 살았습니까?

Сиз кайсы жерде жашагансыз?
시즈 카이스　　제르데　　자샤간스즈
당신은 어느 곳에서 살았습니까?

5. Ал сиз кеткенден кийин келди.
(그는 당신이 떠난 후에 왔습니다.)

[예제 1]

Кубан: Ал сиз кеткен**ден** **кийин** келди.
         알 시즈 케트켄덴   기이인 켈디
         그는 당신이 떠난 후에 왔습니다.

         Ал сизди көрө албагандыктан көпкө чейин ыйлады.
         알   시즈디   괴뢰   알바간득탄   쾹쾨   체인 으이라드
         그는 당신을 볼 수 없어서 오랫동안 울었습니다.

         Сизди абдан издеди.
         시즈디   아브단   이즈데디
         당신을 정말 많이 찾았습니다.

Асыл: Ал азыр кайда экендигин билбейсиңби?
         알 아즈르 카이다   에켄디긴   빌베이싱비
         (너는) 그가 지금 어디에 있는지를 아니?

         Ал эч нерсе айтпады беле?
         알   에츠 네르세 아일빠드   벨레
         그는 아무것도 말하지 않았습니까?

Кубан: Эч нерсе айткан жок.
         에츠 네르세 아이트칸 족
         아무것도 말하지 않았습니다.

Ал ким? Сизге ким болот?
알 킴   시즈게 킴   볼롣
그는 누구입니까? 당신에게 누구입니까?

Асыл: Ал менин балам.
알   메닌   발람
그는 나의 아들입니다.

Балам үйдөн чыккан**дан кийин** биринчи жолу мени издеп келди.
발람   위이된 측칸**단** **기이인** 비린치 졸루
메니 이즈뎁 겔디
(나의) 아들은 집에서 나<u>간</u> <u>이후로</u> 처음으로 나를 찾아 왔습니다.

[예제 2]

Асыл: Мен көргөн**дөн кийин** көрөсүң.
멘   괴르괸**된**   **기이인** 괴뢰성
내가 <u>보고</u> <u>난</u> <u>후에</u> 봐.

Сен айлык алган**дан кийин** жаңы кийим аласың.
센   아일륵 알간**단**   **기이인** 장으   기이임 알라숭
너는 <u>월급을 받고</u> <u>나서</u> 새 옷을 사.

Сиз бул китепти окуган**дан кийин** бул китеп тууралуу айтып бериңиз.
시즈 불   기텝티   오꾸간**단**   **기이인** 불   기텝
투-랄루   아이튭   베링이즈
당신은 이 책을 읽<u>은</u> <u>후에</u> 이 책에 대하여 말해 주세요.

Биз сүйлөшкөндөн кийин макул болдук.
비즈 쉬이뢰쉬퀸**된** 기이인 마쿨 볼둑
우리는 이야기를 나눈 후에 찬성했습니다.

Силер үйүңөргө жеткенден кийин жамгыр жаай баштады.
실레르 위윙외르괴 제트켄**덴** 기이인 잠그르 자-이 바쉬타드
너희들이 집에 도착한 다음에 비가 오기 시작했어.

Мен сабактан кийин иштегенге барам.
멘 사박**탄** 기이인 이쉬테젠게 바람
나는 수업이 끈난 후에 일하러 갑니다.

Сен бир сааттан кийин телефон чаласың.
센 비르 사알**탄** 기이인 텔레폰 찰라숭
너는 한 시간 후에 전화를 해.

Бул көчөдөн кийин почта бар.
불 괴최**된** 기이인 뽀츠타 바르
이 거리 다음에 우체국이 있습니다.

Шаңдуу музыкадан кийин кайгылуу музыка болду.
샹두- 무즈카**단** 기이인 카이글루 무즈카 볼두
유쾌한 음악이 나온 후에 슬픈 음악이 나왔습니다.

6. Сиз кайдан келдиңиз?
(당신은 어디<u>에서</u> 왔습니까?)

[예제 1]

Алтын: **Сиз кай<u>дан</u> келдиңиз?**
시즈 카이<u>단</u>   겔딩이즈
당신은 어디<u>에서</u> 왔습니까?

Инсу: **Мен Корея<u>дан</u> келдим.**
멘   코레야<u>단</u>   겔딤
나는 한국<u>에서</u> 왔습니다.

Алтын: **Сен кайсы шаар<u>дан</u> келдиң?**
셴   카이스   샤르<u>단</u>   겔딩?
너 어느 도시<u>에서</u> 왔니?

Минсу: **Мен Сеул деген шаар<u>дан</u> келдим.**
멘   세울   데겐   샤르<u>단</u>   겔딤.
나는 서울이라고 하는 도시<u>에서</u> 왔습니다.

Алтын: **Сен азыр мектеп<u>тен</u> келдиңби?**
셴   아즈르   멕텝<u>텐</u>   겔딩비?
너 지금 학교<u>에서</u> 왔니?

Минсу: **Жок, мен базар<u>дан</u> келдим.**
족,   멘   바자르<u>단</u>   겔딤
아니예요, 나는 시장<u>에서</u> 왔습니다.

[예제 2]

Алтын: Мен тоо**дон** келе жатам.
멘 　토-**돈** 　켈레 자탐
나는 산<u>에서</u> 오고 있습니다.

Мен Америка**дан** келдим.
멘 　아메리카**단** 　켈딤
나는 미국<u>에서</u> 왔습니다.

Сиз Ош**тон** келдиңиз беле?
시즈 오쉬**톤** 　켈딩이즈 　벨레
당신은 오쉬<u>에서</u> 왔습니까?

Сен кай**дан** келе жатасың?
센 　카이**단** 　켈레 　자타승
너는 어디<u>에서</u> 오고 있는 중이니?

Сен кайсы жак**тан** келдиң?
센 　카이스 　작**탄** 　켈딩
너는 어디<u>에서</u> 왔니?

Ал почта**дан** келди.
알 　뽀츠타**단** 　켈디
그는 우체국<u>에서</u> 왔습니다.

Ал почта**дан** келдиби?
알 　뽀츠타**단** 　켈디비

-325-

그는 우체국에서 왔습니까?

Биз Кореядан самолёт менен келдик.
비즈 코레야**단**　　사말료트　메넨　젤딕
우리는 한국에서 비행기로 왔습니다.

Силер стадиондон келе жатасыңарбы?
씰레르　스타디온**돈**　　젤레　자타승아르브
너희들은 (시민) 운동장에서 오고 있는 거니?

Асмандан түшүп жаткан аппак кар.
아스만**단**　튀쉽　자트칸　압빡　카르
하늘에서 내리고 있는 새하얀 눈(입니다.)

Ал үй**дөн** шашып келе жатат.
알　위이**된**　샤씁　　젤레　자탇
그는 집에서 급하게 오고 있습니다.

Силер жолдон чыгып кетиңер.
씰레르　졸**돈**　　츠급　젵띵에르
너희들은 길에서 벗어 났어. (너희들은 길을 잃어 버렸어)

7. Сиз бүгүн кечинде эмне кыласыз?
(당신은 오늘 저녁에 <u>무엇을</u> <u>하십니까?</u>)

Кубан: Сиз бүгүн кечинде **эмне кыласыз**?
시즈 뷔귄 게친데 <u>엠네</u> <u>클라스즈</u>
당신은 오늘 저녁에 <u>무엇을</u> <u>하십니까?</u>

Айзан: Мен китеп окуйм.
멘 기텝 오쿠임
나는 책(을) 읽습니다.

Андан кийин үй тапшырманы аткарам.
안단 기인 위 탑스르마느 아트카람
그리고 나서 숙제를 합니다.

Кубан сен **эмне кыласың**?
쿠반 센 <u>엠네</u> <u>클라승</u>
쿠반 너는 <u>무엇을</u> <u>하니?</u>

Кубан: Мен жумушка барам.
멘 주무쉬카 바람
나는 일하러 갑니다.

Анткени мен кечкисин иштейм.
안트케니 멘 게츠키신 이쉬테임
왜냐하면 나는 저녁에 일합니다.

-327-

Эртең болсо, эмне кыласыз?
에르뗑 볼소   엠네 클라스즈
내일은 <u>무엇을</u> <u>하십니까</u>?

Айзан: **Мен эртең айылга барам.**
멘   에르뗑 아이을가 바람
나는 내일 마을(시골)에 갑니다.

Атам мени чакырды.
아탐   메니   차크르드
(나의) 아버지가 불렀습니다.

8. Сиз азыр эмне кылгыңыз келет?
(당신은 지금 무엇을 하고 싶습니까?)

[예제 1]

Кубан: Сиз азыр эмне кылгыңыз келет?
센 아즈르 엠네 클긍으즈 젤렙
당신은 지금 무엇을 하고 싶습니까?

Айзан: Мен азыр базарга баргым келет.
멘 아즈르 바자르가 바르금 젤렙
나는 지금 시장에 가고 싶어요.

Сен кино театрга баргың келеби?
센 키노 테아트르가 바르긍 젤레비
너 지금 영화관에 가고 싶니?

Кубан: Ооба, баргым келет.
오바, 바르금 젤렙
네, 가고 싶어요.

[예제 2]

Кубан: Сиз Бишкектеги кызыңызды көргүңүз келеби?
시즈 비쉬켁테기 크즁으즈드 쾨르굼위즈 젤레비
당신은 비쉬켁에 있는 (당신의) 딸을 보고 싶습니까?

Айзан: Албетте, мен абдан сагындым.
알벧떼   멘   아브단   사근듬
물론이지, 나는 정말 그리워(보고싶어).

Сен да аны менен **жолуккуң келеби**?
셴   다 아느   메넨   **졸룩꿍**   **젤레비**
너도 그녀를 만나<u>고</u> <u>싶니</u>?

Кубан: Ооба, мен да аны көрбөгөнүмө көп болду.
오-바,   멘   다 아느 꾀르뵈괴늬뫼   꾑   볼두
네, 저도 그녀를 못 본지 오래 됐습니다.

[예제 3]

Кубан: Мен ашканага барып манты **жегим келип жатат**.
멘   아쉬카나가   바릅   만뜨   **제김**   **젤립**   **자탑**
나는 식당에 가서 만두를 (지금 당장) 먹<u>고</u> <u>싶습니다</u>.

Айзан: Сен айткандыктан мен да **баргым келип жатат**.
셴   아이트칸득탄   멘 다 **바르금**   **젤립**   **자탑**
네가 말해서(말했기 때문에) 나도 가<u>고</u> <u>싶어</u> <u>집니다</u>.

Сен манты жакшы көрөсүңбү?
셴   만뜨   작쓰   꾀뢰숭븨
너는 만두를 좋아하니?

Кубан: Албетте, мен абдан жакшы көрөм.
알베뗴   멘   아브단   작쓰   괴룀
몰론이지,   나는 매우 좋아해.

[예제 4]

Кубан: Мен бүгүн **иштегим келбейт**?
멘   뷔귄   이쉬테김   젤베읻
나는 오늘 일하고 싶지 않습니다.

Айзан: Эмне үчүн **иштегиң келбейт**?
엠네   위췬   이쉬테긩   젤베읻
왜 (너는) 일하고 싶지 않니?

Бир жериң ооруп жатабы?
비르   제링   오-룹   자타브
(너는) 어디가 아프니?

Кубан: Жок, Бүгүн досторум менен эс алганы токойго бармакмын.
족   뷔귄   도스토룸   메넨   에스 알가느   토코이고
바르막믄
아니, (나는) 오늘 친구들과 쉬기 위해서 숲에 가려고 했거든.

Ошондуктан **иштегим келбей жатат**.
오쓘둑탄   이쉬테김   젤베이   자탇
그래서 (나는) 바로 지금 이시간에) 일하고 싶지 않아요.

[예제 5]

Кубан: Сиз быйыл Ысык-Көлгө **баргыңыз келбейби?**
시즈 브일 으쓹 푈괴 바르긍으즈 겔베이비
당신은 올해 이스쿨에 가고 싶지 않습니까?

Айзан: Жок, мен абдан **баргым келет.**
족 멘 아브단 바르귬 겔렡
아니예요, 나는 정말 가고 싶어요.

Бирок бүтпөй калган иштерим абдан көп.
비록 븥푀이 칼간 이쉬테림 아브단 쾹
그러나 끝내지 못한 (나의) 일들이 매우 많습니다.

Кубан: Сиздин иштериңиз эртерээк бүтүрүшү үчүн жардам берейинби?
시즈딘 이쉬테링이즈 에르테레엑 뷔튀뤼쉬 위췬
자르담 베레인비
당신의 일을 더 빨리 끝내도록 도와 드릴까요?

[예제 6]

Кубан: Мен жаш чагымда дайыма кино театрга **баргым келчү.**
멘 자쉬 차금다 다이마 키노 테아트르가 바르귬
겔취
나는 어렸을 때 항상 영화관에 가고 싶어 했습니다.

Айзан: **Ошондуктан сиз азыр да кино көргөндү жакшы көрөсүз.**
오쓘둑탄　　시즈 아즈르 다 키노　피르귄뒤　　 좍쓰
피뢰쉬즈
그래서 당신은 지금도 영화 보는 것을 좋아 하시는 군요.

Бүгүн абдан кызыктуу бир кино коёт экен, көргөнү барбайлыбы?
뷔귄　　 아브단　　크즉뚜-　　비르　키노　 코욭　　에켄
피르피뉘　　바르바이르브?
오늘 아주 재미있는 영화 하나를 상영한다고 하네요. 보러 가지 않겠어요?

Кубан: **Жакшы, чогуу барабыз.**
좍쓰　　 초구-　　 바라브즈
좋아요, 함께 갑시다

9. Бул эмнеден жасалды?
(이것은 무엇으로 만들었습니까?)

[예제 1]

Алтын: **Бул имарат эмнеден жасалды?**
　　　　불　이마랕　엠네덴　　자살드
　　　　이것은 이 건물은 **무엇으로** 만들었습니까?

Кубан: **Бул имарат кыштан (*кирпичтен*) жасалды.**
　　　　불　이마랕　크쉬탄　　키르피츠텐　　자살드
　　　　이 건물은 **벽돌로** 만들었습니다.

Алтын: **Комуз эмнеден жасалат?**
　　　　코무즈　엠네덴　　자살랕
　　　　코무즈는 **무엇으로** 만듭니까?

Кубан: **Комуз кургак өрүктөн жасалат.**
　　　　코무즈　쿠르각　왜뤽텐　　자살랕
　　　　코무즈는 마른 **살구 나무로** 만들어집니다.

Алтын: **Сиз эмнеден рахат аласыз?**
　　　　시즈　엠네덴　　라핱　알라스즈
　　　　당신은 **무엇으로부터** 즐거움(기쁨, 행복)을 얻습니까?

Кубан: **Мен үй-бүлөмдөн кубаныч алам.**
　　　　멘　위이 뷜럼덴　　쿠바느츠　알람
　　　　나는 **가족으로부터** 기쁨을 얻습니다.

-334-

Алтын: Сиз **эмне себептен** ачууланып кеттиңиз?
시즈 엠네 세볩텐 아출라늡 겥팅이즈
당신은 무슨 이유로 화가 났습니까?

Кубан: Мен алданып калгандыктан ачууландым.
멘 알다늡 칼간득탄 아추우란듬
나는 속았기 때문에 화가 났습니다.

[예제 2]

Алтын: Сыр **сүттөн** жасалат.
스르 **쉴툔** 자살랍
치즈는 **우유로** 만듭니다.

Бул тамак **жумурткадан** жасалды.
불 타막 **주무를카단** 자살드
이 음식은 **계란으로** 만들었습니다.

Бул бут кийим **териден** жасалды.
불 붙 기이임 **테리덴** 자살드
이 신발은 **가죽으로** 만들었습니다.

Тиги идиш **темирден** жасалды.
티기 이디쉬 **테미르덴** 자살드
저 그릇은 **쇠로** 만들었습니다.

Бул отургуч **жыгачтан** жасалды.
불 오투르구츠 **즈가츠탄** 자살드

이 의자는 **나무로** 만들었습니다.

Нан **ундан** жасалат.
난　　운단　　　자살랕
빵은 **밀가루로** 만듭니다.

Бул кийим койдун **жүнүнөн** жасалды.
불　기이임 코이둔　　**쥐뉘넌**　　자살드
이 옷은 **양털로** 만들었습니다.

Бул үй **топурактан** жасалды.
불　 위이　**토뿌락탄**　　　자살드
이 집은 **흙으로** 만들어졌습니다.

Бул дубал **таштан** жасалды.
불　두발　**타쉬탄**　　자살드
이 벽은 **돌로** 만들었습니다.

10. Сиз кимден акча алдыңыз?
(당신은 누구로부터 돈을 받았습니까?)

[예제 1]

Алтын: **Сиз кимден** акча алдыңыз?
시즈 **킴덴** 악차 알둥으즈?
당신은 **누구로부터** 돈을 받았습니까?

Кубан: Мен **Асандан** алдым.
멘 **아산단** 알듬
나는 아산**으로부터** 받았어요.

Алтын: **Андан** канча сом алдыңыз?
안단 칸차 솜 알둥으즈
그로부터 몇 솜을 받았습니까?

Кубан: **Андан** миң сом алдым.
안단 밍 솜 알듬
그로부터 천 솜 받았습니다.

Алтын: **Мен**ден алган жоксуңузбу?
멘덴 알간 족숭우즈부
나로부터 받은 것은 없습니까?

Кубан: Жок, мен **сизден** алган жокмун.
족 멘 **시즈덴** 알간 족문
아니오, 나는 **당신으로부터** 받지 않았습니다.

-337-

Алтын: Сиз унутуп калган окшойтсуз, жакшыраак ойлонуп көрүңүз.
시즈 우누툽 칼간 옥쇼일수즈 작쓰라악-
오이로눕 패륑위즈
당신은 잊어 버린 것 같군요, 잘 생각해보세요?

Кубан: Мейли, ойлонуп көрөйүн.
메일리 오이로눕 괴뢰윈
좋아요, 생각해 보겠습니다.

[예제 2]

Алтын: Мен **андан** кеңеш алдым.
멘 **안단** 켕에쉬 알듬
나는 그로부터 충고를 받았습니다.

Сен контрактын акчасын **кимден** аласың.
센 칸트락튼 악차슨 **킴덴** 알라승
너는 등록금을 누구에게서 받니?

Бул кат **кимден** келди?
불 캍 **킴덴** 겔디
이 편지는 누구에게서 왔니?

Сиз азыр **кимдикинен** келе жатасыз?
시즈 아즈르 **킴디키넨** 겔레 자타스즈
당신은 지금 누구 집에서 오고 있습니까?

Мен ал тууралуу **сизден** уктум.
멘   알 투-랄루-   시즈덴   욱뚬
나는 그에 대하여 당신으로부터 들었습니다.

Бүгүн мугалим **сенден** сурайт.
뷔귄   무갈림   셴덴   수라일
오늘 선생님은 너에게 물을 것입니다.

Менден эч нерсе таппайсыңар.
멘덴   에츠 네르세 탑빠이승아르
(너희들은) 나에게서 아무것도 찾을 수 없을 것이야.

Мен сенин **айтканыңдан** кете бердим.
멘   셰닌   아이트카능단   게테   베르딤
나는 너의 말을 듣고 가버렸습니다.

Биз баарыбыз **сизден** үмүттөнүп жатабыз.
비즈 바-르브즈   시즈덴   위뮐퇴닙   자타브즈
우리 모두는 당신에게 소망을 두고 있습니다.

11. Сиз кимди издеп жатасыз?
(당신은 누구를 찾고 있습니까?)

[예제 1]

Алтын: Сиз **кимди** издеп жатасыз?
시즈 **킴디** 이즈뎁 자타스즈
당신은 **누구를** 찾고 있습니까?

Кубан: Мен Мирбек **байкени** издеп жатам.
멘 미르벡 **바이케니** 이즈뎁 자탐
나는 미르벡 바이께를 찾고 있습니다.

Алтын: Сиз **аны** көрдүңүзбү?
시즈 **아느** 괴르뒹위즈뷔
당신은 그를 봤습니까?

Кубан: Ооба, **аны** жолдон көрдүм.
오-바 **아느** 졸돈 괴르뒴
네, 그를 길에서 보았습니다.

Алтын: **Аны менен** жолуктуңуз беле?
아느 메넨 졸룩뚱우즈 벨레
(당신은) 그와 만났습니까?

Кубан: Жок, жолуккан жокмун. Мен машинадан көрдүм.
족 졸룩칸 족문 멘 마쉬나단 괴르뒴

-340-

아니오, 만나지 못했습니다. 나는 차에서 봤습니다.

Алтын: Ал каякка бара жаткандай көрүндү?
　　　　알　카야카　　바라　자트칸다이　괴륀듸
　　　　그는 어디에 가는 것처럼 보였습니까?

Кубан: Балким, базарга бараткан окшойт.
　　　　발킴　　　바자르가　　바랄칸　　　옥쇼일
　　　　아마도, 시장에 가고 있는 것 같습니다.

[예제 2]

Алтын: Мен **апамды** мактап жатам.
　　　　멘　아**팜**드　　막탑　자탐
　　　　나는 (나의) 어머님**을** 자랑(칭찬)하고 있습니다.

　　　　Сен **атаңды** көрүп, ага жолукканы келдиң.
　　　　센　아**땅**드　　괴륍　아가 졸룩카느　　겔딩
　　　　너는 (너의) 아버지**를** 보고, 그를 만나러왔어.

　　　　Сиз менин **эжемди** көрдүңүзбү?
　　　　시즈 메닌　에**젬**디　　괴르듕위즈븨
　　　　당신은 나의 누나(언니)**를** 보았습니까?

　　　　Ал караңгыда **апасын** көрүп, абдан кубанды.
　　　　알　카랑그다　　아**파**슨　　괴륍　아브단　쿠반드

그는 어두움 속에서 (그의) 어머니를 보고 매우 기뻤습니다.

Сиз кимди издеп келдиңиз?
시즈 **킴디** 이즈뎁 겔딩이즈
당신은 **누구를** 찾아 왔습니까?

Биз **аны** көрүп, абдан кубанып кеттик.
비즈 **아느** 괴륍 아브단 쿠바늡 겥딕
우리는 **그를** 보고, 매우 기뻐했습니다.

Мен жалган айткан **инимди** таап, аны уруштум.
멘 잘간 아이트칸 **이님디** 탑 아느 우루쉬툼
나는 거짓말한 (나의) **동생을** 찾아서, 그를 나무랬습니다.

Сиз **чоң атаңызды** көрүп, эмнени ойлодуңуз.
시즈 총 **아땅으즈드** 괴륍 엠네니 오이로둥우즈
당신은 **할아버지를** 보고, 무엇을 생각했습니까?

Мен **чоң энемди** көрүп, абдан бактылуу болдум.
멘 총 **에넴디** 괴륍 아브단 박틀루- 볼둠
나는 할머니를 보고, 매우 행복했습니다.

Ал өзүнүн **балдарын** көрүп абдан сүйүндү.
알 외쥐뉜 **발다른** 괴륍 아브단 쉬윈뒤
그는 자기의 **아이들을** 보고 매우 기뻤습니다.

12. Сиз эмнени издеп жатасыз?
(당신은 무엇을 찾고 있습니까?)

[예제 1]

Алтын: Сиз **эмнени** издеп жатасыз?
시즈 엠네니 이즈뎁 자타스즈
당신은 무엇을 찾고 있습니까?

Кубан: Мен **паспортумду** издеп жатам.
멘 빠스쁘르툼두 이즈뎁 자탐
나는 (나의) 여권을 찾고 있습니다.

Алтын: Сиз **паспортуңузду** жоготуп жибердиңизби?
시즈 빠스쁘르똥우즈두 조고툽 지베르딩이즈비
당신은 (당신의) 여권을 잃어 버렸습니까?

Кубан: Ооба, Менин паспортум азыр жок.
오-바 메닌 빠스쁘르툼 아즈르 족
네, 나의 여권은 지금 없습니다.

Эртең менен бар болчу.
에르땡 메넨 바르 볼추
아침에 있었습니다.

Алтын: Сиз ички **чөнтөгүңүздү** карап көрбөйсүзбү?
시즈 이츠키 쵠퇴귕위즈뒤 카랍 쾨르뵈이쉬즈뷔
당신의 안(속) 주머니를 살펴보시지 않으시겠어요?

-343-

Кубан: Азыр карап көрөйүн. Бар экен! Мен таптым.
아즈르 카랍   괴뢰이윈   바르 에켄   멘   탑뜸
지금 살펴 볼께요. 있어요! 나는 찾았습니다.

Сизге чоң рахмат!
시즈게   총   라흐맡
당신에게 대단히 감사합니다!

Алтын: Эч нерсе эмес. Мен да кубандым.
에츠 네르세 에메스   멘   다 쿠반듬
천만에요. 나도 기쁩니다.

[예제 2]

Алтын: Мен Бишкек **шаарын** көрүп жатам.
멘   비쉬켁   **샤-톤**   괴륍   자탐
나는 비쉬켁 **시를** 보고 있습니다.

Сиз Теңир **тоону** көрүп жатасыз.
시즈 떵이르   **토-누**   괴륍   자타스즈
당신은 떵이르(천산) **산을** 보고 있습니다.

Сен **калемди** издедиң.
센   **칼렘디**   이즈데딩
너는 **볼펜을** 찾고 있었습니다.

-344-

Мен **топту** тептим.
멘 **톱투** 텝팀.
나는 공을 찼습니다.

Сиз **эмнени** каалайсыз?
시즈 **엠네니** 칼-라이스즈
당신은 무엇을 원하십니까?

Сиз **машинаны** оңдоп жатасыз.
시즈 **마쉬나느** 옹돕 자타스즈
당신은 **자동차를** 고치고 있습니다.

Силер **китепти** окуп жатасыңар.
실레르 **키텝티** 오꿉 자타슁아르
너희들은 **책을** 읽고 있어.

Ал **нанды** жеп, коланы ичип жатат.
알 **난드** 젭 콜라느 이칩 자탑
그는 **빵을** 먹고, 콜라를 마시고 있습니다.

Мен **сабизды** аарчыдым.
멘 **사비즈드** 아-르츠듬
나는 **당근 껍질을** 벗겼습니다.

13. Сиз кайсыны каалайсыз?
(당신은 어느(어떤) 것을 원하십니까?)

[예제 1]

Алтын: **Сиз кайсыны каалайсыз?**
시즈 카이스느   칼-라이스즈
당신은 어느(어떤) 것을 원하십니까?

Кубан: **Мен ак түстөгү идиштерди алгым келет.**
멘   악 튀스퇴귀 이디쉬테르디   알금   겔렡
나는 흰색 계열의 **그릇(접시)들을** 사고 싶습니다.

Алтын: **Ак идиштердин арасында бул идиш эң жакшы.**
악 이디쉬테르딘   아라슨다   불   이디쉬 엥 작쓰
흰 그릇(접시)들 중에서 이 그릇(접시)이 가장 좋습니다.

Кубан: **Сиздин оң жагыңыздагы идиштерди көрсөм болобу?**
시즈딘 옹 자긍으즈다그   이디쉬테르디 괴르쇰   볼로부
당신의 오른쪽에 있는 **그릇(접시)들을** 봐도 됩니까?

Булар кайдан келген?
불라르 카이단   겔겐
이것들은 어디에서 왔습니까?

Алтын: **Булар Кытайдан келген.**
불라르   크따이단   겔겐
이것들은 중국에서 왔습니다.

-346-

Кубан: Булар канча сом турат? Сынбайбы?
불라르 칸차 솜 투랍 슨바이브
이것들은 몇 솜입니까? 깨지지 않습니까?

Алтын: Жакшы сынбайт жана арзан! Булар отуз сомдон турат.
작쓰 슨바일 자나 아르잔 불라르 오투즈 솜돈 투랍
잘 깨지지 않고 쌉니다! 이것들은 30솜씩 합니다.

Кубан: Жакшы! Булардан **алтоону** бериңиз.
작쓰 불라단 **알토-누** 베링이즈
좋아요! 이것들 중에서 **6개를** 주세요.

[예제 2]

Алтын: Сиз **кайсынысың** жакшы көрөсүз?
시즈 **카이스느슨** 작쓰 괴뢰쉬즈
당신은 어느 것을 좋아 하십니까?

Сиз **кайсынысың** сатып алгыңыз келет?
시즈 **카이스느슨** 사틉 알긍으즈 겔렡
당신은 어느 것을 사고 싶습니까?

Сага **кайсынысың** жагат?
사가 **카이스느슨** 자같
너는 어떤 것이 마음에 드니?

Сиз кайсынысын жакшы деп ойлойсуз?
시즈 카이스느슨   작쓰 뎁 오이로이수즈
당신은 어느 것이 좋다고 생각하십니까?

Сиз эмнени каалайсыз?
시즈 엠네니   칼-라이스즈
당신은 무엇을 원하십니까?

Мен кайсынысын көргөзүп берейин?
멘 카이스느슨   괴르괴집   베레인
나는 어느 것을 보여 드릴까요?

Мен сага **кайсыны** берем?
멘 사가 카이스느   베렘
나는 너에게 어느 것을 줄까?

Мен кайсыны жок кылам?
멘 카이스느   족 클람
나는 어느 것을 없앨까요?

Мен кайсыны алып келейин?
멘 카이스느   알릅 젤레인
나는 어느 것을 가지고 올까요?

Сиз кайсыны тандайсыз?
시즈 카이스느   탄다이스즈
당신은 어느 것을 선택하시겠습니까?

14. Бул кимдин сумкасы?
(이것은 누구의 가방입니까?)

[예제 1]

Алтын: **Бул кимдин сумкасы?** Сиз билесизби?
불 킴딘 숨카스 시즈 빌레시즈비
이것은 누구의 가방입니까? 당신은 아세요?

Кубан: Мен билем, бул сумка **Мирбектин** сумка**сы**.
멘 빌렘 불 숨카 미르벡틴 숨카스
나는 알아요, 이 가방은 미르벡의 가방입니다.

Алтын: Мирбек азыр кайда?
미르벡 아즈르 카이다
미르벡은 지금 어디에 있습니까?

Кубан: Ал бир саат мурда базарга кетти.
알 비르 사알 무르다 바자르가 겥띠
그는 한 시간 전에 시장에 갔습니다.

Саат үчкө чейин келем деди.
사알 위취쾨 체인 겔렘 데디
(그는) 3시까지 온다고 했습니다.

Алтын: Мейли! Саат үчкө жарым саат калды.
메일리 사알 위취쾨 자름 사알 칼드
좋아요! 3시까지 30분 남았습니다.

Кубан: Бул сумканы кайдан таптыңыз?
불 숨카느 카이단 탑뜽으즈
이 가방은 어디에서 찾았습니까?

Алтын: Мен парктан таптым.
멘 파륵탄 탑듬
나는 공원에서 찾았습니다.

Кубан: Жакшы болуптур! Жоготкон болсо, жаман болмок.
작쓰 볼룹투르 조곹콘 볼소 자만 볼목
다행입니다! 잃어 버렸으면, 큰일 날뻔 했습니다. (아주 힘들게 될 뻔 했습니다.)

[예제 2]

Алтын: Бул ким**дин** апа**сы**(ата**сы**, ага**сы**, кыз**ы**)?
불 킴딘 아빠스 아타스 아가스 크즈
이분은 누구의 어머니(아버지, 형, 딸)입니까?

Бул ме**нин** апа**м**(ата**м**, ага**м**, кыз**ым**).
불 메닌 아빰 아탐 아감 크즘
이분은 나의 어머니(아버지, 형, 딸)입니다.

Бул се**нин** апа**ң**(ата**ң**, ага**ң**, кыз**ың**).
불 세닌 아빵 아탕 아강 크증

-350-

이분은 너의 어머니(아버지, 형, 딸)[이]야.

Бул **сиз**д**ин** апа**ныз**(ата**ныз**, ага**ныз**, кыз**ыныз**).
불   시즈딘   아빵으즈   아탕으즈   아강으즈   크중으즈
이분은 **당신의** 어머니(아버지, 형, 딸)입니다.

Бул **анын** апа**сы**(ата**сы**, ага**сы**, кыз**ы**).
불   아는   아빠스   아타스   아가스   크즈
이분의 그의 어머니(아버지, 형, 딸)입니다.

Алтын: Бул **кимдин** акча**сы**(машина**сы**, китеб**и**)?
불   킴딘   악차스   마쉬나스   기테비
이것은 **누구의** 돈(자동차, 책)입니까?

Бул **менин** акча**м**(машина**м**, китеб**им**).
불   메닌   악참   마쉬남   기테빔
이것은 **나의** 돈(자동차, 책)입니다.

Бул **сенин** акча**н**(машина**н**, китеб**ин**).
불   세닌   악참   마쉬낭   기테빙
이것은 **너의** 돈(자동차, 책)[이]야.

Бул **сиздин** акча**ныз**(машина**ныз**, китеб**иниз**).
불   시즈딘   악창으즈   마쉬낭으즈   기테빙이즈
이것은 **당신의** 돈(자동차, 책)입니다.

Бул **анын** ача**сы**(машина**сы**, китеб**и**).
불   아는   악차스   마쉬나스   기테비
이것은 **그의** 돈(자동차, 책)입니다.

15. Бир нерсе сурасам болобу?
(뭘 좀 물어봐도 됩니까?)

[예제 1]

Алтын: **Бир нерсе сура<u>сам</u> <u>болобу</u>?**
비르 네르세 **수라삼** **볼로부**
뭘 좀 물어<u>봐도</u> <u>됩니까</u>?

* *Бир нерсе тууралуу сизден сура<u>сам</u> <u>болобу</u>?*
비르 네르세 투-랄루- 시즈덴 **수라삼** **볼로부**
무엇에 관하여 당신에게 물어<u>봐도</u> <u>됩니까</u>?

* *Сизге суроо бер<u>сем</u> <u>болобу</u>?*
시즈게 수로- **베르셈** **볼로부**
당신에게 질문<u>해도</u> <u>됩니까</u>?

Кубан: **Болот. (* Сураса<u>ңыз</u> <u>болот</u>.)**
볼롵 수라샹으즈 **볼롵**
됩니다. (* 물어<u>봐도</u> <u>됩니다</u>.)

Эмне тууралуу билгиңиз келет?
엠네 투-랄루- 빌긩이즈 겔렡
무엇에 관하여 알고 싶습니까?

Алтын: **Эң белгилүү ашкана кайда?**
엥 벨길뤼- 아쉬카나 카이다
가장 유명한 식당은 어디입니까?

Кубан: **Бишкек шаары боюнча "Ала тоо" ашканасы эң белгилүү.**
비쉬켁 샤-르 보윤차 알라 토- 아쉬카나스 엥 벨길뤼-
비쉬켁 전체에서 "알라 토" 식당이 가장 유명합니다.

Алтын: **Ал ашканада кайсы тамакты дамдуу жасайт?**
알 아쉬카나다 카이스 타막트 담두- 자사일
그 식당은 어떤 음식을 맛있게 만듭니까?

Кубан: **Лагманды жана шашылыкты дамдуу жасайт.**
라그만드 자나 샤셜륵트 담두- 자사일
라그만과 샤슬릭을 맛있게 만듭니다.

[예제 2]

Алтын: **Мен сизге белек берсем болобу?**
멘 시즈게 벨렉 베르셈 볼로부
나는 당신에게 선물을 줘도 됩니까? (괜찮겠어요?)

Кубан: **Албетте! Чоң рахмат.**
알벨떼 총 라흐맡
당연히 괜찮습니다. 대단히 감사합니다.

Алтын: **Мен сизден жардам сурасам болобу?**
멘 시즈덴 자르담 수라삼 볼로부
나는 당신에게 도움을 구해도 됩니까?

Кубан: Албетте, болот. Эмне жардам берейин.
알볘떼 볼롵 엠네 자르담 베레인
당연히 됩니다. 무엇을 도와 드릴까요.

Алтын: Мен сизге **жар<u>дам бер<u>сем</u> болобу</u>**?
멘 시즈게 자르담 베르셈 볼로부
나는 당신에게 **도움을 줘<u>도</u> 됩니까**? (도와줘도 될까요?)

Кубан: Болот, сиздин жардамыңыз үчүн чоң рахмат.
볼롵, 시즈딘 자르다믕으즈 위췬 총 라흐맡
됩니다, 당신의 도움에 대단히 감사합니다.

Алтын: Мен үй-бүлөм жөнүндө **айт<u>сам</u> болобу**?
멘 위이뷜룀 죄뉜되 아일삼 볼로부
나의 가족에 관하여 **말<u>해도</u> 됩니까**?

Кубан: Жакшы, сиздин үй-бүлөңүз жөнүндө билгим келет.
작쓰 시즈딘 위이뷜룅위즈 죄뉜되 빌김 겔렡
좋습니다, 당신의 가족에 관하여 알고 싶습니다.

Алтын: Мен бул жерге **отур<u>сам</u> болобу**?
멘 불 제르게 오뚜르삼 볼로부
나는 이곳에 **앉아<u>도</u> 됩니까**?

Кубан: Албетте, **отур<u>саң</u>ыз болот**.
알볘떼 오뚜르샹으즈 볼롵
물론입니다, **앉아<u>도</u> 됩니다**.

16. Мен Ошко барышым керек.
(나는 오쉬에 가<u>야</u>(만) **합니다**.)

[예제 1]

Алтын: Мен Ошко **барышым керек.**
멘 오쉬코 바르<u>쑴</u>   **케렉**
나는 오쉬에 가<u>야</u>(만) **합니다**.

Кубан: Сиз эмне үчүн барасыз?
시즈 엠네 위췬 바라스즈
당신은 왜 갑니까?

Алтын: Менин Ошто маанилүү ишим бар.
메닌   오쉬토 마-닐뤼-   이쉼   바르
나는 오쉬에 중요한 일이 있습니다.

Кубан: Ал кандай иш?
알 칸다이   이쉬
그것은 어떤 일입니까?

Алтын: Мен Оштогу досторум менен **жолугушум керек.**
멘   오쉬토구 도스토룸   메넨   **졸루구슘**   **케렉**
나는 오쉬에서 있는 친구들과 **만나<u>야</u>(만) 합니다**.

Кубан: Сиздер эмне үчүн жолугасыздар?
시즈데르   엠네 위췬 졸루가스즈다르
당신들은 왜 만납니까?

Алтын: Биз жайында Ысык-Көлгө эс алганы чогуу барабыз.
비즈 자이은다   으슥 굘괴   에스 알가느   초구   바라브즈
우리는 여름에 이스쿨에 쉬기 위하여 함께 갈 것입니다.

Ошондуктан алдын ала жолугуп, **пландашы-быз керек**.
오숀둑탄   알든   알라   졸루굽   **플란다쓰
브즈 케렉**
그렇기 때문에 미리 만나서 계획을 세워<u>야만</u> <u>합니다</u>.

Кубан: Сиздердин жайында эң сонун пландарыңыз бар турбайбы?
시즈데르딘   자이은다   엥 소눈   플란다릉으즈   바르
투르바이브
당신들은 여름에 정말 좋은 계획들을 가지고 계시군요?

[예제 2]

Алтын: Мен базарга **барышым керек**.
멘   바자르가   **바르<u>쏨</u>   케렉**
나는 시장에 가<u>야(만)</u> <u>합니다</u>.

Сен мектепке **барышың керек**.
센   멕텝케   **바르<u>쑹</u>   케렉**
너는 학교에 가<u>야만</u> <u>해</u>.

Сиз ашканага **барышыңыз керек**.
시즈 아쉬카나가   **바르<u>쑹</u>으즈   케렉**
당신은 식당에 가<u>야(만)</u> <u>합니다</u>.

Мен акча **алышым керек**.
멘   악차 알르쑴   케렉
나는 돈을 받아야(만) 합니다.

Мен алма менен дарбызды **сатып алышым керек**?
멘   알마 메넨   다르브즈드   사듑   알르쑴
케렉
나는 사과와 수박을 사야(만) 합니다.

Сен үчкө чейин бул жерге **келишиң керек**.
센   위취쾨 체인 불 제르게   겔리씽   케렉
너는 3시 까지 이곳에 와야만 해.

Мен саат канчага чейин **келишим керек**?
멘   사알 칸차가   체인   겔리씸   케렉
나는 몇 시 까지 와야만 합니까?

Менин кийимимди **беришим керекпи**?
메닌   기이밈디   베리씸   케렉삐
나의 옷을 주어야(만) 합니까?

Биз саат канчада **укташыбыз керек**?
비즈 사알 칸차다   옥타쓰브즈   케렉
우리는 몇 시에 자야(만) 합니까?

Сиз эч качан **жалган айтпашыңыз керек**.
시즈 에츠 가찬   잘간   아일빠쏭으즈   케렉
당신은 결코 거짓말을 해서는 안됩니다.

17. Сиз кыргызча сүйлөй аласызбы?
(당신은 키르기즈 말을 할 수 있습니까?)

[예제 1]

Алтын: Сиз кыргызча **сүйлөй** <u>аласызбы</u>?
시즈 크르그즈차 쉬이뢰<u>이</u> <u>알라스즈브</u>
당신은 키르기즈 말을 할 수 있습니까?

Кубан: Жок, **сүйлөй** <u>албайм</u>. Сизчи?
족 쉬이뢰<u>이</u> <u>알바임</u> 시즈치
아니요, (나는) 말할 수 없습니다. 당신은요?

Алтын: Мен бир аз **сүйлөй** <u>алам</u>.
멘 비르 아즈 쉬이뢰<u>이</u> <u>알람</u>
나는 조금 말할 수 있습니다.

Анда кайсы тилде **сүйлөй** <u>аласыз</u>?
안다 카이스 틸데 쉬이뢰<u>이</u> <u>알라스즈</u>
그러면 어떤 말(언어)을 할 수 있습니까?

Кубан: Мен англисче жакшы **сүйлөй** <u>алам</u>.
멘 안글리스체 작쓰 쉬이뢰<u>이</u> <u>알람</u>
나는 영어를 잘 말할 수 있습니다.

Алтын: Жакшы болду, менин эжем да англисче **жакшы сүйлөй** <u>алат</u>.
작쓰 볼두 메닌 에젬 다 안글리스체 작쓰 쉬이뢰<u>이</u> <u>알랍</u>
잘됐습니다, 나의 언니(누나)도 영어를 잘 말합니다.

Аны чакырып келейин, бир аз күтүп тура аласызбы?
아느 차크릅 겔레인 비르 아즈 귀튑 투라 알라스즈브
그녀를 불러 오겠습니다, 조금 기다려 줄 수 있습니까?

Кубан: Албетте, мен к**үт**е **ал**ам.
알볘떼, 멘 귀뙤 알람
물론입니다. 나는 기다릴 수 있습니다.

Алтын: Мен жарым сааттын ичинде келип калам.
멘 자름 사알뜬 이친데 겔립 칼람
나는 30분 안에 오겠습니다.

[예제 2]

Алтын: Сен бул ишти **кыл**а **ал**асыңбы?
셴 불 이쉬티 클라 알라승브
너는 이 일을 할 수 있니?

Мен бул ишти **кыл**а **ал**ам.
멘 불 이쉬티 클라 알람
나는 이 일을 할 수 있습니다.

Сиз машина **айд**ай **ал**асызбы?
시즈 마쉬나 아이다이 알라스즈브
당신은 자동차를 운전할 수 있습니까?

Ооба, мен машина **айдай алам.**
오-바   멘   마쉬나   아이다이 알람
네, 나는 자동차를 운전할 수 있습니다.

Ал кыргызча **ырдай алабы?**
알   크르그즈차   으르다이 알라브
그는 키르기즈어로 노래할 수 있습니까?

Албетте, Ал кыргызча ырларды абдан жакшы ырдайт.
알벹떼   알   크르그즈차   으르라르드   아브단   작쓰
으르다읻
물론, 그는 키르기즈 노래들을 매우 잘 부릅니다.

Сен компьютерди жакшы **колдоно аласыңбы?**
센   콤퓨테르디   작쓰   콜도노   알라승브
너는 컴퓨터를 잘 사용할 수 있니?

Мен компьютер боюнча адис болгондуктан жакшы **колдоно алам.**
멘   콤퓨테르   보윤차   아디스   볼곤둑탄
작쓰   콜도노   알람
나는 컴퓨터 전문가이기 때문에 잘 사용할 수 있습니다.

Сиз орусча **сүйлөй аласызбы?**
시즈 오루스차   쉬이뢰이   알라스즈브
당신은 러시아어를 말할 수 있습니까?

18. Сиз бул жерге эмне үчүн келдиңиз?
(당신은 이곳에 <u>왜</u> 왔습니까?)

[예제 1]

Алтын: Сиз бул жерге **эмне үчүн** келдиңиз?
시즈 불 제르게 <u>엠네</u> <u>위췬</u> 겔딩이즈
당신은 이곳에 <u>왜</u> 왔습니까?

Инсу: Мен Кыргызстанга **туризм боюнча** келдим.
멘 크르그즈스탄가 투리즘 <u>보윤차</u> 겔딤
나는 키르기즈에 관광<u>하러</u> 왔습니다.

* *Мен оку**ганы** келдим.*
멘 오꾸<u>가느</u> 겔딤
나는 공부<u>하러</u> 왔습니다.

* *Мен бизнес **боюнча** келдим.*
멘 비즈네스 <u>보윤차</u> 겔딤
나는 비즈니스<u>하러</u> 왔습니다.

* *Мен досторумду **көргөнү** келдим.*
멘 도스토룸두 쾨르쾨뉘 겔딤
나는 친구들을 보러(보기 <u>위해서</u>) 왔습니다.

Алтын: Сиз кайдан келдиңиз?
시즈 카이단 겔딩이즈
당신은 어디에서 왔습니까?

Инсу: Мен Кореядан келдим.
멘 코레야단 겔딤
나는 한국에서 왔습니다.

Алтын: Сиз качан келдиңиз.
시즈 가찬 겔딩이즈
당신은 언제 왔습니까?

Инсу: Мен келгениме эки жума болду.
멘 겔게님에 에끼 주마 볼두
나는 온지 2주 되었습니다.

[예제 2]

Алтын: Бишикекке **эмне учун** бардың?
비쉬켁케 **엠네 위췬** 바르둥
비쉬켁에 **왜** 갔니?

Инсу: Мен Бишикекке жумуш **боюнча** бардым.
멘 비쉬켁케 주무쉬 보윤차 바르듬
나는 비쉬켁에 일 **때문에** 갔습니다.

Алтын: Сиз **эмне учун** окуп жатасыз?
시즈 **엠네 위췬** 오꿉 자타스즈
당신은 **왜** 공부하고 있습니까?

Инсу: Мен тарыхка кызгам, ошондуктан окуйм.
멘 타르흐카 크즈감 오숀둑탄 오꾸임

나는 역사에 흥미가 있습니다. 그래서 공부합니다.

Алтын: **Ал эмне үчүн минтип айтты?**
алэмне위천민팁아이뜨
그는 왜 이렇게 말했습니까?

Инсу: Балким ал жакшы билбегендиктен минтип айткан окшойт.
발킴 알 작쓰 빌베겐딕텐 민팁 아이트칸 옥쇼일
아마도 그는 잘 몰랐기 때문에 이렇게 말한 것 같습니다.

Алтын: **Сиз эмне үчүн жашайсыз?**
시즈 엠네 위천 자샤이스즈
당신은 왜 사십니까?

Инсу: Мен бир **максат үчүн** жашайм.
멘 비르 막살 위천 자샤임
나는 어떤 목적을 위해서 삽니다.

Алтын: **Эмне үчүн** ачууланып жатасыз?
엠네 위천 아추-라늡 자타스즈
왜 화를 내십니까?

Инсу: Бир адам мени алдап койду.
비르 아담 메니 알답 코이두
어떤 사람이 나를 속였습니다.

19. Мен ооруп калгандыктан келе албадым.
(나는 아팠기 때문에 오지 못했습니다.)

[예제 1]

Адил: Сиз чогулушка эмне үчүн келген жоксуз?
시즈 초굴루쉬카 엠네 위췬 켈겐   족수즈
당신은 모임(회의)에 왜 오지 않았습니까?

Айда: Мен **ооруп калгандыктан** келе албадым.
멘   오-룹   칼간득탄   켈레 알바듬
나는 아팠기 때문에 오지 못했습니다.

Адил: Азыр ден соолугуңуз кандай?
아즈르 덴 솔-루궁우즈 칸다이
지금 건강은 어떻습니까?

Айда: Азыр бир аз жакшы болуп калды.
아즈르 비르 아즈 작쓰 볼룹   칼드
지금은 조금 나아졌습니다.

Адил: Кайсы жериңиз ооруп калды эле?
카이스 제링이즈 오-룹 칼드 엘레
어느 곳이 아팠습니까?

Айда: Эки күндөн бери менин башым катуу ооруп жатат.
에끼 귄됸 베리 메닌 바씀 카뚜 오-룹 자탇

-364-

이틀 전부터 (나의) 머리가 심하게 아픕니다.

Адил: **Дары ичтиңиз беле?**
다르 이치떵이즈 벨레
약은 먹었습니까?

Айда: **Жок, ичкен жокмун.**
족 이츠켄 족문
아니요, 먹지 않았습니다.

Адил: **Менде баш ооруга жакшы дары бар, ичип коюңуз.**
멘데 바쉬 오-루가 작쓰 다르 바르 이칩 코용우즈
나에게 좋은 두통 약이 있습니다. 드세요.

[예제 2]

Алтын: **Сиз эмне үчүн ыйладыңыз?**
시즈 엠네 위췬 으이라둥으즈
당신은 왜 울었습니까?

Мен жакын досум менен урушкандыктан ыйладым.
메닌 자큰 도숨 메넨 **우루쉬<u>칸득탄</u>**
으이라듬
나의 가까운 친구와 **싸웠<u>기</u> <u>때문에</u>** 울었습니다.

Сен эмне үчүн кечигип келдиң?
센 엠네 위췬 게치깁 겔딩

너는 왜 늦게 왔니?

Мен бүгүн кеч турдум. **Ошондуктан** эрте келе албадым.
멘   뷔귄   게츠 투르둠   오숀둑탄   에르테 겔레 알바듬
나는 오늘 늦게 일어났습니다. 그래서 일찍 오지 못했습니다.

Ал эмне үчүн чуркап кетти?
알 엠네   위췬   추르캅   겔띠
그는 왜 뛰어 갔습니까?

Ал атасы **чакыргандыктан** чуркап кетти.
알 아타스   차크르간득탄   추르캅   겔띠
그는 (그의) 아버지가 **불렀기 때문에** 뛰어 갔습니다.

Сиз эмне үчүн иштейсиз?
시즈 엠네   위췬   이쉬테이시즈
당신은 왜 일합니까?

Бул иш мага абдан **жаккандыктан** иштейм.
불   이쉬 마가   아브단   작칸득탄   이쉬테임
(나는) 이 일을 매우 **좋아하기 때문에** 일합니다.

Бүгүн тоого чыгабызбы?
뷔귄   토-고   츠가브즈브
(우리는) 오늘 산에 올라 갈까요

Бүгүн күн **ачык болгондуктан** чыксак жакшы болот.
뷔귄   귄   아측   볼곤둑탄   측삭   작쓰   볼롣
오늘은 날씨가 **맑기 때문에** 올라가면 좋을 것입니다.

20. Мен көргүм келгендиктен келдим.
(나는 보고 <u>싶었기</u> <u>때문에</u> 왔습니다.)

[예제 1]

Асыл: **Сен эмне үчүн келдиң?**
센 엠네 위췬 젤딩
너는 왜 왔니?

Кубан: **Мен көргүм келгендиктен келдим.**
멘 쾨르귐 겔겐딕텐 젤딤
나는 <u>보고</u> <u>싶었기</u> <u>때문에</u> 왔습니다.

Асыл: **Сен эмнени көргүң келди?**
센 엠네니 쾨르귐 젤디
너는 무엇이 보고 싶었니?

Кубан: **Мен Кыгызстандын тоолорун көргүм келди.**
멘 크르그즈스탄든 토-로룬 쾨르귐 젤디
나는 키르기즈스탄의 산들이 보고 싶었습니다.

Көп жыл сагынып жүрдүм.
쾹 즐 사그늡 쥐르듐
여러 해 동안 그리워 했습니다.

Бирок шартым болбой келе албай жүрдүм.
비록 샤르듬 볼보이 겔레 알바이 쥐르듐
그러나 (나의) 상황이 되지 않아서 오지 못하고 있었습니다.

Быйыл келгенге мүмкүнчүлүк болду.
브이을 젤겐게 뮴퀸췰뤽 볼두
올해 올 수 있게 되었습니다. (올 수 있는 여건이 됐습니다.)

Бүгүн келип тоолорду көрүп жатканыма абдан кубандым.
뷔귄 젤립 토-로르두 괴륍 자트카늠 아브단 쿠반듬
오늘 와서 산들을 보고 있어서 매우 기쁩니다.

Асыл: Чын эле жакшы келдиңиз.
        츤 엘레 작쓰 젤딩이즈
        정말로 잘 왔습니다.

[예제 2]

Асыл: Мен **эс алгым келгендиктен** тоого келдим.
        멘 에스 알금 **젤겐딕텐** 토-고 젤딤
        나는 쉬고 싶었기 때문에 산에 왔습니다.

Сен аны менен **жолуккуң келгендиктен** бардың.
쎈 아느 메넨 **졸룩꿍** **젤겐딕텐** 바르둥
너는 그(녀)와 만나고 싶었기 때문에 갔어.

Сиз жакшы музыканы **уккуңуз келгендиктен** концерткe келдиңиз.
시즈 작쓰 무즈카느 **욱꿍우즈** **젤겐딕텐**
콘쩨르트케 젤딩이즈

당신은 좋은 음악을 듣고 싶었기 때문에 음악회에 왔습니다.

Ал **ойногусу келгендиктен** стадионго кетти.
알 오이노구수 겔겐딕텐   스타디온고 겔띠
그는 놀고 싶었기 때문에 운동장에 갔습니다.

Мен Таласка **баргым келгендиктен** таксике отурдум.
멘   탈라스카   바르굼   겔겐딕텐   탁시케
오뚜르둠
나는 탈라스에 가고 싶었기 때문에 택시를 탔습니다.

Сен **уктагың келгендиктен** эрте үйгө келдиң.
센   욱타굴   겔겐딕텐   에르테 위괴 겔딩
너는 자고 싶었기 때문에 일찍 집에 왔어.

Сиз акча **алгыңыз келгендиктен** иштегенсиз.
시즈 악차 알굴으즈   겔겐딕텐   이쉬테겐시즈
당신은 돈을 벌고 싶었기 때문에 일했습니다.

Ал тамак **жегиси келгендиктен** ашканага келди.
알 타막 제기시   겔겐딕텐   아쉬카나가 겔디
그는 음식을 먹고 싶었기 때문에 식당에 왔습니다.

Мен **окугум келгендиктен** университетке кирдим.
멘   오꾸굼   겔겐딕텐   우니베르시텔케   키르딤
나는 공부하고 싶었기 때문에 대학에 들어갔습니다.

21. Мен үйгө баршым керек болгондуктан башка жакка кете албайм.

(나는 집에 가야(만) 하기 때문에 다른 곳에 갈 수 없습니다)

[예제 1]

Сагын: Мен үйгө **баршым керек болгондуктан** башка жакка кете албайм.
멘   위피   바르슘   케렉   볼곤둑탄   바쉬카
작카   케테   알바임
나는 집에 가야(만) 하기 때문에 다른 곳에 갈 수 없습니다.

Улан: Үйдө маанилүү иш барбы?
위되   마-닐뤼   이쉬 바르브
집에 중요한 일이 있습니까?

Сагын: Ооба, азыр айылдан ата-энем келиптир.
오-바   아즈르   아이을단   아타 에넴   켈립티르
네, 지금 마을(시골)에서 부모님이 오셨답니다.

Улан: Алар эмне үчүн келишти.
알라르 엠네   위췬   켈리쉬티
그분들은 왜 오셨습니까?

Сагын: Мен ата-энемди көрбөгөнүмө көп болду.
멘   아타 에넴디   괴르뵈괴뉘뫼   쾹   볼두
나는 부모님을 못 뵌지 오래 되었습니다.

Ошондуктан ата-энемди абдан сагындым,
오숀둑탄   아타 에넴디   아브단   사근듬
그래서 부모님이 매우 그립습니다.

Алар да мени сагынып кетсе керек.
알라드 다 메니   사그늡   곁세   케렉
그분들도 나를 보고 싶어 했을 것입니다.

Албетте, алар мени көргөнү келишти.
알볕때   알라르 메니 괴르괴뉘 겔리쉬티
당연히, 그분들은 나를 보기 위해서 오셨습니다.

[예제 2]

Сагын: Мен дары **ичишим керек болгондуктан** ичем.
         멘 다르   이치쉼   케렉   볼곤둑탄   이쳄
         나는 악을 먹<u>어야</u> <u>하기</u> <u>때문에</u> 먹습니다.

Абдан зарыл болбосо, ичким келбейт.
아브단 자를   볼보소   이츠킴 겔베일
정말로 필요한 것이 아니라면, 먹고 싶지 않습니다.

Сен **окушуң керек болгондуктан** окуп жатпайсыңбы?
센   오꾸슘   케렉   볼곤둑탄   오꿉 잩빠
이슝브
너는 공부해야<u>만</u> <u>하기</u> <u>때문에</u> 공부하고 있는 것이 아니야?

Сиз аны менен **жолугушуңуз керек болгондуктан** келбединиз беле?
시즈 아느 메넨 **죨루구슈우즈** **케렉** **볼곤둑탄**
겔베딩이즈 벨레
당신은 그와 만나야 하기 때문에 오지 않았습니까?

Ал китеп **бериши керек болгондуктан** китепканага барды.
알 기텝 **베리쉬** **케렉** **볼곤둑탄** 기텝
카나가 바르드
그는 책을 주어야만 하기 때문에 도서관에 갔습니다.

Биз **иштешибиз керек болгондуктан** жумушка чыктык.
비즈 **이쉬테쉬**비즈 **케렉** **볼곤둑탄** 주무쉬카
측뚝
우리는 일을 해야하기 때문에 회사에(일하러) 나갔습니다.

Мен **оңдошум керек болгондуктан** алып келдим.
멘 **옹도슘** **케렉** **볼곤둑탄** 알릅 겔딤
나는 고쳐야만 하기 때문에 가져 왔습니다.

Сен **окушуң керек болгондуктан** китептерди алып келбедиң беле?
센 **오꾸슌** **케렉** **볼곤둑탄** 키텝테르디
알릅 겔딩 벨레
너는 읽어야만 하기 때문에 책들을 가지고 오지 않았니?

22. Мен кыла алгандыктан кылдым.
(나는 <u>할 수 있었기 때문에</u> 했습니다.)

[예제 1]

Асыл: Сиз кантип кылдыңыз.
시즈 칸팁   클등으즈
당신은 어떻게 했습니까?

Кубан: Мен **кыла алгандыктан** кылдым.
멘 클라 알간득탄   클듬
(* Менин колумдан келгендиктен жасадым.)
  메닌   콜룸단   겔겐딕텐   자사듬
나는 <u>할 수 있(었)기</u> 때문에 했습니다.

Асыл: Сиз машина тууралуу окугансызбы?
시즈 마쉬나 투-랄루- 오꾸간스즈브
당신은 자동차에 관하여 공부했습니까?

Кубан: Ооба, мен машина оңдоо боюнча окуганмын,
오-바, 멘 마쉬나 옹도- 보윤차 오꾸간믄
네, 나는 자동차 정비에 관하여 공부했습니다.

жана Бишкектеги СТОдо 2 жыл иштедим.
자나 비쉬켁테기   스토도 에끼 즐 이쉬테딤
그리고 비쉬켁에 있는 자동차 정비소에서 2년 일했습니다.

Асыл: Оо, Сиз машина боюнча адис турбайсызбы?
오- 시즈 마쉬나 보윤차. 아디스 투르바이스즈브
오, 당신은 자동차 전문가가 아니십니까?(전문가 시네요.)

Менин машинамды да карап бере аласызбы?
메닌 마쉬남드 다 카랍 베레 알라스즈브
나의 자동차도 봐 줄 수 있습니까?

Кубан: Мейли! Качан карап берейин.
메일리 가찬 카랍 베레인
좋습니다! 언제 봐 줄 까요?

Асыл: Эртең ушул убакта болсо жакшы болот эле.
에르뗑 우술 우박타 볼소 작쓰 볼롯 엘레
내일 이 시간이면 좋을 것 같은데요.

[예제 2]

Асыл: Мен орусча **сүйлөй алгандыктан** аларга жардам бердим.
멘 오루스차 쉬이뢰이 **알간득탄** 알라르가
자르담 베르딤
나는 러시아 말을 할 수 있기 때문에 그들에게 도움을 주었습니다.

Сен акча **төлөй алгандыктан** макул болдуң.
센 악차 **뵐뢰이 알간득탄** 마쿨 볼둥
너는 돈을 낼(지불 할) 수 있기 때문에 찬성했어.

Сиз англисче китеп **окуй алгандыктан** бердим.
시즈 안글리스체　기텝　오꾸이 알간득탄　　　베르딤
당신은 영어 책을 읽을 수 있기 때문에 (나는) 주었습니다.

Ал машина **айдай алгандыктан** айдап кетти.
알　마쉬나　　아이다이 알간득탄　　아이답 껱띠
그는 자동차를 운전할 수 있기 때문에 운전해 갔습니다.

Биздин күчүбүз менен балдарбызга **кам көрө алгандыктан** бактылуубуз.
비즈딘　귀춰뷔즈　메넨　발다르브즈가　　캄　꾀뢰
알간득탄　　박틀루부즈
(우리는) 우리의 힘으로 아이들을 **돌볼 수 있어서** 행복합니다.

Мен **жакшы ырдай алгандыктан** ырдап бердим.
멘　작쓰　　으르다이 알간득탄　　으르답 베르딤
나는 **노래를 잘 할 수 있기** 때문에 노래를 불러 주었습니다.

Сен жакшы бийлей **алгандыктан** аларды үйрөттүң.
센　　작쓰　　빌레이　　알간득탄　　　알라르드
위뤨뜡
너는 **춤을 잘 출 수 있기** 때문에 그들을 가르쳤어.

Сиз жакшы иштей **алгандыктан** сизди жумушка алышты.
시즈　작쓰　　이쉬테이　　알간득탄　　　시즈디
주무쉬카 알르쉬뜨
당신은 **일을 잘하기** 때문에 (그들은) 당신을 고용했습니다.

23. Мен күн ысык болгондуктан сууга түштүм.
(나는 날씨가 덥기 **때문에** 물에 들어갔습니다.)

[예제 1]

Асыл: **Мен ысык болгондуктан сууга түштүм.**
멘 으슥 볼곤둑탄   수-가 튀쉬튐
나는 덥기 때문에 물에 들어 갔습니다.

Кубан: Быйыл күн абдан ысык экен.
브이올 퀸 아브단 으슥 에켄
금년은 날씨가 매우 덥습니다.

Асыл: Сиз дагы сүзгөндү жакшы көрөсүзбү?
시즈 다그 쉬즈괸뒤 작쓰   괴뢰쉬즈뷔
당신도 수영하는 것을 좋아 하십니까?

Кубан: Албетте, мен да жакшы көрөм.
알벧떼   멘 다 작쓰   괴룀
물론입니다, 나도 좋아 합니다.

Сиз каникул учурунда кайсы жакка барсыз?
시즈 카니쿨   우추룬다   카이스 작카   바르스즈
당신은 방학 때 어디에 가십니까?

Асыл: Мен жайкы каникулда Суусамыр жайлоосуна барам.
멘 자이끄 카니쿨다   수-사므르   자이로-수나   바람
나는 여름 방학 때 수사므르 목장에 갑니다.

Ал жерде менин чоң атам кой кайтарып жүрөт.
알 제르데   메닌   총   아탐 코이 카이타릅   쥐륄
그 곳에는 나의 할아버지께서 양들을 돌보고 계십니다.

Кубан: Жайында жайлоодо абдан салкын.
자이은다   자이로-도   아브단 살큰
여름에 목장에는 정말 시원합니다.

Асыл: Мен чыдамсыздык менен ошол күндү күтүп жатам.
멘   츠담스즈득   메넨   오솔 귄뒤 귀튑 자탐
나는 정말 기대하는 마음으로 그 날을 기다리고 있습니다.

[예제 2]

Асыл: Аба ырайы **жылуу болгондуктан** жакшы болду.
아바 으라이   **줄루-**   **볼곤둑탄**   작쓰 볼두
날씨가 **따뜻하기 때문에** 좋습니다.

Суу **муздак болгондуктан** сууга түшкүм келбей калды.
수   무즈닥   **볼곤둑탄**   수-가 튀쉬큄 겔베이 칼드
물이 **차기 때문에** 물에 들어가기 싫어 졌습니다.

Кино абдан **кайгылуу болгондуктан** ыйладым.
키노 아브단 **카이글루-**   **볼곤둑탄**   으이라듬
영화가 매우 **슬펐기 때문에** 울었습니다.

Тамак өтө **ачуу болгондуктан** ичим ооруп кетти.
타막   외뙤   아추- **볼꼰둑탄**   이침 오-룸   곁띠
음식이 매우 **맵기 때문에** (나의) 배가 아팠습니다.

Шамал **салкын болгондуктан** көңүлүм ачылып кетти.
샤말   살큰   **볼꼰둑탄**   꾕윌륌   아츨릅 곁띠
바람이 **시원하기 때문에** 기분이 좋아 졌습니다.

Бал муздак **таттуу болгондуктан** балдар жакшы көрөт.
발   무즈닥   타뚜-   **볼꼰둑탄**   발다르   작쓰 괴룉
아이스크림이 **달기 때문에** 아이들이 좋아 합니다.

Бул туннель абдан **узун** жана **караңгы болгондуктан** коркунучтуу.
불   투넬   아브단 **우준**   자나   **카랑그 볼꼰둑탄** 코르쿠누츠투-
이 터널은 매우 **길고 어둡기 때문에** 위험합니다.

Кыргызстандын тоолору абдан **кооз болгондуктан** көп адамдар көргөнү келишет.
크르그즈스탄든   토-로루   아브단 **코-즈 볼꼰둑탄** 꿉   아담다르   꾀르꾀뉘 겔리쉩
키르키즈의 산들은 매우 **아름답기 때문에** 많은 사람들이 보러 옵니다.

-378-

24. Мен сиз жөнүндө айтып койдум.
(나는 당신에 대해서 <u>말해 놓았습니다</u>.)

[예제 1]

Асыл: **Сиз Баткенге барганда кам санабаңыз.**
시즈 바트껜게   바르간다   캄   사나방으즈
당신은 바트켄에 갈 때(가면) 염려하지 마세요.

Мен сиз жөнүндө айтып койдум.
멘   시즈 죄뉜되   <u>아이튭   코이둠</u>
나는 당신에 대해서 <u>말해 놓았습니다</u>.

Милан: **Чоң рахмат! Кимге айтып койдунуз?**
총   라흐맡   킴게   <u>아이튭   코이둥우즈</u>
대단히 감사합니다! 누구에게 <u>말해 놓았습니까</u>?

Асыл: **Менин байкеме айтып койдум.**
메닌   바이께메   <u>아이튭   코이둠</u>
나의 형(오빠)에게 <u>말해 놓았습니다</u>.

Сиз барганда, ал сизди тосуп алат.
시즈 바르간다   알 시즈디   토숩   알랕
당신이 바트켄에 가면, 그는 당신을 마중하러 나올 것입니다.

Милан: **Байкеңиздин аты ким?**
바이껭이즈딘   아뜨   킴
(당신의) 오빠(형)의 이름은 무엇입니까?

Ал кайсы жерде иштейт жана кайсы жерден жолуксам болот?
알 카이스 제르데 이쉬테일   자나 카이스 제르덴
졸룩삼   볼롤
그는 어디에서 일합니까 그리고 어디에서 만나면 됩니까?

Асыл: Байкемдин аты Нулан, ал банкта иштейт.
바이껨딘   아뜨 눌란   알 방타   이쉬테일
오빠(형)의 이름은 눌란이고, 그는 은행에서 일합니다.

Сиз телефон чалсаңыз өзү чыгат.
시즈 텔레폰   찰상으즈   외쥐 츠갑
당신이 전화하면 그가(그 자신이) 나갈 것입니다.

[예제 2]

Асыл: Мен карызымды **төлөп койдум**.
멘   카르즘드   **뵐뢉**   **코이둠**
나는 (나의) 빚을 **갚아 주었습니다**. (갚았습니다.)

Сен алардын адресин **жазып кой**.
센   알라르든   아드레신   **자즙**   **코이**
너는 그들의 주소를 적어 놓아라.

Сиз конокторкелгиче бөлмөнү **тазалап коюңуз**.
시즈 코녹토르   겔기체   뵐뫼뉘   **타잘랍**   **코윳우즈**
당신은 손님들이 오기 전에 방을 **청소해 놓으세요**.

Ал бул тексттерди тез эле **которуп койду.**
알 불   텍스떼르디   테즈 엘레 **코토룹**   **코이두**
그는 이 본문들을 금방 번역해 놓았습니다.

Биз кечки тамакты калтырбай баарын **жеп койдук.**
비즈 게츠끼 타막트   칼트르바이 바-른   **젭**   **코이둑**
우리는 저녁 음식을 남기지 않고 모두 먹어 치웠습니다.

Мен каттарымды **жиберип койдум.**
멘   캍따름드   **지베립**   **코이둠**
나는 (나의) 편지들을 보냈습니다.

Сен менин апама **жардам берип койдуң.**
센   메닌 아빠마   자르담   **베립**   **코이둥**
너는 나의 어머니에게 도움을 주었어.

Сиз мага жаңы закон тууралуу **эскертип койдуңуз.**
시즈   마가   장으   자콘   투-랄루-   **에스케르팁**
코이둥우즈
당신은 나에게 새로운 법에 대하여 상기시켜 주었습니다.

Ал бир кап күрүчтү **сатып берип койду.**
알 비르 캅 귀뤼취튀 **사틉**   **베립**   **코이두**
그는 쌀 한 포대를 사 주었습니다.

Биз кылып жаткан бардык иштербизди **таштап койду.**
비즈 클릅   자트칸   바르득   이쉬테르비즈디   **타쉬탑**
코이두
우리는 하고 있던 모든 (우리의) 일들을 그만 두었습니다.

-381-

25. Сиз мага алдын ала айтып койсоңуз жакшы болмок.

(당신이 나에게 미리 말해 주면 좋을 텐데요.)

[예제 1]

Асыл: **Сиз мага алдын ала айтып койсоңуз жакшы болмок.**
시즈 마가 알든 알라 아이틥 코이송우즈 작쓰 볼목
당신이 나에게 미리 말해 주면 좋을 텐데요. (좋을 것 같습니다.)

Кубан: Албетте, эгерде планымда өзгөрүү болсо, сизге айтып коём.
알볘떼 에게르데 쁠라늠다 외즈괴뤼 볼소 시즈게 아이틥 코욤
물론입니다, 만약에 (나의) 계획에 변화가 있으면 당신에게 말하겠습니다.

Эгерде кокусунан башка жакка кете турган болсом, сөзсүз сизге телефон чалам.
에게르데 코쿠수난 바쉬카 작카 케테 투르간 볼솜 쇠스쉬즈 시즈게 텔레폰 찰람
만약에 갑자기 다른 곳으로 가게 되면, 반드시 당신에게 전화를 하겠습니다.

Сизге айтпай эч нерсе кылбайм, анткени мен бул жерге биринчи келдим.
시즈게 아읻빠이 에츠 네르세 클바임 안트케니 멘 불 제르게 비린치 겔딤
당신에게 말하지 않고는 아무것도 하지 않겠습니다,
왜냐하면 나는 이곳에 처음 왔기 때문입니다.

Асыл: **Чоң рахмат!**
충 라흐맡
대단히 감사합니다.

Мен дагы колуман келишинче сизге жардам берейин.
멘 다그 콜루만 겔리쉴체 시즈게 자르담 베리인
나도 할 수 있는 한 도와 드리겠습니다.

[예제 2]

Асыл: **Менин сумкаларымды азыр берип койсоңуз жакшы болмок.**
메닌 숨카라름드 아즈르 베립 코이송우즈 작쓰 볼목
나의 가방들을 지금 주시면 좋겠는데요.

Билеттин акчасын азыр төлөп койсоң жакшы болмок.
빌렢띤 악차슨 아즈르 뵐륍 코이송 작쓰 볼목
표 값을 지금 지불하시면 좋을 것 같습니다.

Ал ооруканага барып, врачка көрүнсө жакшы болмок.
알 오-루카나가 바릅 브라츠카 괴륀쇠 작쓰 볼목
그는 병원에서 가서, 의사에게 보이면 좋을 텐데.

Сиз биздин муктаждыктарыбыз тууралуу ага
айтып берсеңиз жакшы болмок.
시즈   비즈딘   묵타즈득타르브즈   투-랄루-   아가
아이**틉**   베르셍이즈   **좌쓰**   **볼목**
당신이 (우리의) 필요에 대하여 그에게 말해 주시면 좋을 텐데요.

Мени үйгө чейин **жеткирип койсоң жакшы
болмок**.
메니   위괴   체인   **제트키립**   **코이송**   **좌쓰**
볼목
(네가) 나를 집까지 바래다 주면 좋겠는데.

Мен аны менен **сүйлөшө ала турган болсом
жакшы болмок**.
멘   아느   메넨   **쉬이뢰쇠**   **알라**   **투르간**   **볼솜**
좌쓰   **볼목**
나는 그와 이야기 할 수 있으면 좋을 텐데.

Сен муну офиске **алып берсең жакшы болмок**.
셴   무누   오피스케   **알톱**   **베르셍**   **좌쓰**   **볼목**
네가 이것을 사무실에 갔다 주면 좋을 것 같은데.

Сиз эртең бул жөнүндө **эскертип койсоңуз
жакшы болмок**.
시즈   에르뗑   불   죄뉜되   **에스케르팁**   **코이숑우즈**
좌쓰   **볼목**
당신이 내일 이것에 관하여 상기 시켜 주시면 좋을 것 같습니다.

26. Эгерде сиз кааласаңыз мени менен чогуу барсаңыз болот.
(만약에 당신이 <u>원하시면</u> 나와 함께 <u>가셔도 됩니다</u>)

[예제 1]

Асыл: **Эгерде** сиз **кааласаңыз**, мени менен чогуу барсаңыз **болот**.
에게르데   시즈   칼-라샹으즈   메니   메넨   초구
바르샹으즈   **볼롯**
<u>만약</u>에 당신이 <u>원하시면</u> 나와 함께 가셔<u>도 됩니다</u>.

Кубан: Сиз кайда барам деп чыктыңыз?
시즈 카이다   바람   뎁   측뜽으즈
당신은 어디에 갈려고 나왔습니까?

Асыл: Мен үйлөнүү тойго барам деп чыктым.
멘   윌뢰뉘-   토이고   바람   뎁   측뜸
나는 결혼 잔치(결혼식)에 갈려고 나왔습니다.

Кубан: Ким үйлөнөт экен?
킴   윌뢰녈   에켄
누가 결혼 하는데요?

Асыл: Менин эң жакын досум Адилбай үйлөнөт.
메닌   엥 자큰   도숨   아딜바이   윌뢰녈
나의 가장 가까운 친구 아딜바이가 결혼합니다.

Кубан: Алар кайсы жерден той өткөрүшөт?
알라르 카이스 제르덴 토이 외뜨쾨뤼쉽
그들은 어디에서 잔치를 엽니까?

Кубан: Алар "Алмаз" деген кафеде өткөрүшөт.
알라르 알마즈 데겐 카페데 외뜨쾨뤼쉽
그들은 알마즈라고 하는 식당에서 (잔치를) 진행합니다.

Кубан: Саат канчада башталат экен?
사알 칸차다 바쉬탈랕 에켄
몇 시에 시작하는데요?

Кубан: Бүгүн кечки алтыда башталат.
뷔귄 게츠키 알뜨다 바쉬탈랕
오늘 저녁 6시부터 시작합니다.

[예제 2]

Асыл: **Эгерде** ачка **болсоң**, бул нанды **жесең болот**.
에게르데 아츠카 **볼송** 불 난드 **제셍 볼롵**
만약에 배가 고프면, 이 빵을 먹어도 돼.

Эгерде суусаган **болсоңуз**, суу ичиңиз.
에게르데 수-사간 **볼송우즈** 수- 이칭이즈
만약에 목이 마르시면, 물을 드세요.

Эгерде ата-энеңди сагынган **болсоң**, барып кел.
에게르데 아타 에넹디 사근간 **볼송** 바릅 겔

-386-

만약에 부모님이 그리우면, 갔다 와.

Эгерде жалган айткан **болсом**, менин бетим кызарып кетмек.
에게르데 잘간   아일칸 **볼솜**   메닌   베팀
크자릅   게트멕
만약에 거짓말을 했다면, 나의 얼굴이 붉어 졌을 것입니다.

Эгерде бүгүн суук **болсо**, үйдөн чыкпайм.
에게르데 뷔귄 수-욱 **볼소**   위이된 측빠임
만약에 오늘 추우면, 밖에 나가지 않을 것입니다.

Эгерде жакшы **иштесеңиз**, ал биротоло жумушка алат.
에게르데 작쓰   **이쉬테셍이즈**   알   비로톨로
주무쉬카 알랄
만약에 일 잘 하시면, 그는 완전히 직원으로 채용할 것입니다.

Эгерде бүгүн жамгыр **жааса**, иш болбой калат.
에게르데 뷔귄   잠그르   **자사**   이쉬 볼보이 칼랄
만약에 오늘 비가 오면, 일하지 못할 것입니다.

Эгерде апам **келсе**, үйгө дароо эле келем.
에게르데   아빰   **젤세**   위괴 다로- 엘레 겔렘
만약에 (나의) 엄마가 오면, 집에 바로 올 것입니다.

Эгер уктап **калсам**, мени ойготуп кой.
에게르 욱탑 **칼삼**   메니 오이고툽 코이
만약에 잠이 들면, 나를 깨워 줘.

27. Эгерде убактым бар болсо, кыргызча үйрөнгүм келет.
(만약에 시간이 있으면 키르기즈어를 배우고 싶습니다)

[예제 1]

Асыл: **Эгерде убактым бар болсо, кыргызча үйрөнгүм келет.**
에게르데 우박틈 바르 볼소 크르그즈차 위이뤈 쿰 켈렡
만약에 시간이 있으면, 키르기즈어를 배우고 싶습니다.

Кубан: Азыр убактыңыз жокпу?
아즈르 우박뜽으즈 족뿌
지금 (당신의) 시간이 없으세요?

Асыл: Менин кичинекей үч балам бар.
메닌 키치네케이 위취 발람 바르
(나는) 나의 작은 세 아이들이 있습니다.

Ошондуктан таптакыр бош убактым жок.
오숀둑탄 탑타크르 보쉬 우박뜸 족
그래서 전혀 여유 시간이 없습니다.

Балким, үч жылдан кийин бошонуп калсам керек.
발킴 위취 즐단 기이인 보쇼눕 칼삼 케렉
아마도, 3년 후에는 자유롭게 될 것입니다.

Балдарым кичине чоңойгондон кийин кыргызча үйрөнөм.
발다름   키치네   총오이곤돈   기이인   크르그즈차
위뢰넘
아이들을 조금 키운 다음에 키르기즈어를 공부할 것입니다.

Кубан: Туура, менин аялым дагы бала багып, кыргызча жакшы үйрөнө албай жатат.
투라   메닌   아얄름   다그 발라   바급   크르그즈차
작쓰   위이뢰뇌   알바이   자탙
맞아요, 나의 아내도 아이들 때문에 키르기즈어를 잘 배우지 못하고 있습니다.

Асыл: Бирок кичинеден кичинеден үйрөнүп жатам.
비록   끼치네덴   끼치네덴   위뢰넙   자탐
그러나 조금씩 조금씩 배우고 있습니다.

[예제 2]

Асыл: **Эгерде** ден-соолук **бар болсо**, жаңыдан **иштегим келет.**
에게르데   덴   솔룩   바르   **불소**   장으단
이쉬테김   **겔렡**
만악에 (내가) 건강하다면, 새롭게 일하고 싶습니다.

Эгерде акчам **болсо**, жаңы бут кийимди **сатып алгым келет.**
에게르데   악참   **불소**   장으   불   기이임디   **사틉**
알금   **겔렡**
만악에 (나는) 돈이 있으면, 새 신발을 사고 싶습니다.

Эгерде аба-ырайы **жакшы** бол**со**, пикникке **чыккым келет.**
에게르데   아바 으라이으   작쓰   볼소   피크닉케
측큼   젤렙
만약에 날씨가 좋으면, (나는) 소풍을 가고 싶습니다.

Эгерде сиздин мүмкүнчүлүгүңүз бол**со**, эмнени **кылгыңыз келет?**
에게르데   시즈딘   뮴퀸철뤼궁위즈   볼소   엠네니
클긍으즈   젤렙
만약에 당신에게 가능성이 있다면, 무엇을 하고 싶습니까?

Эгерде сенин убактың **бар** бол**со**, эмне **кылгың келет?**
에게르데   세닌   우박뜽   바르   볼소   엠네
클긍   젤렙
만약에 너는 시간이 있으면, 무엇을 하고 싶니?

Эгерде акчаң бол**со**, эмнени **алгың келет?**
에게르데   악창   볼소   엠네니   알궁   젤렙
만약에 (너는) 돈이 있으면, 무엇을 하고 싶니?

Эгерде балдарың **бар** бол**со**, аларга эмнени **бергиң келет.**
에게르데   발다릉   바르   볼소   알라르가   엠네니
베르깅   젤렙
만약에 (너는 너의) 아이들이 있으면, 그들에게 무엇을 주고 싶니?

Эгерде менде күч **бар** бол**со**, андай **кылгым келбейт.**
에게르데   멘데   퀴춰   바르   볼소   안다이   클긍
젤베일
만약 나에게 힘이 있다면, 그렇게 하고 싶지 않습니다.

28. Эгер ал келбесе, биз бара албайбыз.
(만약 그가 오지 않으면 우리는 갈 수 없습니다.)

[예제 1]

Асыл: **Эгер** ал **келбесе**, биз **бара албайбыз**.
에게르 알 켈베세 비즈 바라 알바이브즈
만약 그가 오지 않으면, 우리는 갈 수 없습니다.

Кубан: Эмне үчүн? Ал ким?
엠네 위췬 알 킴
왜요? 그가 누군데요?

Асыл: Бара турган жолду ал гана билет.
바라 투르간 졸두 알 가나 빌렡
가는 길을 그만 알고 있습니다.

Ал Мирлан, андан башка бизден эч ким барган жок.
알 미를란 안단 바쉬카 비즈덴 에츠 킴 바르간 족
그는 밀란이고, 그 외에는 아무도 가지 않았었습니다.

Былтыр Мирлан гана барып келди.
블트르 미를란 가나 바릅 겔디
작년에 밀란만 갔다 왔습니다.

Ошондуктан ал келгиче күтүп турушубуз керек.
오숀둑탄 알 겔기체 귀툽 투루슈부즈 케렉

그렇기 때문에 (우리는) 그가 올 때 까지 기다려야만 합니다.

Кубан: Айла жок турбайбы!
아일라 족 투르바이브
방법이 없네요!

Асыл: Ошондой, аны күтүүдөн башка эч нерсе кыла албайбыз го.
오숀도이 아느 귀뛰-된 바쉬카 에츠 네르세 클라
알바이브즈 고
그래요, 그를 기다리는 것 외에는 아무것도 할 수 없겠지요.

Кубан: Эч нерсе эмес, азыр келсе керек.
에츠 네르세 에메스 아즐   겔세   케렉
괜찮아요, 지금 (바로) 올 거예요.

[예제 2]

Асыл: **Эгерде** жамгыр **жаабаса**, түшүм жакшы болбойт.
에게르데 잠그르 자.바사 튀쉼 작쓰 볼보일
만약에 비가 오지 않으면, 좋은 수확을 거둘 수 없습니다.

Эгер сиз бул ишти **таштабасаңыз**, үй-бүлөңүз бактылуу боло **албайт**.
에게르 시즈 볼   이쉬티 타쉬타바상으즈   위이뷜룅위즈
박틀루   볼로   알바일
만약 당신은 이 일을 그만두지 않으면, (당신의) 가족은 행복할 수 없습니다.

-392-

Сен **окубасаң**, жакшы баа менен **бүтүрө албайсың**.
셴 오꾸바상 작쓰 바- 메넨 뷔뛰뢰 알바이승
너는 공부하지 않으면, 좋은 점수로 끝낼 수 없어.

Ал дайыма **эскертип бербесе**, бул ишти **аткара албайт**.
알 다이음마 에스케르팁 베르베세 불 이쉬티 아트카라 알바일
그는 항상 상기 시켜주지 않으면, 이 일을 수행할 수 없습니다.

Сиз **чакырбасаңыз**, ал **келе албайт**.
시즈 차크르바상으즈 알 겔레 알바일
당신이 초청하지 않으면, 그는 올 수 없습니다.

Сен **кубанбасаң**, үйдөгүлөр **кубана албайт**.
셴 쿠반바상 위되귀뢰르 쿠바나 알바일
네가 기뻐하지 않으면, 가족이 기뻐할 수 없어.

Мен биринчи **кылбасам**, эч ким **кылбайт**.
멘 비린치 킅바삼 에츠 킴 킅바일
내가 먼저 하지 않으면, 아무도 하지 않을 것입니다.

Сиз тамак **жебесеңиз**, калгандар да жей **албайт**.
시즈 타막 제베셍이즈 칼간다르 다 제이 알바일
당신이 음식을 먹지 않으면, 나머지도 먹을 수 없습니다.

Сиз ыраазы **болбосоңуз**, башкалар да ыраазы **болбойт**.
시즈 으라-즈 볼보송우즈 바쉬카라르 다 으라-즈 볼보일
당신이 감사(만족)하지 않으면, 다른 사람들도 감사하지 않습니다.

29. Сен өзүң иштеп көргөндө билесиң.
(네가 직접 <u>일해 볼 때 알</u> 거야.)

[예제 1]

Асыл: Сен өзүң **иштеп көргөндө** билесиң.
센 외정 이쉬텝 피르괸되 빌레싱
네가 직접 <u>일해 볼 때</u> 알 거야.

* *Сен өзүң иштеп көргөндө гана билесиң.*
센 외정 이쉬텝 피르괸되 가나 빌레싱
네가 직접 일해 볼 때 비로소 알 거야.

* *Сен өзүң иштеп көргөндө гана билип каласың.*
센 외정 이쉬텝 피르괸되 가나 빌립 칼라승
네가 직접 일해 볼 때 비로소 알게 될 거야.

* *Сен өзүң иштеп көргөндө гана түшүнө аласың.*
센 외정 이쉬텝 피르괸되 가나 튀쉬뇌 알라승
네가 직접 일해 볼 때 비로소 이해할 수 있을 거야.

Иштеп нан табыш оңой деп ойлоп жатасыңбы?
이쉬텝 난 타브쉬 옹오이 뎁 오이롭 자타승브
일해서 빵을 얻는 것이 쉽다고 생각하는 거니?

Кубан: Жок, андай мааниде айткан жокмун.
족 안다이 마-니데 아이트칸 족문
아니예요, 그런 의미로 말하지 않았어요.

Жөн эле, мен азырынча иштеп көрө элек болгондуктан, көп ойлонбой айттым.
죈 엘레 멘 아즈른차 이쉬텝 괴뢰 엘렉
볼곤둑탄 쾹 오이론보이 아이뜸
그냥, 나는 아직까지는 일해 보지 않았기 때문에, 많이 생각하지 않고 말했습니다.

Асыл: **Кечирип койчу.**
게치립 코이추
용서해 줘.

Кубан: Мен да үнүмдү көтөргөндүктөн сизден кечирим сурайм.
멘 다 위늼뒤 괴퇴르괸뒥퇸 시즈덴 게치림 수라임
나도 목소리를 높였기 때문에 당신에게 용서를 구합니다.

[예제 2]

Асыл: Мен жакшы **окуганда** жакшы сүйлөй алам.
멘 작쓰 **오꾸간다** 작쓰 쉬이뢰이 알람
나는 잘(열심히) 공부 **할 때** 잘 말할 수 있습니다.

Сен **иштегенде** ден-соолугуң да жакшы болот.
센 이쉬테**겐**데 덴 솔-루궁 다 작쓰 볼롵
너는 **일할 때** (너의) 건강도 좋아 질 거야.

Сиз **сүйлөшкөндө** ар бир адамдын оюн биле аласыз.
시즈 쉬이뢰쉬푄되 아르 비르 아담든 오윤 빌레
알라스즈
당신은 이야기 **할 때** 각 사람의 생각을 알 수 있을 것입니다.

Сен **жегенде** гана тамактын даамын билесиң.
셴   제겐데   가나   타막튼   다-믄   빌레싱
너는 **먹을 때** 비로서 음식의 맛을 알 거야.

Ал **кеткенде** айтып берем.
알   게트켄데   아이틉   베렘
그가 **가면** 말해 주겠습니다.

Мен **кубанганда** иштерим да ийгиликтүү болот.
멘   쿠반간다   이쉬테림   다   이길릭뛰-   볼롵
내가 **기뻐 할 때** (나의) 일들도 성공(형통) 합니다.

Мен **ыйлаганда** балдарым да кошо ыйлайт.
멘   으이라간다   발다름   다   코쇼   으이라일
내가 **울 때** (나의) 아이들도 함께 웁니다.

Сен **уктаганда** гана эс ала аласың.
셴   욱타간다   가나   에스 알라 알라슝
너는 **잠 잘 때** 만 쉴 수 있을 거야.

Сиз барып **көргөндө** кандай кооз экенин билесиз.
시즈 바릅   꼬르꼰되   칸다이   코.즈 에케닌   빌레시즈
당신은 가서 **볼 때** 얼마나 아름다운지 알 것입니다.

Сен **тил алчаак болгондо** ата-энең кубанат.
셴   틸   알착-   볼곤도   아타 에넹   쿠바낱
너는 **순종할 때** (너의) 부모님이 기뻐할 것입니다.

Мен жакшы сөз **айтканда** жакшы сөз угам.
멘   작쓰   쇠즈   아이트칸다   작쓰   쇠즈 우감
나는 좋은 **말을 할 때** 좋은 말을 듣습니다.

30. Сиз үйгө баргыңыз келгенде мага айтып коюңуз.
(당신은 집에 **가고 싶을 때** 나에게 말해 주세요.)

[예제 1]

Кубан: Сиз үйгө **баргыңыз келгенде** мага айтып коюңуз.
시즈 위괴 바르긍으즈 겔겐데 마가 아이틉 코용우즈
당신은 집에 가고 싶을 때 나에게 말해 주세요.

Мен сизди үйгө чейин жеткирип коёюн.
멘 시즈디 위괴 체인 제트키립 코요윤
나는 당신을 집까지 바래다 주겠습니다.

Милан: Чоң рахмат!
총 라흐맡
대단히 감사합니다.

Бирок, азыр баргым келбейт,
비록 아즈르 바르금 겔베잍
그러나 지금은 가고 싶지 않습니다.

баргым келгенде сизге айтам.
바르금 겔겐데 시즈게 아이탐
가고 싶을 때 당신에게 말하겠습니다.

Кубан: Сиз эртең кечки тамакка да келе аласызбы?
시즈 에르텡 게츠키 타막카 다 겔레 알라스즈브
당신은 내일 저녁 식사에도 올 수 있습니까?

-397-

Менин балдарым сизди абдан жакшы көрүшөт.
메넌   발다름   시즈디 아브단 작쓰   괴뤼쉴
나의 아이들이 당신을 매우 좋아 합니다.

Асыл: Албетте, убактым бар болсо, дайыма келгим келет.
알벹떼   우박틈   바르 볼소   다이으마   겔김
겔렡
물론입니다, (나의) 시간이 있으면, 항상 오고 싶습니다.

Сиздин үй-бүлөңүз мага абдан жагат.
시즈딘   위이 뷜뤙위즈   마가   아브단   자같
(나는) 당신의 가족이 매우 좋습니다. (마음에 듭니다.)

[예제 2]

Асыл: Мен **уктагым келгенде** жакшы уктай албайм.
멘   육타금   겔겐데   작쓰   육타이 알바임
나는 자고 싶을 때 잘 잘 수 없습니다.

Мен **эс алгым келгенде** токойго барып эс алам.
멘   에스 알금   겔겐데   토코이고 바릅   에스 알람
나는 쉬고 싶을 때 숲에 가서 쉽니다.

Сен мени менен **сүйлөшкүң келгенде** мени чакыргын.
센   메니   메넨   쉬이뢰쉬껑   겔겐데   메니
차크르근
너는 나와 이야기하고 싶을 때 나를 불러.

Сиз китеп **окугуңуз келгенде** бул жердеги
китептерди окусаңыз болот.
시즈 기텝   오꾸궁우즈   젤겐데   불   제르데기
기텝테르디   오꾸상으즈   볼롵
당신은 책을 읽고 싶을 때 이곳에 있는 책들을 읽으시면 됩니다.

Биз кино **көргүбүз келгенде** тиги бөлмөдөн
көрсөк болот.
비즈   키노   쾨르귀뷔즈   젤겐데   티기   뵐뫼된
쾨르쇡   볼롵
우리는 영화를 보고 싶을 때 저 방에서 보면 됩니다.

Мен **ойногум келгенде** досторум менен стади-
онго барам.
멘   오이노굼   젤겐데   도스토룸   메넨   스타디
온고   바람
나는 놀고 싶을 때 (나의) 친구들과 함께 운동장에 갑니다.

Сен жайлоого **баргың келгенде** дайыма
атаңдыкына барасың да.
셴   자일로고   바르궁   젤겐데   다이으마
아탕드카나   바라승   다
너는 목장에 가고 싶을 때 항상 (너의) 아버지의 목장에 가지.

Сиз аны менен **жолуккуңуз келгенде** мага
айтып коюңуз.
시즈   아느   메넨   졸룩꿍우즈   젤겐데   마가
아이틉   코용우즈
당신은 그와 만나고 싶을 때 나에게 말해 주세요.

31. Сен иштешиң керек болгондо
мага келесиң.
(너는 <u>일해야만 될(할)</u> 때 나를 찾아 오세요.)

[예제 1]

Кубан: **Сен иштешиң керек болгондо** мага келесиң.
센 이쉬테쉰   케렉 볼곤도   마가 겔레싱
너는 <u>일해야만 될 때</u> 나를 찾아 와.

Анткени сенин эмгекчил адам экениңди билем.
안트케니 센   엠겍칠   아담   에케닝디   빌렘
왜냐하면 네가 근면한 사람인 것을 알기 때문이야.

Мирлан: Мен азыр Талас мамлекеттик университетинде төртүнчү курста окуп жатам.
멘   아즈르 탈라스 마믈레케틱   우니베르시테틴데
퇴르퇸취   쿠르스타 오꿉 자탐
나는 지금 탈라스 국립대학에서 4학년에 재학 중입니다.

Мен кыргыз тили жана адабияты адистигинде окуйм.
멘   크르그즈 틸리   자나   아다비얕트   아디스티긴데
오꾸임
나는 키르기즈어와 문학을 공부합니다.

Эгер окууну бүтсөм, сизге барайын.
에게르 오꾸-누 뷛쇰   시즈게 바라이은
만약 공부를 마치면, 당신에게 가겠습니다.

-400-

Кубан: Жакшы, анда бир жылдан кийин көрөбүз.
    작쓰   안다   비르 즐단   기인   괴뢰뷔즈
    좋아요, 그러면 (우리는) 일년 후에 봅시다.

Эгерде бир нерсе керек болсо, мага кайрылсаң болот.
에게르데 비르 네르세 케렉 볼소 마가 카이를상 볼롯
만약에 무엇이 필요하면, 나에게 연락해도 됩니다.

Мирлан: Чоң рахмат.
    총   라흐맡
    대단히 감사합니다.

[예제 2]

Асыл: Мен машина айдашым керек болгондо атамдан сурайм.
    멘   마쉬나   아이다쉼   케렉   볼곤도   아탐단
    수라임
    나는 자동차를 운전해야만 될 때 (나의) 아버지에게 요청합니다.

Сен акча которушуң керек болгондо бул банктан которосуң.
센   악차   코토루슝   케렉   볼곤도   불
방탄   코토루숭
너는 (돈을) 송금해야만 될(할) 때 이 은행에서 송금해

-401-

Сиз бир нерсе **сатып алышыңыз керек болгондо** бул магазинге келиңиз.
시즈 비르 네르세 사뜹 알르쓩으즈 **케렉 볼곤도** 불 마가진게 겔링이즈
당신은 무엇을 사<u>야만</u> 될(할) 때 이 가게에 오세요.

Мен китеп **окушум керек болгондо** китепканага барам.
멘 기텝 오꾸슘 **케렉 볼곤도** 기텝카나가 바람
나는 독서를 해<u>야만</u> 할(될) 때 도서관에 갑니다.

Сен машина **оңдошуң керек болгондо** бул СТОго келесиң.
센 마쉬나 옹도슘 **케렉 볼곤도** 불 스토고 겔레싱
너는 자동차를 고쳐<u>야만</u> 될(할) 때 이 정비소에 와.

Сиз компьютер **колдонушуңуз керек болгондо** офиске келсеңиз болот.
시즈 콤퓨테르 콜도누슘우즈 **케렉 볼곤도** 오피케 겔셍이즈 볼롣
당신은 컴퓨터를 사용해<u>만</u> 될(할) 때 사무실에 오셔도 됩니다.

Мен жаңылык **угушум керек болгондо** радиодон угам.
멘 장을륵 우구슘 **케렉 볼곤도** 리디오돈 우감
나는 뉴스를 들어<u>야만</u> 할 때 라디오로 듣습니다.

Сен телевизор **көрүшүң керек болгондо** тиги бөлмөдөгү телевизорду көрсөң болот.
센 텔레비조르 괴뤼셩 **케렉 볼곤도** 티기 뵐뫼되귀 텔레비조르두 괴르쇵 볼롣
너는 텔레비전을 봐<u>야만</u> 될(할) 때 저 방에 있는 텔레비전을 보면 돼.

32. Эртең күн ачылса экен.
(내일 날씨가 <u>맑으면 좋을 텐데</u>.)

[예제 1]

Кубан: Эртең күн **ачылса экен.**
에르뗑 퀸 아츨사 에껜
내일 날씨가 **맑은면 좋을** 텐데. (좋겠습니다.)

Эртең экскурсияга чыкканда кандай сонун болор эле!
에르뗑 엑스쿠르시야가 측간다 칸다이 소눈 볼로르 엘레
내일 소풍(여행) 갈 때 얼마나 좋을까요!

Милан: Мен телевизордон эртең күн ачылат деп уктум.
멘 텔레비조르돈 에르뗑 퀸 아츨랃 뎁 욱뚬
나는 텔레비전에서 내일 날씨가 맑을(개일) 거라고 들었습니다.

Бүгүн кечке чейин жамгыр жаап, түндө токтойт деди.
뷔귄 게츠케 체인 잠그르 자압 튄되 톡토읻 데디
오늘 늦게까지 비가 내리고, 밤에 멈출 거라고 했습니다.

Эртең эрте менен болсо, бардыгы таптаза болот.
에르뗑 에르테 메넨 볼소 바르드그 탑타자 볼롣
내일 아침에는 모든 것이 정말 깨끗하게 될 것입니다.

Кубан: Ошондой болсо, кандай сонун!
오숀도이 볼소 칸다이 소눈

그렇게 된다면 얼마나 좋을까요!

Жей турган тамактардын баары даярбы?
제이 투르간 타막타르든   바-르 다야르브
먹을 음식들은 다 준비됐어요?

Милан: Албетте, баары даяр.
알벹떼   바-르 다야르
물론입니다, 모두 준비됐습니다.

Кубан: Машинаны болсо, мен айдап келем.
마쉬나느 볼소 멘 아이답 젤렘
자동차는 내가 운전해 오겠습니다.

[예제 2]

Асыл: Сенин үй-бүлөң бактылуу бол<u>со</u> <u>экен</u>.
세닌   위이 뷜뤙   박틀루-   볼소   에첸
너의 가족이 행복하면 좋을 텐데. (좋겠습니다.)

Сиздин иштериңиз ийгиликтүү бол<u>со</u> <u>экен</u>.
시즈딘   이쉬테링이즈 이기릭뜌-   볼소   에첸
당신의 일들이 성공(형통)<u>하면</u> 좋을 텐데.

Мен быйыл Ошко бар<u>сам</u> <u>экен</u>.
멘   브이을   오쉬코 바르삼   에첸
나는 올해 오쉬에 가<u>면</u> <u>좋을</u> 텐데.

-404-

Эмки жылы болсо **окууга өтсөң экен**.
엠키 즐르 볼소 오꾸가 өт쐉 에껜
내년에는 (네가) 입학 시험에 통과하면 좋을 텐데.

Сиз бул ишканада **иштеп кетсеңиз экен**.
시즈 불 이쉬카나다 이쉬텝 켙셍이즈 에껜
당신은 이 회사에서 일하면 좋을 텐데.

Ал биротоло Кореядан **кайтып келсе экен**.
알 비로톨로 코레야단 카이틉 켈세 에껜
그는 완전히 한국에서 돌아 오면 좋을 텐데.

Биз баарыбыз Бишкектен **жумуш тапсак экен**.
비즈 바-르브즈 비쉬켁텐 주무쉬 탑삭 에껜
우리 모두는 비쉬켁에서 일을 찾을 수 있으면 좋을 텐데.

Кышында **жылуу болсо экен**.
크쉰다 즐루- 볼소 에껜
겨울에 따뜻하면 좋을 텐데

Быйыл кыйналбай **суугарса экен**.
브이을 크이날바이 수-가르사 에껜
올해는 힘들지 않게 물을 대면 좋을 텐데.

Апамдын **ден-соолук жакшы болсо экен**.
아빰든 덴 솔-룩 작쓰 볼소 에껜
어머니의 건강이 좋으면 좋을 텐데.

33. Бул ишти бүтүрө албаганда ким жардам берди?
(이 일을 끝낼 수 없을 때 누가 도와 주었니?)

[예제 1]

Кубан: **Бул ишти бүтүрө албаганда ким жардам берди?**
불   이쉬티 뷔튀뢰   알바간다   킴   자르담   베르디
이 일을 끝낼 수 없을 때 누가 도와 주었니?

Бирөө жардам берген окшойт.
비뢰   자르담   베르겐   옥쇼일
누가(어떤 사람이) 도와 준 것 같은데.

Мирлан: **Улан мага жардам берди.**
울란   마가   자르담   베르디
울란이 나에게 도움을 주었습니다.

Ал менин эң жакын досум,
알   메닌   엥   자큰   도숨
그는 나의 가장 가까운 친구입니다.

Сүрөт тартуу боюнча анын чеберчилиги абдан мыкты!
쉬룉   타르투.   보윤차   아늬   체베르칠리기   아브단
믁트
그는 미술에 관한한 그의 기술(실력)은 정말로 **훌륭합니다**.

Кубан: Бул узун дубалга кооз жаратылыштын көрүнү-
шүн тарттыңар, мага абдан жакты.
불 우준 두발가   코-즈 자라틀르쉬튼   괴뤼뉘
쉰   타르뚱아르   마가   아브단 작뜨
(너희들은) 이 긴 벽에 아름다운 자연을 그렸군요, 정말로
나의 마음에 듭니다.

Мирлан: Уландын жардамы абдан чоң!
울란튼   자르다므   아브단   총
울란의 도움이 매우 큽니다.

Кубан: Уланга да рахмат деп айтып кой.
울란가   다 라흐맡   뎁   아이틉 코이
울란에게도 고맙다고 말해 줘.

[예제 2]

Асыл: Бул орусча катты **окуй албаганда** ким окуп берди.
불   오루스차 깥뜨   오꾸이 알바간다   킴 오꿉 베르디
이 러시아어 편지를 읽지 못할 때 누가 도와 주었습니까?

Сен бул жүктөрдү **көтөрө албаганда** ким жардам
берди?
셴   불   쥑퇴르뒤   쾨퇴뢰 알바간다   킴   자르담
베르디
너는 이 짐들을 들지 못할 때 누가 도와 줬니?

Сиз ден-соолукка байланыштуу **иштей**
албаганда кантип үй-бүлөңүздү багасыз?
시즈   덴   솔-룩카   바이라느쉬뚜   이쉬테이
알바간다   칸팁   위이뷜룅위즈뒤   바가스즈

-407-

당신은 건강상으로 **일하지 못 할 때** 어떻게 가족을 돌 볼 것입니까?

Ал контрактты **төлөй албаганда** ким жардам бере алат?
알   칸트락트   **툘료이**   **알바간다**   킴   자르담
베레   알랕
그가 등록금을 내**지 못 할 때** 누가 도와 줄 수 있습니까?

Биз кыргызча **которо албаганда** бирөөлөрдүн жардамы керек.
비즈   크르그즈차   **코토로**   **알바간다**   비뢰-뢰르뒨
자르다므   케렉
우리는 키르기즈어를 **통역(번역)할 수 없을 때** 누구의 도움이 필요합니다.

Баш ооруудан **айыкпаганда** өзүм абдан кыйналам.
바쉬   오-루-단   **아익빠간다**   외쥠   아브단
크이날람
투통이 낮**지 않으면** 나는 정말 힘듭니다.

Сен **кубана албаганда** ден-соолук кетет.
셴   **쿠바나**   **알바간다**   덴   솔-룩   게텥
네가 기뻐**하지 못 할 때** 건강을 잃게 돼.

Сиз башкаларды **кечире албаганда** көп проблеманы туудурасыз.
시즈   바쉬카라르드   **케치레**   **알바간다**   쾹
프로블레마느   투-두라스즈
당신은 다른 사람들을 용서**하지 못 할 때** 많은 문제를 일으킵니다.

-408-

34. Балдарың үчүн арак **ичпесең экен**.
(너의 아이들을 위해서 술을 <u>마시지</u> <u>않으면</u> <u>좋을</u> <u>텐데</u>)

[예제 1]

Кубан: Балдарың үчүн арак **ичпесең экен**.
          발다릉   위췬   아락   이츠**페셍** **에켄**
          (너의) 아이들을 위해서 술을 마시지 <u>않으면</u> <u>좋을</u> <u>텐데</u>.

          Мен арак ичкенди жаман көрөм,
          멘   아락   이츠켄디   자만   괴룀
          나는 술 마시는 것을 안좋아 합니다.

          анткени көп учурда арак ичкендер ишенимден чыгат.
          안트케니   쾹   우추르다   아락   이츠켄데르   이세님덴
          츠갇
          왜냐하면 많은 경우에 술 마시는 사람들은 신실하지 못합니다.

Мирлан: Мен да ичким келбейт.
          멘   다   이츠킴   겔베일
          나도 마시고 싶지 않습니다.

          Бирок, катуу стресс болгондо өзүм да билбей арак ичем.
          비록   카뚜- 스트레쓰 볼곤도   외쥠   다   빌베이
          아락 이쳄
          그러나, 심한 스트레스가 있으면 나도 모르게 술을 마십니다.

Кубан: Шылтоо айтпаңыз.
슐토- 아이빵으즈
핑계 되지 마세요.

Бардык адамдарда стресс бар.
바르득   아담다르다   스트레스 바르
모든 사람들에게 스트레스가 있습니다.

Бирок арак ичип мас болбойт.
비록   아락 이칩   마스 볼보일
그러나 술을 마시고 술 주정하지 않습니다.

Мирлан: Туура, мен алсыздыгымды мойнума алам.
투-라   멘   알스즈드금드   모이눔아   알람
맞습니다, 나는 (나의) 연약함을 인정합니다.

[예제 2]

Асыл: Мен жумуштан **чыгарылбасам экен**.
멘   주무쉬탄   츠가륩바삼   에첸
나는 회사에서 **쫓겨 나지 않으면 좋을 텐데**.

Сен коридордон **чуркабасаң экен**.
셴   카리도르돈   추르카바상   에첸
네가 복도에서 **뛰지 않으면 좋겠는데**.

Сиз ал тууралуу **айтпасаңыз экен**.
시즈 알 투-랄루-   아일빠상으즈   에첸
당신이 그에 관하여 **말하지 않으면 좋을 텐데**.

Ал бүгүн **келбесе** экен.
알 뷔귄 겔베세 에첸
그가 오늘 오지 않으면 좋을 텐데.

Мен айып *(штраф)* **төлөбөсөм** экен.
멘 아입 쉬트라프 퇼뢰뵈쇰 에첸
나는 벌금을 내지 않으면 좋을 텐데.

Мен бүгүн мугалим менен **жолукпасам** экен.
멘 뷔귄 무갈림 메넨 줄룩빠삼 에첸
나는 오늘 선생님과 만나지 않으면 좋을 텐데.

Сен бүгүн башка жакка кетпей, үйгө туура **барсаң** экен.
센 뷔귄 바쉬카 작카 겔뻬이 위꾀 투-라
바르상 에첸
너는 오늘 다른 곳에 가지 않고, 집에 바로 가면 좋을 텐데.

Сиз мени **үйрөтпөсөңүз** экен.
시즈 메니 위뢰뵈쵱위즈 에첸
당신은 나를 가르치려고 하지 않은면 좋을 텐데.

Ал балдар менен **урушпаса** экен.
알 발다르 메넨 우루쉬빠사 에첸
그는 아이들과 싸우지 않으면 좋을 텐데.

Биз жолдон **адашып кетпесек** экен.
비즈 졸돈 아다슙 겔빼섹 에첸
우리는 길을 잃어버리지 않으면 좋을 텐데.

35. Мен абдан чарчасам да, жумушка барышым керек.
(나는 아무리 피곤해도, 회사에 가야만 합니다.)

[예제 1]

Кубан: Мен абдан **чарча<u>сам</u> да**, жумушка **бары<u>шым</u> керек**.
멘 아브단 차르차삼 다 주무쉬카 바르쓤 케렉
나는 아무리 피곤<u>해도</u>, 회사에 가<u>야만</u> <u>합니다</u>.

Кечээ эжемдин баласынын үйлөнүү тою болду,
게체 에젬딘 발라스는 위이뢰뉴- 토유 볼두
어제 누님의 아들의 결혼식이 있었습니다.

ошондуктан кечээ кечке чейин кафеде отурдук.
오숀둑탄 게체 게츠케 체인 카페데 오뚜르둑
그래서 어제 늦게까지 식당에 있었습니다.

Бирок бүгүн жумушта маанилүү бир иш бар.
비록 뷔귄 주무쉬타 마닐뤼- 비르 이쉬 바르
그러나 오늘 회사에 중요한 어떤 일이 있습니다.

Ошол себептен **чарча<u>сам</u> да**, жумушка **бар<u>шым</u> керек**.
오숄 세벱텐 차르차삼 다 주무쉬카 바르쓤 케렉
그와 같은 이유 때문에 피곤<u>해도</u>, 회사에 가<u>야만</u> <u>합니다</u>.

Асыл: Бүгүн эс алсаңыз жакшы болмок.
뷔귄 에스 알상으즈 작쓰 볼목
오늘 쉬시면 좋을 텐데요.

Иш дагы мааанилүү, бирок ден соолук андан да манилүү!
이쉬 다그 마-닐뤼- 비록 덴 솔-룩 안단 다 마-닐뤼-
일도 중요합니다, 그러나 건강은 그보다 더 중요합니다.

Кубан: Мен үчүн ойлонуп жатканыңызга чоң рахмат!
멘 위췬 오이로눕 자트카능으즈가 총 라흐맡
저를 생각해 주셔서 대단히 감사합니다!

[예제 2]

Асыл: Мен **акчам жок бол<u>со</u> да**, окуганга умтулам.
멘 악참 족 **볼<u>소</u> 다** 오꾸간가 움툴람
나는 **돈이 없<u>어도</u>**, 공부하기 위해서 노력합니다.

Сен **ыйласаң да**, болбойт.
센 **으이라상 다** 볼보일
네가 **울<u>어도</u>** 안돼.

Сиз **бербесеңиз да**, эч нерсе эмес.
시즈 **베르베셍이즈 다** 에츠 네르세 에메스
당신이 **주<u>지</u> 않<u>아도</u>**, 괜찮습니다.

Ал **чурка<u>са</u> да**, өз убагына келе албайт.
알 **추르카<u>사</u>** **<u>다</u>** 외즈 우바그나 겔레 알바일
그는 **뛰<u>어도</u>**, 제 시간에 올 수 없습니다.

Биз чогуу **бар<u>сак</u> да**, уруксат бербейт.
비즈 초구- **바르<u>삭</u>** **<u>다</u>** 우룩샅 베르베일
우리가 함께 **가<u>도</u>**, 허락하지 않을 것입니다.

Мен **оору<u>сам</u> да**, **оору<u>басам</u> да**, дайыма китеп окуйм.
멘 **오-루<u>삼</u>** **<u>다</u>** **오-루<u>바삼</u>** **<u>다</u>** 다이으마 기텝 오꾸임
나는 **아파<u>도</u>**, **아프<u>지</u> <u>않아도</u>**, 항상 책을 읽습니다.

Сага **жакпай кал<u>са</u> да**, бул иш болсо кылышың керек.
사가 **작<u>빠</u>이** **칼<u>사</u>** **<u>다</u>** 불 이쉬 볼소 클르쑹 케렉
네 마음에 **들<u>지</u> <u>않아도</u>**, 이 일은 해야만 해.

Сен **каала<u>саң</u> да**, ага бара албайсың.
센 **칼-라<u>상</u>** **<u>다</u>** 아가 바라 알바이승
네가 **원<u>해도</u>**, 그에게 갈 수 없어.

Ал үйдөн **эс ал<u>са</u> да**, калыбына келе албады.
알 위이된 **에스 알<u>사</u>** **<u>다</u>** 칼르브나 겔레 알바드
그는 집에서 **쉬<u>어도</u>**, 회복하지 못했습니다.

36. Мен канчалылк аракет кылсам да, максатыма жете албайм.
(나는 아무리 노력해도, 나의 목적에 도달할 수 없습니다)

[예제 1]

Кубан: Мен **канчалылк** аракет **кылсам да**, максатыма **жете албайм**.
멘   칸찰륵   아라켇   클삼   다   막사트마
제테 알바임
나는 <u>아무리</u> 노력<u>해도</u>, (나의) 목적에 <u>도달할 수 없습니다</u>.

Анткени өзүм майып болгондуктан,
안트케니 외쥠   마입   볼곤둑탄
왜냐하면 내가 장애인이기 때문에,

канча жолу, канча деген ишканага барсам да,
칸차 졸루, 칸차 데겐 이쉬카나가 바르삼 다
몇 번이나, 수 많은 회사에 갔지만,

бир жолу да, мени кабыл алган жок.
비르 졸루 다 메니 카븰 알간 족
한 번도, 나를 받아 주지 않았습니다.

Эч ким мага иштегенге мүмкүнчүлүк берген жок.
에츠 킴 마가 이쉬테겐게 뮴퀸철뤽   베르겐 족
아무도 나에게 일하도록 기회를 주지 않았습니다.

Асыл: Мен майыптарга атайын жумуш бере турган адамды тааныйм.
멘   마이타르가   아타이은   주무쉬   베레   투르간
아담드   타-느임
나는 장애인들에게 특별히 일을 주는 사람을 압니다.

Сен эмне тууралуу окугансың?
셴   엠네   투-랄루-   오꾸간승
너는 무엇에 관해 공부했니? (너는 무엇을 전공했니?)

Кубан: Мен тарых боюнча окуганмын, жана компьютерди да колдоно алам.
멘   타르흐   보윤차   오꾸간믄   자나   콤퓨테르디
다   콜도노   알람
나는 역사를 전공했습니다, 그리고 컴퓨터도 사용할 줄 압니다.

[예제 2]

Асыл: Мен канчалык сагынып кетсем да, жериме бара албайм.
멘   칸찰특   사그늡   곁셈   다   제리메
바라   알바임
나는 아무리 그리워 해도, 나의 고향(땅)에 갈 수 없습니다.

Сен канчалык окусаң да, беш ала албайсың.
셴   칸찰특   오꾸상   다   베쉬   알라   알바이승
너는 아무리 공부해도, 5점을 받을 수 없어.

Сиз канчалык иштеп берсеңиз да, эч ким билбейт.
시즈   칸찰특   이쉬텝   베르셍이즈   다   에츠 킴
빌베일

-416-

당신은 <u>아무리</u> <u>일해</u> <u>주어도</u>, 아무도 알지 못합니다.

Ал көчөлөрдү **канчалык** тазаласа **да**, кайра кир болот.
알 괴최뢰르뒤 **칸찰득** 타잘라사 다 카이라 키르 볼롵
그는 거리(들)를 <u>아무리</u> <u>청소해도</u>, 다시 더러워 집니다.

Биз **канчалык** айтсак **да**, ал бизди укпайт.
비즈 **칸찰득** 아잍삭 다 알 비즈디 욱빠읻
우리가 <u>아무리</u> 말해도, 그는 우리를 듣지 않습니다.

Мен **канчалык** ыйласам **да**, эч кандай өзгөрүү жок.
멘 **칸찰득** 으이라삼 다 에츠 칸다이 외즈괴뤼-족
내가 <u>아무리</u> <u>울어도</u>, 그 어떤 변화도 없습니다.

Сен **канчалык** кыйкырсаң **да**, эч ким сага көңүл бурбайт.
센 **칸찰득** 크이크르샹 다 에츠 킴 사가
굉윌 부르바읻
네가 <u>아무리</u> 부르짖<u>어도</u>, 아무도 너에게 관심을 가지지 않아.

Сиз **канчалык** сагынсаңыз **да**, апаңызга бара албайсыз.
시즈 **칸찰득** 사근샹으즈 다 아빵으즈가 바라
알바이스즈
당신은 <u>아무리</u> 그리워도, (당신의) 어머니에게 갈수 없습니다.

37. Мен эс алгым келсе да, чыдашым керек.
(나는 <u>쉬고 싶어도</u>, <u>참아야만 합니다</u>.)

[예제 1]

Кубан: **Мен эс ал<u>гы</u>м кел<u>се</u> да, чыда<u>шы</u>м <u>керек</u>.**
멘 에스 알금 젤세 다 츠다쓈   케렉
나는 쉬<u>고</u> 싶어<u>도</u>, 참아<u>야만</u> 합니다.

Анткени эртең сынак(экзамен) бар.
안트케니 에르땡 스낙   엑자멘   바르
왜냐하면 내일 시험이 있기 때문입니다.

Мен жакшы даярданган жокмун.
멘   작쓰   다야르단간   족문
나는 잘 준비하지 못했습니다.

Асыл: Бир күн катуу окуп жакшы баа алам деп жүрөсүңбү?
비르 귄 카뚜 오꾭 작쓰 바- 알람 뎁
쥐뢰성뷔
하루 열심히 공부해서 좋은 점수를 얻을 것 같니?

Сабак учурунда жакшы даярданып,
사박   우추룬다   작쓰   다야르다늡
수업 시간에 잘 준비하고,

-418-

активдүүлүк менен катышып жүрсөң, экзамен учурунда кыйналбайсың.
악팁뒤-뤽   메넨   카트쑵   쥐르쉥   엑자멘
우추룬다   크이날바이승
적극적으로 참여하면, 시험 기간에 힘들지 않을 거야.

Кубан: Туура, мен ойногонду жакшы көрдүм, мен жалкоо болчумун.
투-라,   멘   오이노곤두   작쓰   쾨르딤   멘
잘코-   볼추문
맞아, 나는 노는 것을 좋아 했어요, 나는 게으름쟁이 입니다.

Асыл: Азыр да кеч эмес, ар бир сабакта ишенимдүү болуу абдан маанилүү.
아즈르 다 게츠 에메스 아르 비르 사박타 이셰님뒤-
볼루   아브단 마-닐뤼-
지금도 늦지 않았어요, 모든 수업에 성실한 것은 매우 중요합니다.

[예제 2]

Асыл: Мен бар**гым** кел**се да**, бар**а** ал**байм**.
멘   바르귬   겔세   다   바라   알바임
나는 가고 싶어도, 갈 수 없습니다.

Сен укта**гың** кел**се да**, уктай албай жатасың.
센   욱타긍   겔세   다   욱타이 알바이   자타승
너는 자고 싶어도, 자지 못하고 있어.

Сиз уулуңузду көр**гүңүз** кел**се да**, көр**ө** ал**байсыз**.
시즈   울-룽우즈두   쾨르귕위즈   겔세   다   쾨뢰
알바이스즈

당신은 (당신의) 아들을 보고 싶어도, 보지 못합니다.

Ал бул ишти бирөөгө **тапшыр<u>гы</u>сы кел<u>се</u> <u>да</u>**, тапшыра албай жүрөт.
알 불 이쉬티 비뢰-괴 탑쓰르그스   곌세   다
탑쓰라   알바이 쥐륄
그는 이 일을 아무에게 **맡기고** 싶어도, 맡기지 못하고 있습니다.

Биз тоодо кал<u>гы</u>быз кел<u>се</u> да, кал<u>а</u> ал<u>ба</u>йбыз.
비즈 토-도   칼그브즈   곌세   다 칼라   알바이브즈
우리는 산에 남고 싶어도, 남지 못합니다.

Мен англисче оку<u>гу</u>м кел<u>се</u> <u>да</u>, убактым жоктугунан оку<u>й</u> ал<u>ба</u>йм.
멘 안글리스체 오꾸굼 곌세 다 우박틈
족투구난   오꾸이 알바임
나는 영어를 공부<u>하고</u> 싶어도, 시간이 없어서 공부<u>하지</u> <u>못합니다</u>.

Сен Оштон кет<u>ки</u>ң кел<u>се</u> <u>да</u>, кеткен жоксуң.
센   오쉬톤   게트킹   곌세   다 게트켄 족승
너는 오쉬에서 떠나고 싶어도, 떠나지 못했어.

Сиз тамак же<u>ги</u>ңиз кел<u>се</u> <u>да</u>, жебеңиз.
시즈 타막   제깅이즈   곌세   다 제벵이즈
당신은 음식을 먹고 싶어도, 먹지 마세요.

Ал агасы менен жолук<u>ку</u>су кел<u>се</u> <u>да</u>, жолуг<u>а</u> ал<u>ба</u>йт.
알 아가스 메넨   졸룩꾸수   곌세 다 졸루가
알바임
그는 형과 만나고 싶어도, 만날 수 없습니다.

38. Ал (али) келе элек.
(그는 아직 오지 않았어요.)

[예제 1]

Кубан: **Ал (али) келе элек.**
알 알리 젤레 엘렉
그는 아직 오지 않았어요.

Асыл: **Эмне үчүн келе элек?**
엠네 위췬 젤레 엘렉
왜 아직 오지 않았습니까?

Кубан: Балким, келе жатканда жолдон адашып калган окшойт.
발킴, 젤레 자트칸다 졸돈 아다쓉 칼간 옥쇼일
아마도, 오다가 길을 잃어버린 것 같습니다.

Асыл: Анын телефон номерин ким билет?
아는 텔레폰 노메린 킴 빌렡
그의 전화 번호를 누가 압니까?

Саат канчага чейин келем деди эле?
사앝 칸차가 체인 젤렘 데디 엘레
몇 시까지 온다고 했습니까?

Кубан: Анын телефон номери 0555 – 344576.
아는 텔리폰 노메리 놀베쉬쥐즈엘뤼베쉬 – 오투즈툐틑, 크륵베쉬, 제티미쉬알뜨

-421-

그의 전화번호는 영오백오십오 - 삼십사, 사십오, 칠십 육 입니다.

Ал саат үчкө чейин келем деди.
알 사알 위츠쾨 체인 겔렘 데디
그는 세시까지 온다고 했습니다.

Асыл: Азыр саат канча болду?
아즈르 사알 칸차 볼두
지금 몇 시 입니까?

Кубан: Азыр үчтөн 25 мүнөт өттү.
아즈르 위츠뙨 즈이르마 베쉬 뮈늴 외뛰
지금 세시 25(이십 오)분 입니다.

[예제 2]

Асыл: Мен (али) ишти баштай элекмин.
멘 알리 이쉬티 바쉬타이 엘렉민
나는 아직 (나의) 일을 시작하지 않았습니다.

Сен (али) үйдөн чыга элексиңби?
센 알리 위된 츠가 엘렉싱비
너는 아직 집에서 나오지 않았니?

Сиз (али) уктай элексизби?
시즈 알리 욱타이 엘렉시즈비
당신은 아직 잠들지 않았습니까?

-422-

Ал штраф төлөй элек.
알 쉬트라프 툘로이 엘렉
그는 아직 벌금을 내지 않았습니다.

Биз окуй элекпиз.
비즈 오꾸이 엘렉삐즈
우리는 아직 공부를 시작하지 않았습니다.

Мен али үйгө кире элекмин.
멘 알리 위이괴 키레 엘렉민
나는 아직 집에 들어가지 않았습니다.

Сен али түшүнө элексиңби?
센 알리 뒤쉬뇌 엘렉싱비
너는 아직 이해하지 못했니?

Сиз бул кинону али көрө элексизби?
시즈 불 키노누 알리 피뢰 엘렉시즈비
당신은 이 영화를 아직 보지 않았습니까?

Ал үй-тапшырмаларды али тапшыра элек.
알 위이 탑쓰르마라르드 알리 탑쓰라 엘렉
그는 숙제들을 아직 제출하지 않았습니다.

Биз Бишкекке бара элекпиз.
비즈 비쉬켁케 바라 엘렉삐즈
우리는 아직 비쉬켁에 가지 않았습니다.

39. Мен айтайын.
(내가 <u>말 할 게요</u>.)

[예제 1]

Кубан: **Бул жомок тууралуу ким айта алат?**
불 조목 투-랄루- 킴 아이타 알랍
이 이야기에 관하여 누가 말할 수 있습니까?

Эмне жөнүндө жазылгандыгын,
엠네 죄뷘되 자즐간드근
(너희들은) 무엇에 관하여 썼는지,

бул жомоктогу каармандар кимдер экендигин айтып бергиле.
불 조목토구 카-르만다르 킴데르 에켄디긴
아이톱 베르길레
이 이야기에 나오는 인물들은 누구인지 말해 주겠니.

Асыл: **Мен айт<u>ы</u>н.**
멘 아이타<u>이</u>은
내가(제가) <u>말 할 게요</u>.

Акырындык менен айт<u>ып</u> берейин.
아크른득 메넨 이이툽 베레<u>인</u>
천천히 <u>말해</u> <u>주겠습니다</u>.

Жомоктун аты " түлкү менен суур".
조목툰 아뜨 튈꿔 메넨 수-르

-424-

이야기의 제목(이름)은 "여우와 마멋" 입니다.

Түлкү жаман адамдын мүнөзүн, ал эми
뛸뀨   자만   아담든   뮈뇌쥔   알 에미
여우는 나쁜 사람의 인격(성격)을, 그리고

суур болсо, жакшы адамдын мүнөзүн чагылдырат.
수-르 볼소   작쓰   아담든   뮈뇌쥔   차글드랃
마멋은 좋은 사람의 인격(성격)을 나타내 줍니다.

Жомоктун аягында суурга дайыма жамандык кылган түлкү дыйкандын колуна түшөт.
조목툰   아야근다   수-르가 다이으마   자만득
클간 뛸뀨 드이칸든   콜루나 뛰쉩
이야기의 끝에서 마멋에게 항상 나쁜 일을 하는 여우는 농부에게 잡힙니다.

[예제 2]

Асыл: Мен сага **айтып берейинби?**
         멘   사가   **아이틉**   **베레인비**
         나는 너에게 **말해 줄까요?**

         Биз милицияга **баралык.**
         비즈 밀리찌야가   **바랄특**
         우리는 경찰서에 **가지요.**

         Мен телевизор **көрөйүнчү.**
         멘   텔레비조르   **괴뢰윈취**

-425-

나는 텔레비전을 보겠습니다.

Биз офиске барып көрөлүк.
비즈 오피스케 바릅 쾨뢰뤽
우리는 사무실에 가 봅시다.

Мен өзүм жолугуп көрөйүн.
멘 외쥠 졸루굽 쾨뢰윈
나는 혼자 만나 보겠습니다.

Биз семинарга катышып көрөлүк.
비즈 세미나르가 카트숩 쾨뢰뤽
우리는 세미나에 참석해 봅시다.

Мен контрактты төлөп коёюн.
멘 칸트락트 퇼룁 코요윤
나는 등록금을 내겠습니다.

Биз суусундук ичелик.
비즈 수-순둑 이체릭
우리는 음료수를 마십시다.

Мен сумкаңызды алып берейин.
멘 숨캉으스드 알릅 베레인
나는 (당신의) 가방을 들어다 주겠습니다.

Биз ырдайлык.
비즈 으르다이륵
우리는 노래합시다.

40. Сен бүгүн үйгө эрте келгин.
(너는 오늘 집에 일찍 와.)

[예제 1]

Кубан: **Сен бүгүн үйгө эрте келгин.**
센 뷰귄 위үө 에르테 <u>겔긴</u>
너는 오늘 집에 일찍 <u>와</u>.

Бүгүн конокгор келишет.
뷰귄 코녹토로 겔리쉘
오늘 손님들이 올 거야.

Эрте келип мага жардам бергин.
에르테 겔립 마가 자르담 <u>베르긴</u>
일찍 와서 나에게 도움을 <u>줘</u>.

Асыл: **Ооба, сабак бүтөр менен келем.**
오-바 사박 뷰퇴르 메넨 겔렘
네, 수업을 마치자 마자 오겠습니다.

Акыркы сабак саат экиде бүтөт.
아크르크 사박 사앝 에끼데 뷰퇼
마지막 수업은 두시에 마칩니다.

Кубан: **Азыр Бишкектен беш адам келе жатат.**
아즈르 비쉬켁텐 베쉬 아담 겔레 자탙
지금 비쉬켁에서 다섯 사람이 오고 있습니다.

Балким, кечки саат алтыда жетип калыш керек.
발킴   게츠키 사알   알뜨다   겔립 칼르쉬 케렉
아마도, 저녁 여섯 시에 도착 할 거야.

Биз чогуу кечки тамакты даярдайбыз.
비즈 초구- 게츠키 타막트   다야르다이브즈
우리는 함께 저녁을 준비합시다.

Асыл: Макул! Кантип жардам берейин?
        마쿨   칸팁   자르담   베레인
        좋습니다! 어떻게 도와 드릴까요?

        Айтсаңыз, айтканыңызды жасап берейин.
        아일샹으즈   아일카능으즈드   자삽   베레인
        말씀하세요, 말씀하신 것을 하겠습니다.

[예제 2]

Асыл: Сен азыр базарга **баргын**.
        센   아즈르 바자르가 **바르근**
        너는 지금 시장에 **가**.

        Сиз түшкө чейин бул ишти **бүтүрүнүз**.
        시즈 튀쉬쾨 체인   불 이쉬티 **뷔튀뤙위즈**
        당신은 점심 때 까지 이 일을 **끝내세요**.

        Сен бул жерден **чыгып кет**.
        센   불   제르덴 **츠급   곋**

너는 이곳에서 떠나 버려.

Сиз офиске эртең менен тогузга чейин келиңиз.
시즈   오피스케   에르뗑   메넨   토구즈가   체인   껠렁이즈
당신은 사무실에 아침 아홉시까지 오세요.

Силер мектепке тез баргыла.
실레르   멕텝케   테즈 바르글라
너희들은 빨리 학교에 가(거라).

Сиздер жаңы ырды ырдап бериңиздер.
시즈데르   장으   으르드   으르답   베렁이즈데르
당신들은 새 노래를 불러 주세요.

Сен тынч отур.
센   튼츠   오뚜르
너는 조용하게 앉아.

Сиз газетаны окуп бериңиз.
시즈   가제타느   오꿉   베렁이즈
당신은 신문을 읽어 주세요.

Силер тамак жегиле.
실레르   타막   제길레
너희들은 음식을 먹어(라).

Сиздер мага жардам бериңиздер.
시즈데르   마가   자르담   베렁이즈데르
당신들은 나에게 도움을 주세요.

41. Сиздин үйүңүз Ош базарынан алыспы?
(당신의 집은 오쉬 시장보다 멉니까?)

[예제 1]

Кубан: **Сиздин үйүңүз Ош базарынан алыспы?**
시즈딘 위웡위즈 오쉬 바자르난 알르스쁘
당신의 집은 오쉬 시장보다 더 멉니까?

Асыл: **Менин үйүм Ош базарынан алыс.**
메닌 위윔 오쉬 바자르난 알르스
나의 집은 오쉬 시장보다 멉니다.

Автобус менен жыйырма мүнөттө барыш керек.
압토부스 메넨 즈이르마 뮈뇔뙤 바르쓰 케렉
버스로 이십 분 정도 가야 합니다.

Кубан: **Сиздин үйүңүз этаждабы же жер үйбү?**
시즈딘 위웡위즈 에타쉬타브 제 제르 위뷔
당신의 집은 아파트입니까 아니면 땅집(단독 주택)입니까?

Асыл: **Менин үйүм - жер үй.**
메닌 위윔 제르 위이
나의 집은 주택입니다.

Мен жер үйдү жакшы көрөм.
멘 제르 위이뒤 작쓰 괴룀
나는 주택을 좋아 합니다.

Өзгөчө огородго жашылчаларды эккенди жакшы көрөм.
외즈괴최   아가론고   자슬차라르드   엑켄디   작쓰
괴룀
특별히 텃밭에서 야채를 심는 것을 좋아 합니다.

Асыл: Мен квартирада жашайм.
멘   크바르티라다   자샤임
나는 아파트에서 삽니다.

Мен үй-айбандарын жакшы көрөм, бирок аларды бага албайм.
멘   위 아이반다른   작쓰   괴룀   비록   알라르드
바가 알바임
나는 가축들을 좋아합니다, 그러나 그들을 기를 수 없습니다.

[예제 2]

Асыл: Сенин мектебиң **почтадан арыбы же бериби**?
세닌   멕테빙   뽀츠타단   아르브   제 베리비
당신의 학교는 우체국<u>보다</u> <u>멉니까</u> 아니면 <u>가깝습니까</u>?

Мен **сенден алыста** жашайм.
멘   <u>센덴</u>   <u>알르스타</u>   자샤임
나는 너<u>보다</u> <u>먼</u> 곳에서 삽니다.

Сен **андан жакын жерде** иштейсиңби?
센   안단   자큰   제르데   이쉬테이싱비
너는 <u>그보다</u> <u>가까운</u> 곳에서 일합니까?

-431-

Сиздин боюуңуз **Кубандан** чоңураакпы?
시즈딘   보유우즈   쿠반단   총우락쁘
당신의 키는 쿠반보다 더 큽니까?

Бул карандаш тиги **ручкадан** узунбу?
불   카란다쉬   티기 루츠카단   우준부
이 연필은 저 볼펜보다 깁니까?

Бул жыгач **тиги жыгачка караганда** кыскабы?
불   즈가츠 티기 즈가츠카   카라간다   크스카브
이 나무는 저 나무에 비하면 짧습니까?

Менин талаам сенин **талааңдан кенен** жана чоң.
메닌   탈람   세닌   탈랑단   케넨   자나 총
나의 논밭은 너의 논밭보다 넓고 큽니다.

Сары машина кызыл **машинадан кымбат** турат.
사르   마쉬나   크즐   마쉬나단   큼밭   투랍
노란 차는 빨간 차보다 비쌉니다.

Радио болсо, **телевизордон** арзан.
라디오 볼소   텔레비조르돈   아르잔
라디오는 텔레비전보다 쌉니다.

Бул үйгө **караганда** тиги үй кичинерээк.
불   위괴   카라간다   티기 위이 끼치네렉
이 집에 비해서 저 집은 더 작습니다.

42. Мындан ары сиз менен сүйлөшпөйм.
(이제부터는 당신과 이야기 하지 않겠습니다.)

[예제 1]

Кубан: **Мындан ары** сиз менен сүйлөшпөйм.
믄단   아르 시즈 메넨   쉬이뢰쉬쁴임
이제부터는 당신과 이야기 하지 않겠습니다.

Анткени сиз башкаларга мени жамандадыңыз.
안트케니   시즈 바쉬카라르가   메니   자만다듕으즈
왜냐하면 당신은 다른 사람한테 나를 나쁘게 말했습니다.

Эмне үчүн болбогон нерсени айткансыз.
엠네   위췬 볼보곤   네르세니   아아트칸스즈
왜 있지도 않은 일을 말했습니까?

Асыл: Жок, мен антип айткан жокмун.
족,   멘   안팁   아이트칸 족문
아니오, 나는 그렇게 말한적이 없습니다.

Мен жөн эле сиздин бөлмөңүздөгү китеп,
멘   쥔 엘레 시즈딘   뵐뭥위즈되기   기텝
나는 그냥 당신의 방에 있는 책이,

Мирландыкы менен окшош деп гана айттым.
미를란드끄   메넨   옥쇼슈 뎁 가나 아이뜸
밀란의 것과 같다고만 말했습니다.

Муну уккандар Мирландын китебин Кубан уурдады деп айтып жүргөн окшойт.
무누   욱깐다르   미를란든   키테빈   쿠반
우-르다드   뎁   아이틉   쥐르건   옥쇼일
이것을 들은 사람들이 밀란의 책을 쿠반이 훔쳤다고 말하고 다닌 것 같습니다.

Кандай болбосун, кечирип коюуңуз.
칸다이   볼보순   게치립   코유우즈
어떻게 됐던, 죄송합니다. (*용서해 주세요, 미안합니다.)

Мен мындай болот деп ойлонгон да жокмун.
멘   믄다이   볼롯   뎁   오이론곤   다   족문
나는 이렇게 될 거라고는 생각도 못했습니다.

[예제 2]

Асыл: **Мындан ары** эч качан бул жерге келбейм.
        <u>믄단</u>   <u>아르</u>   에츠 가찬   불   제르게   겔베임
        (나는) <u>이제부터</u> 결코 이곳에 오지 않을 것입니다.

Мындан ары мен тууралуу эч кимге айтпайсың.
믄단   아르   멘   투-랄루-   에츠 킴게   아일빠이슝
(너는) 이제부터 나에 관해 누구(아무)에게도 말하지 마.

Мындан ары бул жерде иштебейсиз.
믄단   아르   불   제르데   이쉬테베이시즈
(당신은) 이제부터는 여기에서 일하지 말하세요.

Ал мындан ары жаман иш кылбайм деди.
알 믄단 아르 자만 이쉬 킐바임 데디
그는 이제부터 나쁜 일을 하지 않겠다고 했습니다.

Биз мындан ары жалган айтпайбыз.
비즈 믄단 아르 잘간 아일빠이브즈
우리는 이제부터 거짓말을 하지 맙시다.

Силер мындан ары кайгырбайсыңар.
씰레르 믄단 아르 카이그르바이승아르
너희들은 이제부터 슬프하지 말아라.

Сиздер мындан ары кубаныңыздар.
시즈데르 믄단 아르 쿠바늉으즈다르
당신들은 이제부터 기뻐하세요.

Алар мындан ары сабакты калтырбайт.
알라르 믄단 아르 사박트 칼트르바잍
그들은 이제부터 수업을 빠르지 않을 것입니다.

Азырдан баштап, көңүлүбүздү көтөрөбүз.
아즈르단 바쉬탑 꾕윌뤼뷔즈뒤 괴퇴뢰뷔즈
지금부터 시작해서, (우리의) 기분을 즐겁게 합시다.

Сен андан ары кетпейсиң.
센 안단 아르 곌뻬이싱
너는 그보다 더 멀리 가지 마.

43. Сиз **качантан бери** кыргыз тилин окуп жатасыз?
(당신은 <u>언제부터</u> 키르기즈어를 배우고 있습니까?)

[예제 1]

Кубан: Сиз **качантан бери** кыргыз тилин үйрөнүп жатасыз?
시즈 **가찬탄** **베리** 크르그즈 틸린 위뢰늡 자타스즈
당신은 <u>언제부터</u> 키르기즈어를 배우고 있습니까?

Окуганыңызга көп болдубу?
오꾸가능으즈가   꿥 볼두부
공부한지 오래 되었습니까?

Суни: Мен кыргыз тилин окуганыма төрт ай болду.
멘   크르그즈 틸린   오꾸가느마   퇴를 아이 볼두
나는 키르기즈어를 공부한지 네 달 되었습니다.

Тагыраак айтканда, **марттан бери** окуп жатам.
타그락- 아이트칸다 **마르딴** **베리** 오꿉 자탐
정확히 말하면, <u>삼월부터</u> 공부하고 있습니다.

Сен болсо кайсы тилди окуп жатасың?
센 볼소 카이스 틸디   오꿉 자타승
너는 어떤 말을 배우고 있니?

Кубан: Мен орус тилин окуп жатам.
멘   오루스 틸린   오꿉 자탐

나는 러시아어를 공부하고 있습니다.

Сиз кыргыз тили менен орус тилинин кайсынысы оңой деп ойлойсуз.
시즈 크르그즈 틸리 메넨 오루스 틸리닌
카이스느스 옹오이 뎁 오이로이수즈
당신은 키르기즈어와 러시아어 중에서 어떤 말이 쉽다고 생각하십니까?

Суни: Менин оюмча кыргызча оңой деп ойлойм.
메닌   오윰차   크르그즈차   옹오이 뎁 오이로임
내 생각으로는 키르기즈어가 쉽다고 생각합니다.

[예제 2]

Асыл: Мен **беш айдан бери** иштеп келе жатам.
멘   베쉬   아이단 베리   이쉬텝 겔레 자탐
나는 오 개월 전부터 일해 오고 있습니다.

Сен **качантан бери** эс алып жатасың?
센   가찬탄   베리   에스알릅   자타승
너는 언제부터 쉬고 있습니까?

Сиз **бир жумадан бери** бул жердесизби?
시즈 비르 주마단   베리 불 제르데시즈비
당신은 일 주일 전부터 이곳에 있습니까?

-437-

Ал үч күндөн бери сени издеп жатат.
알 위취 귄뒨   베리   세니 이즈뎁 자탈
그는 삼일 전부터 너를 찾고 있어.

Биз он жылдан бери бул максат үчүн иштеп жатабыз.
비즈 온 즐단   베리 불 막샅 위췬 이쉬텝
자타브즈
우리는 십년 전부터 이 목적을 위해서 일하고 있습니다.

Силер бир сааттан бери аны күтүп жатасыңар.
실레르 비르 사앝딴   베리 아느 귀뛥 자타숭아르
너희들은 한 시간 전부터 그를 기다고 있어.

Сиздер качантан бери ооруканага барбай жүрөсүздөр.
시즈데르   가찬탄   베리   오-루카나가   바르바이
쥐뢰쉬즈되르
당신들은 언제부터 병원에 가지 않고 지내십니까?

Алар эки айдан бери акча издеп жүрүшөт.
알라르 에끼 아이단 베리 악차 이즈뎁 쥐뤼쉴
그들은 두달 전부터 돈을 구하러 다닙니다.

Менде ал келгенден бери тынчтык жок.
멘데   알 궬겐덴   베리 튼츠틕   족
나는 그가 온 다음부터(후로) 평안(평화)이 없습니다.

-438-

44. Сиз качантан баштап бул үйдү куруп жатасыз?
(당신은 언제부터 시작해서 이 집을 짓고 있습니까?)

[예제 1]

Кубан: **Сиз качантан баштап** бул үйдү куруп жатасыз?
시즈 가찬탄   바쉬탑   불   위이듸 쿠룹   자타스즈
당신은 언제부터 시작해서 이 집을 짓고 있습니까?

Азыр куруп жаткан үй кимдики?
아즈르 쿠룹   자트칸 위이 킴디끼
지금 짓고 있는 집은 누구의 것이니까?

Нурлан: Мен **майдан баштап** куруп жатам.
멘   마이단   바쉬탑   쿠룹   자탐
나는 오월부터 시작해서 짓고 있습니다.

Бул байкемдин үйү.
불   바이껨딘   위-
이것은 (나의) 형의 집입니다.

Биз эки этаж үй куруп жатабыз.
비즈 에끼 에타쉬 위이 쿠룹 자타브즈
우리는 이층 집을 짓고 있습니다.

Кубан: Азыр канча проценттин бүтүрдүңүз.
아즈르 칸차   쁘로젠띠   뷔뛰뤼딍위즈
지금 몇 퍼센트를 끝냈습니까?

Быйыл бүтүрө аласызбы?
브이을   뷔뛰뢰   알르스즈브
올해 끝낼 수 있습니까?

Нурлан: Азыр 60% курдук,
아즐 알트므쉬 쁘로쩬트 쿠르둑
지금 육십 퍼센트 지었고,

албетте, ноябрга чейин бүтүрө алабыз.
알볘떼   나야브라가 체인   뷔뛰뢰 알라브즈
물론, 십일월까지 끝낼 수 있습니다.

[예제 2]

Асыл: Сен **качантан баштап** бул үй-тапшырманы аткарып жатасың?
셴   **가챤탄**   **바쉬탑**   불   위이 탑쓰르마느
아트카릅 자타숭
너는 **언제부터 시작해서** 이 숙제를 하고 있니?

Мен **бир жумадан бери** сени издеп жүрөм.
멘   비르 주마단   **볘리**   셰니   이즈뎁   쥐룀
나는 **일주일 전부터** 너를 찾아 다니고 있어.

Үч күндөн бери азырга чейин жамгыр жаап жатат.
위취 귄뢴   **볘리**   아즈르가   체인   잠그르   자-압
자탈
삼일 전부터 지금까지 비가 내리고 있습니다.

-440-

Биринчи күндөн баштап алтынчы күнгө чейин иштейбиз.
비린치 쿤된 바쉬탑 알튼츠 쿤괴 체인
이쉬테이비즈
(우리는) **월**요일**부터** 시작해서 토요일까지 일합니다.

Мен сентябрдан баштап декабрга чейин окудум.
멘 셴쨔브르단 바쉬탑 데카브르가 체인 오꾸둠
나는 **구월부터** 시작해서 십이월까지 공부했습니다.

Онунчу апрелден баштап он бешинчи Апрелге чейин семинар болот.
오눈추 아쁘렐덴 바쉬탑 온 베쉰취 아쁘렐게
체인 세미나르 볼롯
사월 십일부터 시작해서 사월 십오일까지 세미나가 있습니다.

Сен балалуу болгондон баштап дайыма күлүп жүрөсүң.
셴 발랄루- 볼곤돈 바쉬탑 다이으마 쿨륩
쥐뢰성
너는 자녀가 생긴 **이후부터** 시작해서 항상 웃고 다니고 있어요.

45. Сен алмадан көрө шабдалыны жакшы көрөсүңбү?
(너는 <u>사과보다</u> 복숭아를 더 좋아하니?)

[예제 1]

Кубан: Сен **алмадан** **көрө** шабдалыны жакшы көрөсүңбү?
센 알마단 쾨뢰 샤브달르느 작쓰 쾨뢰썽뷔
너는 사과<u>보다</u> 복숭아를 더 좋아하니?

Нулан: Мен шабдалыны жакшы көрөм.
멘 샤브달르느 작쓰 쾨룀
나는 복숭아를 좋아합니다.

Сиз **койдун** **этине** **караганда** уйдун этин жакшы көрөсүзбү?
시즈 코이둔 에티네 카라간다 우이둔 에틴 작쓰 쾨뢰쉬즈뷔
당신은 양고기<u>에</u> <u>비해서</u> 소고기를 더 좋아합니까?

Мага койдун эти абдан жагат.
마가 코이둔 에띠 아브단 자갇
나는 양고기를 매우 좋아합니다.

Минсу: Мен уйдун этин жакшы көрөм.
멘 우이둔 에틴 작쓰 쾨룀
나는 소고기를 좋아 합니다.

Бирок койдун этин жей албайм,
비록 코이둔 에떤 제이 알바임

그러나 양고기를 먹을 수 없습니다.

анткени Кыргызстанга келип биринчи жолу жеп көрдүм.
안트케니 크르그즈스탄가 겔립 비린치 졸루 젭 괴르듬
왜냐하면 키르기즈스탄에서 와서 처음으로 먹어 보았습니다.

Нулан: Кореяда койдун эти жок окшойт.
코레야다 코이둔 에띠 족 옥쇼일
한국에는 양고기가 없는 것 같습니다.

[예제 2]

Асыл: Мен **футбол ой<u>ногондон</u> көрө** шахмат ойногонду жакшы көрөм.
멘 풋볼 오이노곤돈 꾀뢰 샤흐맡 오이노곤두 작쓰 꾀룀
나는 **축구를 <u>하는 것 보다</u>** 체스를 하는 것을 더 좋아 합니다.

Сен **оку<u>гандан</u> көрө** ойногонду жакшы көрөсүң.
셴 오꾸간단 꾀뢰 오이노곤두 작쓰 꾀뢰숭
너는 **공부<u>하는 것 보다</u>** 노는 것을 더 좋아해.

Сиз **Куба<u>ндан</u> көрө** Нурланды жакшы көрөсүз.
시즈 쿠반단 꾀뢰 누를란드 작쓰 꾀뢰쉬즈
당신은 쿠반<u>보다</u> 눌란을 더 좋아합니다.

-443-

Ал тамак **жегенден көрө** жасаганды жакшы көрөт.
알 타막 제겐덴 괴뢰 자사간드 작쓰 괴뤁
그는 음식을 먹는 것 보다 만드는 것을 더 좋아합니다.

Биз **жамгырдан көрө** кар жааганды каалайбыз.
비즈 잠그르단 괴뢰 카르 자-간드 칼-라이브즈
우리는 비보다 눈이 내리는 것을 더 원합니다.

Силер талаада **иштегенден көрө** заводдо иштегенди каалайсыңар.
씰레르 탈라-다 이쉬테겐덴 괴뢰 자볻도
이쉬테겐디 칼-라이숭아르
너희들은 논밭에서 일하는 것 보다 공장에서 일하는 것을 더 원해.

Сиздер айылда **жашагандан көрө** шаарда жашаганды жакшы көрөсүздөр.
시즈데르 아이을다 자샤간단 괴뢰 샤르다
자샤간드 작쓰 괴뢰쉬즈되르
당신들은 마을에 사는 것 보다 도시에서 사는 것을 좋아 하십니다.

Мен **кызмат кылгандан көрө** кызмат кылдырганды жакшы көрөм.
멘 크즈맡 클간단 괴뢰 크즈맡 클드르
간드 작쓰 괴룜
나는 섬기는 것 보다 섬김을 받는 것을 좋아합니다.

46. Сиз аны менен **таанышкандан бери** канча жыл өттү?
(당신은 그와 <u>알고</u> <u>지낸</u> <u>이후로</u> 몇 년이 지났습니까?)

[예제 1]

Кубан: Сиз аны менен **таанышкандан бери** канча жыл өттү?
시즈 아느 메넨 타-느쉬**칸단**   **베리** 칸차 즐 외뛰
당신은 그와 <u>알고</u> <u>지낸</u> <u>이후로</u> 몇 년이 지났습니까?

Нулан: Он жылдай өткөн окшойт.
온 즐다이   외트쾬 옥쇼일
십년 정도 지난 것 같습니다.

Мен аны абдан жакшы көрөм,
멘 아느 아브단 작쓰   괴룀
나는 그를 아주 좋아합니다.

анткени ал ак ниет жана ак көңүл адам.
안트케니 알 악 니엘 자나 악 꿩윌 아담
왜냐하면 그는 진실하고 친절한 사람입니다.

Минсу: Анын аты ким?
아는   아뜨 킴
그의 이름은 무엇입니까?

Ал кайсы жактан келди?
알 카이스 작탄   켈디
그는 어디에서 왔습니까?

-445-

Ал канча жашта?
알 칸차   자쉬타
그는 몇 살입니까?

Нулан: Анын аты Жон, ал Америкадан келди,
아는 아뜨 존 알 아메리카단   겔디
그의 이름은 존입니다. 알 아메리카단 겔디

Ал быйыл отуз беш жашка толот.
알 브이을   오뚜즈 베쉬 자쉬카   톨롣
그는 올해 서른 다섯 살이 됩니다.

[예제 2]

Асыл: Мен Кыргызстанга **келген<u>ден</u> бери** эч бир жакка барган жокмун.
멘   크르그즈스탄가   **겔겐덴**   **베리** 에츠 비르 작카
바르간   족문
나는 키르기즈에 **온 이후로** 아무데도 가지 않았습니다.

Сен каникул **баштал<u>гандан</u> бери** бир да китеп окуган жоксуң.
센   카니쿨   **바쉬탈간단**   **베리** 비르 다 기텝
오꾸간 족숭
너는 방학이 **시작된 이후로** 한 권의 책도 읽지 않았어.

Сиз Ошко **кеткен<u>ден</u> бери** сиз жөнүндө бирөө да сураган жок.
시즈 오쉬코 **케트껜덴**   **베리** 시즈 죄뉜되   비뢰
다 수라간   족

당신이 오쉬에 간 이후로 당신에 대해서 한 사람도 묻지 않았습니다.

Ал жумушка **киргенден бери** ишибиз жакшы болуп жатат.
알　주무쉬카　키르겐덴　베리　이쉬비즈　작쓰
볼룹　자탇
그가 회사에 입사한 이후로 (우리의) 일이 잘 되고 있습니다.

Биз бул тамак **жегенден бери** толо баштадык.
비즈　불　타막　제겐덴　베리　톨로　바쉬타득
우리는 이 음식을 먹은 이후로 살찌기 시작했습니다.

Мен силер менен **болгондон бери** бактылуу боло баштадым.
멘　씰레르　메넨　볼곤돈　베리　박틀루-
볼로　바쉬타듬
나는 너희들과 함께 있은 이후로 행복해지기 시작했습니다.

Жамгыр **жаагандан бери** талаа көгөрө баштады.
잠그르　자-간단　베리　탈라-　괴괴뢰
바쉬타드
비가 온 이후로 들판이 푸르게 되기 시작했습니다.

47. Сен уктагандан башка эмне билесиң?
(너는 자는 것 외에 무엇을 아니?)

[예제 1]

Кубан: **Сен уктагандан башка** эмне билесиң?
센 옥타간단 바쉬카 엠네 빌레싱
너는 자는 것 외에 무엇을 아니?

* *Сен уктагандан башка дагы эмне кыла аласың.*
센 옥타간단 바쉬카 다그 엠네 클라 알라슝
너는 자는 것 외에 또 무엇을 할 수 있니?

* *Сен уктагандан башка эч нерсе билбейсиңби?*
센 옥타간단 바쉬카 에츠 네르세 빌베이싱비
너는 자는 것 외에는 아무것도 모르니?

Мирбек: Антип айтпаңыз.
안다이 아일빵으즈
그렇게 말씀하지 마세요.

Мен беш жыл бою эс албай катуу иштедим,
멘 베쉬 즐 보유 에스 알바이 카뚜 이쉬테딤
나는 오년 동안 쉬지 않고 열심히 일했습니다.

ошол себептен ооруп калдым.
오숄 세볍텐 오-룹 칼듬
그와 같은 이유로 질병을 얻었습니다. (아픕니다.)

Атайын эс алыш үчүн көп уктап жатам.
아타이은 에스 알르쓰 위췬 꾑 욱탑 자탐
특별히 (나는) 쉬기 위해서 많이 자고 있습니다.

Кубан: Кечирип кой.
케치립   코이
미안해. (용서해 줘)

Мен билбей калыптырмын.
멘   빌베이   칼릅트르믄
내가 알지 못했었군.

[예제 2]

Асыл: Мен окугандан башка эч нерсе билбейм.
멘   오꾸간단   바쉬카 에츠 네르세 빌베임
나는 공부하는 것 외에는 아무것도 모릅니다.

Сен наалыгандан башка эч нерсе билбейсиңби?
센   날르간단   바쉬카 에츠 네르세 빌베이싱비
너는 불평하는 것 외에는 아무것도 모르니?

Сиз кызмат кылдыргандан башка эч нерсе кылбайсыз.
시즈 크즈맡 클드르간단   바쉬카 에츠 네르세
클바이스즈
당신은 섬김을 받는 것 외에는 아무것도 하지 않습니다.

Биз ойногондон башка эч нерсе кылгыбыз келбей жатат.
비즈 오이노곤돈   바쉬카   에츠 네르세 클그브즈
겔베이   자탓
우리는 노는 것 외에는 아무것도 하기 싫습니다.

Силер башкаларды соттогондон башка эч нерсе кылбайсыңар.
씰레르   바쉬카라르드   소또곤돈   바쉬카   에츠
네르세 클바이승아르
너희들은 다른 사람을 심판(판단)하는 것 외에는 아무것도 하지 않아.

Сиздер эттен башка эч нерсе жебейсиздерби?
시즈데르 엣뗀   바쉬카   에츠 네르세 제베이시즈데르비
당신들은 고기 외에는 아무것도 먹지 않습니까?

Мен окуудан тышкары иштеп да жатам.
멘   오꾸단   트쉬카르   이쉬텝 다 자탐
나는 공부하는 것 외에 일도 하고 있습니다.

Тамактан тышкары дагы эмне бар?
타막탄   트쉬카르   다그 엠네 바르
음식 외에 또 무엇이 있습니까?

48. Азыр конокко **келе турган** адам барбы?
   (지금 손님으로 <u>올</u> 사람이 있습니까?)

[예제 1]

Кубан: **Азыр конокко келе турган адам барбы?**
아즈르 코녹코 곌례 투르간 아담 바르브
지금 손님으로 <u>올</u> 사람이 있습니까?

Ооба, бар.
오-바 바르
네, 있습니다.

Азыр атамдын достору келет.
아즈르 아탐든 도스토루 곌렡
지금의 아버지의 친구분들이 오십니다.

Мира: Канча адам келет экен?
칸차 아담 곌렡 에켄
몇 사람이 오신답니까?

Алар кандай тамак жакшы көрөт экен?
알라르 칸다이 타막 작쓰 괴룉 에켄
그들은 어떤 음식을 좋아 하신답니까?

Кубан: Бардыгы төрт адам келет экен.
바르드그 퇴릍 아담 곌렡 에켄

-451-

모두 네 사람 온답니다.

Алар "Беш бармак" жакшы көрүшөт экен.
알라르 베쉬 바르막 작쓰 괴뤼쉴 에켄
그들은 "베쉬 바르막"을 좋아 하신답니다.

Мира: Суусундукка эмнени алып келейин?
수-순둑카 엠네니 알릅 겔레인?
음료수로는 무엇을 사 올까요?

Кубан: Сок менен Кола эки бөтөлкөдөн алып келиңиз.
속 메넨 콜라 에끼 뵈퇼쾨된 알릅 겔링이
주스와 콜라를 두병씩 사 오세요.

[예제 2]

Асыл: **Жей турган** нерсе барбы?
제이 투르간 네르세 바르브
먹을 것이 있습니까?

Менде кубана турган иштерим бар.
멘데 쿠바나 투르간 이쉬테림 바르
나에게 **기뻐할 수 있는** 일들이 있습니다.

Анда көрө турган кызыктуу кинолор барбы?
안다 쾨뢰 투르간 크즉뚜- 키노로르 바르브
그에게 **볼 만한** 재미있는 영화들이 있습니까?

Иче турган суу бере аласызбы?
이체 투르간 수- 베레 알라스즈브
마실 물을 주실 수 있습니까?

Сен **сүйө турган** адам барбы?
센 쉬이외 투르간   아담   바르브
너는 사랑할 사람이 있습니까?

Дептерге **жаза турган** лекция барбы?
뎁테르게   자자 투르간   렉찌야   바르브
공책에 적을 강의가 있습니까?

Бүгүн Бишкеке **кете турган** адамдарды таап бере аласыңбы?
뷔귄   비쉬켁케 **케테 투르간** 아담다르드   탑-베레 알라슝브
오늘 비쉬켁에 갈 사람들을 찾아 줄 수 있니?

Азыр **сата турган** жумуртқалар барбы?
아즈르 사타 투르간   주무를카라르   바르브
지금 팔 계란(들)이 있습니까?

Бардыгын **айыктыра ала турган** адам келет.
바르드근   아이윽뜨라   알라 투르간   아담   겔렡
모든 것을 고칠 수 있는 사람이 옵니다.

49. Бул жерде англисче сүйлөй ала турган адам барбы?
(이곳에 영어를 <u>말할 수 있는</u> 사람이 있습니까?)

[예제 1]

Инсу: Бул жерде англисче **сүйлөй** <u>ала</u> <u>турган</u> адам барбы?
불 제르덴 안글리스체 쉬이뢰<u>이</u> <u>알라</u> <u>투르간</u> 아담 바르브
이곳에 영어를 말할 수 있는 사람이 있습니까?

Мен бир нерсени сурашым керек.
멘 비르 네르세니 수라씀 케렉
나는 무엇을 물어야 합니다.

Ким мага жардам бере алат?
킴 마가 자르담 베레 알랄
누가 나에게 도움을 줄 수 있습니까?

Мира: Мен англисче бир аз сүйлөй алам.
멘 안글리스체 비르 아즈 쉬이뢰이 알람
나는 영어를 조금 말할 수 있습니다.

Кантип жардам берейин?
칸팁 자르담 베레임
어떻게 도와 드릴까요?

Инсу: "Достук" мейманканасы кайда?
도스툭   메이만카나스   카이다
도스툭 호텔이 어디입니까?

Кантип барат?
칸팁   바랃
어떻게 갑니까?

Мира: "Достук" мейманканасы борбордо.
도스툭   메이만카나스   보르보르도
도스툭 호텔은 시내 중심부에 있습니다.

Такси менен барсаңыз эң жакшы.
탁시 메넨   바르상으즈 엥 작쓰
택시로 가시면 가장 좋습니다.

[예제 2]

Асыл: Машина **айдай ала турган** адам барбы?
마쉬나   아이다이 알라 투르간   아담 바르브
자동차를 운전할 수 있는 사람이 있습니까?

Ат **мине ала турган** адам барбы?
앋 미네   알라 투르간   아담 바르브
말을 탈 수 있는 사람이 있습니까?

Мага жардам бере **ала турган** адам барбы?
마가   자르담   베레   알라 투르간   아담   바르브
나에게 도움을 줄 수 있는 사람이 있습니까?

Кыргызча сүйлөй ала турган адам барбы?
크르그즈차   쉴뢰이   알라 투르간   아담   바르브
키르기즈말을 할 수 있는 사람이 있습니까?

Бул жерде орусча **жаза ала турган** адам бар.
불   제르데   오루스차   자자   알라 투르간   아담   바르
이 곳에 러시아말을 적을 수 있는 사람이 있습니다.

Нан **жасай ала турган** адам барбы?
난   자사이   알라 투르간   아담   바르브
빵을 만들 수 있는 사람이 있습니까?

Корейчеден кыргызчага **которо ала турган** адам барбы?
코레이체덴   크르그즈차가   코토로   알라   투르간
아담 바르브
한국어에서 키르기즈어로 번역(통역)할 수 있는 사람이 있습니까?

Сулайман тоосун **көрсөтө ала турган** адам барбы?
술라이만   토-순   피르쇠퇴   알라 투르간   아담
바르브
술라이만 산을 보여 줄 수 있는 사람이 있습니까?

-456-

50. Сен окууну бүткөндөн кийин кайсы кесипке ээ болгуң келет?
(너는 학업을 <u>마치고</u> <u>나서</u> 어떤 직업을 가지고 싶니?)

[예제 1]

Инсу: Сен окууну **бүткөндөн кийин** кайсы кесипке ээ болгуң келет?
센 오꾸누 **뷔트쾬된** **기이인** 카이스 케십케 에 볼궁 겔렡
너는 학업을 <u>마치고</u> <u>나서</u> 어떤 직업을 가지고 싶니?

Мира: Мен журналист болуп иштегим келет.
멘 주르날리스트 볼룹 이쉬테김 겔렡
나는 저널리스트로 일하고 싶습니다.

Мен өзгөчө саясат менен экономикага кызыгам,
멘 외즈괴최 사야샅 메넨 에코노미카가 크즈감
나는 특별히 정치와 경제에 관해 흥미가 있습니다.

мүмкүнчүлүк болсо газетада саясат жана
뮴퀸췰뤽 볼소 가제타다 사야샅 자나
가능하다면 신문에 정치와

экономика тууралуу макалаларды жазгым келет.
에코노미카 투-랄루- 마칼라라르드 자즈금 겔렡
경제에 관한 칼럼들을 쓰고 싶습니다.

Инсу: **Абдан жакшы! Өзүм да журналистмин.**
아브단 작쓰   외쥠 다 주르날리스트민
매우 좋습니다! 내 자신도 저널리스트입니다.

Мен Кыргызстанга жумуш боюнча келдим.
멘   크르그즈스탄가   주무쉬   보윤차   겔딤
나는 키르기즈스탄에 일 때문에 왔습니다.

Кыргызстандын бүгүнкү күндөгү экономикасы тууралуу маалыматтарды алганы келдим.
크르그즈스탄든   뷔귄꿔   귄되귀   에코노미카스
투-랄루-   말-르말따르드   알가느   겔딤
키르기즈스탄의 오늘 날의 경제에 대한 정보를 얻기 위해 왔습니다.

[예제 2]

Асыл: **Мен жумуштан чыккандан кийин кечке маал кино көргүм келет.**
멘   주무쉬탄   측칸단   기이인   게스케 말-
키노   괴르굼   겔렡
나는 **퇴근한 후에** 저녁 시간에 영화를 보고 싶습니다.

Сен иштеп акча алгандан кийин базардан эмнени алгың келет?
센   이쉬텝   악차   **알간단**   **기이인**   바자르단
엠네니   알긍   겔렡
너는 일해서 돈을 **번 후에** 시장에서 무엇을 사고 싶니?

-458-

Сиз үй тапшырманы **бүткөндөн кийин** кайсы кинону көргүңүз келет.
시즈 위이 탑쓰르마느 뷰트쾬된 기이인 카이스
키노누 쾨르귕위즈 겔렡
당신은 숙제를 마치고 난 후에 어떤 영화를 보고 싶습니까?

Сиз **өлгөндөн кийин** кайсы жакка барарыңызды билесизби?
시즈 욀괸된 기이인 카이스 작카 바라릉으즈
드 빌레시즈비
당신은 죽은 이후에 어디에 가는 지를 아십니까?

Көпчүлүк адамдар **өлгөндөн кийин** каякка барарын, эмне болорун билишпейт.
쾝철뤽 아담다르 욀괸된 기이인 카약카
바라른 엠네 볼로룬 빌리쉬뻬잍
대부분의 사람들은 죽은 이후에 어디로 가는지, 어떻게 되는지 모릅니다.

Биз **кечиргенден кийин** гана боштондукка ээ боло алабыз.
비즈 게치르겐덴 기이인 가나 보쉬톤둑카 에
볼로 알라브즈
우리는 용서한 이후에만 자유를 얻을 수 있습니다.

V. 품사별 단어 정리

(Сөз түркүмдөрү боюнча)

i . At атооч
(대명사)

1. 주격 대명사 (*주로 사람을 대상으로)

мен 멘 나(는)	биз 비즈 우리(는)
сен 센 너(는)	силер 씰레르 너희들(은)
сиз 시즈 당신(은)	сиздер 시즈데르 당신들(은)
ал 알 그(는)	алар 알라르 그들(은)

2. 지시 대명사

бу – бул* 부 불 이 / 이것(은)	ошо – ошол* 오쇼 오쇼ㄹ 그 / 그것(은)
тиги* – тигил 티기 티길 저 / 저것(은)	тетиги* – тетигил 테티기 테티길 저기 저 / 저기 저것(은)
ушу – ушул* 우슈 우슈ㄹ 이 / 이것(은)	"*" 많이 쓰이는 형태

-461-

3. 의문 대명사

ким? 킴 누구? / 누가?	кайда? 카이다 어디에?
эмне? 엠네 무엇? / 무엇이?	канча? 칸차 몇?
кайсы? 카이스 어느 것? / 어떤 것? / 어떤 것이?	кайдан? 카이단 어디에서?
качан? 가찬 언제	

4. 부정 대명사

эч ким 에츠 킴 아무도, 어떤 사람도	эч качан 에츠 가찬 결코, 결단코
эч нерсе 에츠 네르세 아무것도, 어떤 것도	эч кандай 에츠 칸다이 어떠한 것도, 어떠한

5. 범위를 분명하게 하는 대명사

бүткүл 뷔트퀼 모든, 모든 것	ар нерсе 아르 네르세 모든 것, 각각은

бардык 바르득 모든(것), 모두, 전부	ар кандай 아르 칸다이 모든, (매우 다양한 상태)
баары 바-르 모든 (사람), 전부, 모두	ар качан 아르 가찬 늘, 언제나, 항상
ар ким 아르 킴 모두, 각자 각자가	ар кайсы 아르 카이스 모든 것, 모든 곳
бүтүн 뷔튄 모든, 전부(의)	өз 외즈 자신(의)
ар бир 아르 비르 모든, 각각은, 각자는	бүт 뷥 전체의, 전부의

6. 명확하지 않음을 나타내는 대명사

кимдир бирөө 킴디르 비뢰- 어떤 사람, 혹이	бир нерсе 비르 네르세 어떤 것, 무엇이
кандайдыр бир 칸다이드르 비르 어느 정도의, 얼마만큼의	бирдеме 비르데메 무엇, 무슨 말
кээ бир 케- 비르 몇(몇) 사람	кайсы бир 카이스 비르 어느 곳

7. 대명사적인 성격의 단어들

айрым 아이름 어떤, 몇몇의	**жеке** 제케 사유의, 개인적인
ар башка 아르 바쉬카 서로 다른, 여러 가지의	**жөнөкөй** 죄뇌쾨이 보통의, 단순한, 평범한, 일반적인
ар бир 아르 비르 모든, 각 사람의	**өз ара** 외즈 아라 서로의
ар кандай / ар кыл / ар түрдүү 아르 칸다이 아르 클 아르 튀르뒤- 다양한, 각양 각색의, 모든 종류의	**өздүк** 외즈뒥 개인의
бир (адам) 비르 아담 어떤 (사람)	**жалгыз** 잘그즈 단 하나의, 유일한
жалпы 잘쁘 전체적인, 전체의, 전반적인	**карапайым** 카라빠이음 평범한, 서민의, 보통의

ii. Сын атооч
(형용사)

1. 사람의 성품과 성격을 나타내는 말
(Адамдык сапат жана мүнөздү билдирген сөздөр)

абийирдүү 아비이르뒤- 양심적인, 염치가 있는	**ак ниет** 악 니엩 정직한, 성실한
адепсиз 아뎁시즈 무례한, 교양 없는, 저속한	**акылдуу / акыл-эстүү** 아클두- 아클 에스튀- 현명한, 지혜로운.
адептүү 아뎁뛔 정중한, 공손한, 예의 바른, 교양 있는	**акылсыз** 아클스즈 어리석은, 미련한
адил 아딜 의로운, 공정한, 올바른	**алсыз** 알스즈 약한, 힘없는
адилетсиз 아딜렡시즈 불법의, 불의의, 부정한	**арамза** 아람자 불의한, 악한
адилеттүү 아딜렡뛔- 의로운, 올바른, 정직한	**ач көз** 아츠 꾀즈 탐욕스러운, 욕심 많은

айкөл 아이꿸 1)고귀한, 숭고한 2)관대한, 아량 있는	**боорукер** 보-루케르 불쌍히 여기는, 동정적인, 자비로운
ак көңүл 악 꿩윌 친절한, 상냥한	**өжөр** 외죄르 고집센, 완고한
өз алдынча 외즈 알든차 자주의, 독립적인	**жупуну** 주뿌누 평범한, 검소한, 간소한
өздүк 외즈뒥 제케 개인의, 개인적인	**ишенимдүү / ишеничтүү** 이쉬님뒤- 이쉬니츠뛰- 신실한, 충실한, 믿음직한, 신뢰할 수 있는
өзүмчүл 외쥼췰 자기 중심의, 이기주의의	**ишенчээк** 이쉰첵- 속기 쉬운, 쉽게 믿는
жалкоо 잘코- 게으른, 태만한	**каардуу** 카-르두- 분노하는
жапайы 자빠이 야생의, 길들이지 않은, 배우지 못한	**кайраттуу** 카이랕뚜- 담대한, 강건한, 힘있는
жөнөкөй 죄뇌쾨이 보통의, 단순한, 평범한, 일반적인	**кайрымдуу** 카이름두- 동정하는, 불쌍히 여기는

жигердүү 지게르뒤- 열정적인, 정력적인	**калыс** 칼르스 중립적인, 중립의, 객관적인
жийиркеничтүү 지이르케니츠뛰- 가증스러운, 혐오스러운	**катаал** 카탈- 가혹한, 엄격한, 엄한
жоопкерчиликтүү 좁케르칠럭뛰- 책임감 있는, 신뢰할 수 있는	**кежир** 케지르 완고한, 고집(이)센
жоош 조-쉬 온순한, 온화한, 유순한	**кейикчил** 케익칠 비관적인, 염세적인
кекчил 켁칠 복수심이 있는, 원한을 품은	**милдеттүү** 밀뎉뛰- 강제적인, 의무적인
кечиримдүү 게치림뒤- 용서하는	**момун** 모문 온유한, 공손한, 인자한
кечиримсиз 게치림시즈 용서하지 못하는	**мээримдүү** 메-림뒤- 인정이 많은, 사랑이 많은
кең пейил 켕 페일 관대한, 아량 있는, 친절한	**нааразы** 나-라즈 불평하는, 불만스러운

кудайсыз 쿠다이스즈 불 경건한	**одоно** 오도노 버릇없는, 무례한, 뻔뻔스러운
куу 쿠- 교활한	**орой** 오로이 버릇 없는, 무례한
күлкүлүү 귈퀴뤼- 재미 있는, 우스운	**оң** 옹 1)오른쪽의 2)긍정적인, 옳은
кызганчаак 크즈간착- 질투하는	**сабырдуу** 사브르두- 참을성 있는, 인내심이 강한
кыйын 크이은 까다로운, 어려운	**сезимдүү** 세짐뒤- 예민한, 감정적인
мактанчаак 막탄착- 자랑하는	**таарынчак** 타-른착 성미가 급한, 성마른
тайманбас 타이만바스 용감한, 대담한	**терс** 테르스 부정의, 반대의, 부정적인
такыбаа 타크바- 경건한	**тырышчаак** 트르쉬착- 부지런한

тартиптүү 타르팁뛰- 질서 있는, 규율이 있는	**унутчаак** 우눗착- 잘 잊는, 기억력이 나쁜
тартынчаак 타르튼착- 주저하는, 꺼리는, 머뭇거리는	**урушчаак** 우루쉬착- 호전적인, 싸움을 잘하는
татаал 타타알 복잡한, 까다로운, 어려운	**уялчаак** 우얄착- 부끄러워하는, 수줍어하는
таш боор 타쉬 보-르 지독한, 무자비한	**чыдамдуу** 츠담두- 참을성 있는, 인내심이 강한
текебер 테케베르 교만한, 오만한, 거만한	**шайыр** 샤이르 즐거운, 기쁜

2. 어떤 사람인지를 나타내는 말
(Адамдын абалын билдирген сөздөр)

айылдык 아일득 지방(시골) 출신의	**балалуу** 발랄루- 자녀가 있는
атактуу 아탁뚜 유명한	**барксыз** 바그크 즈 가치가 없는, 존경받지 못하는
аянычтуу 아야느츠뚜 처량한, 가엾은, 불쌍한	**баталуу** 바탈루- 복 있는, 축복된
баалуу 발-루 값비싼, 귀중한	**беймарал** 베이마랄 걱정이 없는, 평화로운, 태평한
бай 바이 부유한, 부자의, 풍부한	**бекер** 베케르 1)헛된, 쓸데없는, 무익한 2)공짜
байкуш 바이쿠쉬 가엾은, 불쌍한	**белгилүү** 벨길뤼- 이름난, 유명한
бактылуу 박틀루- 행복한	**белгисиз** 벨기시즈 불확실한, 막연한, 알 수 없는

бактысыз 박트스즈 불행한	**бечара** 베차라 불쌍한, 가엾은, 가련한
боорукер 보-루케르 불쌍히 여기는, 동정적인, 자비로운	**жөндөмдүү** 죈됨뒤- 능력 있는, 재능 있는, 유능한
дүйнөлүк 뒤이뇌뤽 세계적인	**жергиликтүү** 제르길릭뛰- 지방의, 토박이의, 토착민의
өзгөчө 외즈괴쵀 특별한, 특수한, 독특한	**жетиштүү** 제티쉬뛰 충분한 (* ~ 하기에)
өкүнүчтүү 외퀴뉘취뛰- 후회하는, 후회스러운	**жеткилең** 제트킬렝 온전한, 완전한
жагымдуу 자금두- 유쾌한, 사랑스러운, 즐거운	**жеткиликтүү** 제트킬릭뛰 만족할 만 한, 완전한
жагымсыз 자금스즈 불쾌한, 마음에 들지 않는	**жигердүү** 지게르뒤- 열정적인, 정력적인
жакшы 작쓰 좋은, 선한	**жогорку** 조고르꾸 최상의, 최고의, 높은

жаман 자만 나쁜, 악한	жооптуу 좁-뚜- 주된, 책임 있는, 중요한
жат 잗 낯선	жубайлуу 주바일루- 결혼한, 기혼의, 효과적인
жемиштүү 제미쉬튀- 열매 있는, 열매가 많은	жумушсуз 주무쉬수즈 실직한, 일이 없는
жыргал 즈르갈 매우 행복한, 매우 즐거운	карапайым 카라빠이음 평범한, 서민의, 보통의
зарыл 자를 꼭 필요한, 필수의	кас 카스 적의가 있는
зыяндуу 즈얀두- 해로운, 해를 입히는	керектүү 케렉뛰- 필요한
ийгиликтүү 이길릭뛰- 성공한, 형통한	конкреттүү 칸크렛뛰- 구체적인, 명확한
ийкемдүү 이켐뒤- 재능 있는, 능력 있는	коркунучтуу 코르쿠누츠뚜- 두려운, 무서운, 위험한

илимдүү 일림뒤- 학문적인, 학자다운	**кош бойлуу** 고쉬 보일루- 임신한
кадыр барктуу 카드르 바륵뚜- 훌륭한, 영향력이 있는, 존경 받는	**көз каранды** 쾨즈 카란드 종속적인, 의존하는
кадырлуу 카드르루- 명예로운, 유력한, 존경 받는	**көз карандысыз** 쾨즈 카란드스즈 자주의, 독립의
кайгылуу 카이글루- 불행한, 비극적인, 슬픈	**кубанычтуу** 쿠바느츠뚜- 기쁜
кайдыгер мамиле жасаган 카이드게르 마밀레 자사간 마음이 없는, 무관심한	**кудуреттүү** 쿠두렡뚜- 강력한, 강한
күнөөлүү 귀뇔-뤼 유죄의, 죄가 있는	**муктаж** 묵타즈 부족한, 불충분한
күнөөсүз 귀뇌-쉬즈 결백한, 무죄의, 죄가 없는	**муңдуу** 뭉두- 슬픈, 우울한
күчтүү 귀츠뚜- 강한, 힘센, 능력이 많은	**мыйзамсыз** 므이잠스즈 불법의

кызыктуу 크즉뚜- 기묘한, 이상한, 재미 있는	**нааразы билдирген** 나-라즈 빌디르겐 불평하는, 불만스러운
кымбаттуу 큼밭뚜- 존경하는, 고귀하신	**пайдалуу** 파이달루 유익한, 이로운
маанилүү 마-닐뤼- 중요한, 중대한	**пайдасыз** 파이다스즈 쓸데 없는, 무익한
маанисиз 마-니시즈 무의미한, 의미 없는	**реалдуу** 레알두- 실제적인
маданияттуу 마다니얕뚜- 교양 있는, 고상한, 문화의	**руханий** 루하니이 영혼의, 영적인
максаттуу 막살뚜- 목적이 있는	**сабаттуу** 사받뚜- 교양 있는, 학식이 있는
мас 마스 술 취한	**салттуу** 살뚜- 전통의, 전통적인
сапатсыз 사빹스즈 질(품성)이 낮은	**тажрыйбалуу** 타즈르이발루- 경험이 있는, 숙련된

сапаттуу 사빹뚜- 질(품성)이 좋은	**таланттуу** 탈란뚜- 재능이 많은
саясий 사야시이 정치의, 정치적인	**тартипсиз** 타르팁시즈 질서 없는, 규율이 없는, 무질서한
сөзмөр 쇠즈뫼르 설득력(이) 있는, 웅변가의	**татыксыз** 타뜩스즈 타당하지 못한, 합당하지 못한
сыйкырдуу 스이크르두- 마법의, 점쟁이의, 마술의, 신비한	**татыктуу** 타뜩뚜- 합당한, 정당한, 타당한
сырдуу 스르두- 신비스러운, 비밀의, 은밀한	**таңгалыштуу** 탕갈르쉬뚜- 놀라운
тааныmaл 타-느말 이름난, 유명한	**тескери** 테스케리 반대의, 정반대의, 맞은 편의
тааныш 타-느쉬 알고 있는, 낯익은	**туруксуз** 투룩수즈 변하기 쉬운, 불안정한
таасирдүү 타시르뒤- 효력이 있는, 영향력이 있는	**туруктуу** 투룩뚜- 부동의, 견고한, 확고한, 안정된

табигый 타비그이 자연스러운, 자연의	**туура эмес** 투-라 에메스 잘못된, 옳지 못한, 틀린
түшүнүксүз 튀쉬뉘쉬즈 이해 할 수 없는	**уяттуу** 우얕뚜- 양심적인, 염치가 있는
түшүнүктүү 튀쉬뉘뛰- 이해 할 수 있는	**чебер** 체베르 능숙한, 숙련된
тынчсыз 튼츠스즈 불안한, 혼란스러운	**чечендик** 체첸딕 감동적인, 웅변의
укмуш 우쿠무쉬 굉장한	**чечкиндүү** 체츠킨뒤- 단호한, 결단력 있는
укуксуз 우꾹수즈 권리가 없는	**чоочун** 초-춘 낯선, 생소한
укуктуу 우꾹뚜 권리가 있는	**чынчыл** 츤츨 진실한, 정직한
улуу 울루- 최고의, 위대한, 최상의	**шаардык** 샤-르득 도시 태생(출신)의

унутулгус 우누툴구스 결코 잊을 수 없는	**шаңдуу** 샹두- 장엄하고 유쾌한
урматтуу 우르맏뚜- 존경하는	**шектүү** 쉭뛰- 미심쩍은, 의심스러운
уятсыз 우얕스즈 부끄러움을 모르는, 파렴치한	**шок** 속 장난기가 있는, 말을 듣지 않는
шыктуу 셕뚜- 능력이 있는, 재능이 있는	**ынтымактуу** 은트막뚜- 화목한, 조화로운
үлгүлүү 윌귈뤼- 모범의, 모범적인, 본보기의	**ыпылас** 으빨라스 더러운, 추잡한, 음란한
үмүтсүз 위밑쉬즈 절망적인, 희망(이) 없는	**ыраазы (билдирген)** 으라-즈 감사하는, 만족하는
ыймандуу 으이만두- 양심적인	**ырайымдуу** 으라이음두- 은혜로운, 은혜의
ыймансыз 으이만스즈 파렴치한	**ырайымсыз** 으라이음스즈 무정한, 가혹한, 무자비한

ыйык 의역 성스러운, 거룩한, 신성한	**ырыстуу** 으르스뚜- 축복 받은, 은총 입은
ыктыярдуу 옥뜨야르두- 자발적인	**ыңгайлуу** 응가일루- 편안한, 적당한
ылайыксыз 올라이윽스즈 어울리지 않는, 부적당한	**эки жүздүү** 에끼 쥐즈뒤- 이중인격의
ылайыктуу 올라이윽뚜- 알맞은, 적합한	**эл аралык** 엘 아랄륵 국제의, 국제적인
ынталуу 은탈루- 자율적인, 자율의	**элдешпес** 엘데쉬뻬스 화해하지 않는, 대립하는
эмгекчил 엠겍칠 부지런한, 근면한	**эркин** 에르킨 자유로운, 자유의
эмоциялуу 에모찌야루- 감정의, 정서의	**эстүү** 에스뛰- 사려 깊은, 신중한
эрке 에르케 제멋대로 하는, 응석받이로 자란	**ээнбаш** 엔-바쉬 순종치 않는, 외고집의

3. 사물의 형태와 모양을 나타내는 말
(Заттардын формасын жана фигурасын билдирген сөздөр)

жапыс 자쁘스 작은(*키가), 짧은, 낮은	**кенен** 케넨 넓은, (공간이)
жалпак 잘팍 편평한, 납작한	**кичине** 키치네 작은, 소형의, 어린
жоон 존- 굵은	**кичинекей** 끼치네께이 조그마한, 작은
жука 주카 얇은	**курч** 쿠르츠 날카로운, 예리한
ийри 이-리 굽은, 구부러진, 비뚤어진	**кыйгач** 크이가츠 꼬부라진, 비뚤어진
ичке 이츠케 1)얇은 2)가는	**кыска** 크스카 짧은
калың 칼릉 짙은(*색이), 두꺼운(*옷이), 조밀한(*인구가)	**майда** 마이다 작은

катуу 카뚜- 1)강한 2)심한 3)굳은, 단단한	**мокок** 모콕 1)무딘 2)우유부단한
сынык 스늑 깨진, 부서진	**тоголок** 토골록 동그란, 둥근
тайгак 타이각 반들반들한, 미끄러운	**тулку** 툴꾸 전부의, 완전한, 전체의
тар 타르 협소한, 좁은	**түз** 튀즈 1)곧은, 직선의 2)솔직한, 정직한
тармал 타르말 꼬부라진, 꼬불꼬불한, 곱슬머리의	**узун** 우준 긴(*길이가)
тегиз 테기즈 납작한, 평평한	**учтуу** 우츠뚜- 뾰족한, 예리한
кең 켕 광대한, 넓은	

4. 사물의 상태와 성질을 나타내는 말
(Заттардын абалын жана табиятын көрсөткөн сөздөр)

аралаш 아랄라쉬 섞인, 혼합한	**жыпар** 즈빠르 방향성의, 향기가 나는
бош 보쉬 1)빈, 비어있는, 2)한가한, 시간이 있는	**кайнак** 카이낙 끓인, 끓는
бышкан 브쉬칸 삶은, 익은	**караңгы** 카랑그 어두운
жасалма 자살마 손으로 만든, 인조의, 인공적인	**картаң / кары** 카르땅 카르 늙은, 노년의
жаш 자쉬 어린, 젊은	**кенже** 겐제 연소한, 나이가 어린
жаңы 장으 1)새로운, 새 2)신성한	**кир** 키르 더러운
жеңил 젱일 1)가벼운 2)쉬운	**кичүү** 끼취- 어린, 작은

жумшак 줌샥 부드러운, 유연한	**кочкул** 코츠쿨 짙은(*색이)
коюу 코유- 진한, 짙은	**оор** 오-르 무거운, 힘든, 어려운
кумдак / кумдуу 쿰닥 쿰두- 모래의, 모래 땅의	**оңой** 옹오이 쉬운
кургак 쿠르각 마른, 건조한	**салмактуу** 살막뚜- 무거운, 중량이 있는
курсак ач 쿠르삭 아츠 배고픈	**семиз** 세미즈 기름진, 살찐
курсак ток 쿠르삭 톡 배부른	**таза** 타자 청결한, 깨끗한
майлуу 마일루- 기름이 있는, 기름의	**толтура** 톨투라 가득한
мөлдүр 묄뒤르 맑은, 투명한, 빛나는	**толук** 톨룩 충분한, 충만한, 가득한

назик 나직 부드러운, 연약한, 깨지기 쉬운	**тунук** 투눅 깨끗한, 투명한, 맑은
начар 나차르 서투른, 약한, 나쁜	**туюк** 투육 닫힌, 폐쇄적인
нукура 누쿠라 순수한	**тың** 퉁 건장한, 튼튼한, 씩씩한
улуу 올루- 1)나이가 많은 2)위대한	**эски** 에스키 낡은, 헌
чийки 치이끼 설익은, 생 것의	**ээн** 엔- 무인의, 불모의, 황량한

5. 사물의 형태와 겉모습을 나타내는 말
(Заттардын сырткы көрүнүшүн билдирген сөздөр)

айрык 아이륵 찢어진, 해어진	**жалтырак** 잘트락 빛나는, 반짝이는
арык 아륵 야윈, 마른	**жарык** 자륵 밝은, 빛나는
ачык 아측 1)열린 2)맑은(*날씨가)	**жылаңач** 즐랑아츠 나체의, 발가벗은
бош 보쉬 1)빈, 비어있는, 2)한가한, 시간이 있는	**келбеттүү** 겔볠뛔- 매력적인, 마음을 끄는
жылтырак 즐트락 번쩍이는, 빛나는, 반짝반짝 하는	**кооз** 코-즈 아름다운(*자연이)
жыңайлак 증아이락 맨발의	**көлөкөлүү** 쾰뢰쾰뤼- 그늘이 많은
ири 이리 큰, 거대한	**куралдуу** 쿠랄두- 무장한

жабык 자븍 단힌	сулуу 술루- 아름다운, 예쁜(*사람이)
татынакай 타뜨나카이 귀여운, 예쁜	чак 착 알맞은, 딱 맞는
тоолуу 톨-루- 산지의, 산이 많은	

6. 사물의 가치를 나타내는 말
(Заттардын баасын билдирген сөздөр)

арзан 아르잔 싼(*가격이)	касиеттүү 카시엩뛰- 경건한, 신성한, 성스러운
асыл 아슬 고귀한, 귀중한	кем 켐 작은, 충분하지 않는
жакшы 작쓰 좋은, 훌륭한	кемчиликсиз 켐칠릭시즈 흠이 없는, 온전한
жалгыз 잘그즈 단 하나의, 유일한	кымбат 큼밭 비싼, 값진, 귀한
жаман 자만 나쁜, 악한	мыкты 믁트 우수한, 걸출한, 탁월한, 훌륭한
жараксыз 자락스즈 쓸데없는, 무익한	накта 낙타 진짜의, 순수한
жарактуу 자락뚜 쓸데 있는, 유익한, 적당한	натыйжайлуу 나트이잘루- 효과적인

-486-

жарамдуу 자람두- 적당한, 알맞은, 어울리는	**негизги** 네기즈기 기본의, 근본적인, 기초적인
нормалдуу 노르말두- 표준적인	**сүйүктүү** 쉬윽뛰- 사랑하는
оригиналдуу 오리기날두- 원래의, 원본의	**тубаса** 투바사 선천적인, 타고난
сүйкүмдүү 쉬이큄뒤- 사랑스러운, 귀여운, 매력적인	

7. 맛, 날씨, 온도를 나타내는 형용사
(даам, аба ырайы, температураны билдирген сөздөр)

■ 맛

даам 담- 맛	майлуу 마일루- 기름기가 많은
ачуу 아추 1)매운 2)짠 (*맛이) 3)쓰다	суюк 수육 연한, 묽은
даамдуу 담-두- 맛있는	таттуу 타뚜- 1)달콤한, 단 2)맛있는
даамсыз 담-스즈 맛없는	туздуу 투즈두- 짠
коюу 코유 진한, 뻑뻑한	ширин 쉬린 단(*맛이), 달콤한
кычкыл 크츠클 신맛의	шор 쇼르 짠(*맛이)

■ 날씨

аба ырайы 아바 으라이으 날씨	ачык 아측 1)열린 2)맑은(*날씨가)
бүркөк 뷔르쾨 찌푸린, 흐린 (*날씨가)	күн тийген 퀸 티이겐 해가 비치는
жаан жааган 잔- 자아간 비가 오는	күн чыккан 퀸 측칸 해가 나온, 해가 뜬
жаанчыл 잔-츨 비가 자주 많이 내리는, 장마의	шамал айдаган 샤말 아이다간 바람이 몰고 간
жамгыр жааган 잠그르 자아간 비가 오는	шамал соккон 샤말 속콘 바람이 강하게 부는
жарык чачкан 자특 차츠칸 (햇)빛을 비추는	шамалдаган 샤말다간 바람이 부는
кар жааган 카르 자-간 눈이 오는	

■ 온도

температура 템프라투라 온도	муздак 무즈닥 차가운
жылуу 즐루- 따뜻한	нымдуу 늠두- 습기가 많은, 습한
кургак 쿠르각 건조한, 마른	салкан 살큰 시원한
суу 수- 습한, 축축한	ысык 으슥 뜨거운, 더운
суук 수욱 추운	эриген 에리겐 녹은
тоңгон 통곤 얼어 붙은, 얼은, 언	

8. 시간, 계절과 관계된 말
(Убакыт, мезгилди билдирген сөздөр)

азыркы 아즈르끄 최신의, 현대의, 오늘 날의	**өткөн** 외트쾬 지난
акыркы 아크르끄 최종적인, 최후의, 마지막의, 최근의	**жазгы** 자즈그 봄의, 봄철의
алгачкы 알가츠크 초기의, 시초의, 처음의	**жайкы** 자이끄 여름의
алдыңкы 알둥끄 1)진보적인 2)우수한, 최상의	**жалгыз** 잘그즈 단 하나의, 유일한
байыркы 바이으르크 고대의, 옛날의	**кадимкидей** 카딤끼데이 보통 때와 같은, 일반적인
баштапкы 바쉬탑크 일차적인, 시작하는	**кезектүү** 케젝뛔- 직면한, 당면한
баягы 바야그 이전의, 방금 전의	**келерки** 겔레르끼 장래의, 미래의

өмүрлүк 외뮈르뤽 생애의, 일생의	кечки 게츠끼 저녁의
кокус 코쿠스 예기치 않은, 뜻밖의, 갑작스러운	тарыхый 타르흐이 역사(상)의
күндөлүк 퀸될뤽 매일의	тез 테즈 빠른, 신속한
күндүз 퀸뒤즈 주간의, 낮의	түбөлүк 튀뵐뤽 영원한, 불멸의
күнүмдүк 퀴뉨뒥 순간의, 덧없는, 매일의, 일상의	түнкү 튄뀌 밤의, 야간의
күтүлбөгөн 퀴튈뵈괸 예기치 않은, 뜻 밖의	түшкү 튀쉬뀌 정오의
күзгү 퀴즈뀌 가을의	чексиз 첵시즈 한없는, 무한한
кышкы 크쉬끄 겨울의	чукул 추쿨 긴급한, 긴박한

мурдагы / мурунку 무르다그 무룬꾸 이전의	**шашылыш** 샤슬르쉬 급한, 긴급한
сейрек 세이렉 드문	**үзгүлтүксүз** 위즈귈뤽쉬즈 끊임없는
соңку 송쿠 근래의, 최근의	**ылдам** 을담 고속의, 빠른

9. 사물의 위치와 거리를 나타내는 말
(Заттардын жайгашкан ордун жана аралыгын билдирген сөздөр)

үстү; үстүнкү 위스튀 위스튄뀌 위; 위의	**асты; астыңкы** 아스트 아스퉁끄 아래, 밑; 아래쪽의, 밑의
өйдө; жогору 외이되 조고루 위(쪽), 위쪽(의)	**ылдый; ылдыйкы** 을드이 을드이끄 아래, 밑; 아래쪽의, 밑의
алды; алдыңкы 알드 알둥크 앞; 앞의	**арка; арт; туш** 아르카 아르트 투쉬 뒤, 뒤쪽의
үстүндө 위스튄되 위에	**астында** 아스튼다 아래(쪽)에
өйдө, жогоруда 외이되 조고루다 위(쪽)에	**ылдыйда,** 을드이다 아래에, 밑에
алдында 알든다 앞에, 전면에	**аркасында; артында; тушунда** 아르카슨다 아르튼다 투슌다 뒤에, 뒤쪽에
жанында 자는다 옆에	**тыгыз** 트그즈 긴밀한 (*관계가)

жогорку 조고루꾸 높은	бийик 비이익 높은
пас 파스 낮은	жапыс 자쁘스 낮은
орто 오르토 중간, 가운데	узак 우작 먼 (*길이)
алыс 알르스 먼 (*거리가)	жакын 자큰 가까운 (*거리, 관계가)

iii. Этиш
(동사)

1. 사람의 몸과 관계된 동사
(Дене мүчөлөргө байланыштуу этиштер)

[손과 관계된 동사들 / Колго байланыштуу этиштер]

너는(Сен) * 2인칭 명령형	나는(Мен)	당신은(Сиз)
Ажырат. 아즈랄 분리해, 나눠.	Ажыратам. 아즈라탐 분리합니다, 나눕니다.	Ажыратыңыз. 아즈라뜽으즈 분리하세요, 나누세요.
Азайт. 아자잍 줄여, 낮춰.	Азайтам. 아자잍탐 줄입니다, 낮춥니다.	Азайтыңыз. 아자잍뜽으즈 줄이세요, 낮추세요.
Айландыр. 아이란드르 돌려, 회전시켜.	Айландырам. 아이란드람 돌립니다. 회전시킵니다.	Айландырыңыз. 아이란드릉으즈 돌리세요. 회전시키세요.
Айры (айыр). 아이르 찢어.	Айрып салам. 아이릅 살람 찢어 버립니다.	Айрып салыңыз. 아이릅 살릉으즈 찢어 버리세요.
Ал. 알 받어.	Алам. 알람 받습니다.	Алыңыз. 알릉으즈 받으세요.

Аралаштыр. 아랄라쉬뜨르 섞어.	Аралаштырам. 아랄라쉬뜨람 섞습니다.	Аралаштырыңыз. 아랄라뤼뜨릉으즈 섞어세요.
Ач. 아츠 열어.	Ачам. 아참 엽니다.	Ачыңыз. 아충으즈 여세요.
Байла. 바이라 묶어.	Байлайм. 바이라임 묶습니다.	Байлаңыз. 바이랑으즈 묶어세요.
Бас. 바스 1) 걸어. 2) 눌러. (*압력을 가해서)	Басам. 바삼 걷습니다. 누릅니다.	Басыңыз. 바숭으즈 걸어세요. 누르세요.
Бекемде. 베켐데 튼튼하게 해.	Бекемдейм. 베켐데임 튼튼하게 합니다.	Бекемдеңиз. 베켐뎅이즈 튼튼하게 하세요.
Бекит. 베킽 1)숨겨 2)확정해	Бекитем. 베키템 1)숨깁니다 2)확정합니다.	Бекитиңиз. 베키팅이즈 1)숨기세요 2)확정하세요.
Бөксөрт. 뵉쇠릍 줄여.	Бөксөртөм. 뵉쇠릍툄 줄입니다.	Бөксөртүңүз. 뵉쇠르튕위즈 줄이세요.

Бириктир. 비릭띠르 통합(일치) 시켜.	Бириктирем. 비릭띠렘 통합(일치) 시킵니다.	Бириктириңиз. 비릭띠링이즈 통합(일치) 시키세요.
Бошот. 보숕 자유롭게 해줘.	Бошотом. 보숕똠 자유롭게 해줍니다.	Бошотуңуз. 보숕뚱우즈 자유롭게 해주세요.
Буз. 부즈 어겨, 부셔.	Бузам. 부잠 어깁니다, 부숩니다.	Бузуп салыңыз. 부줍 살릉으즈 어기세요, 부수세요.
Булгала. 불갈라 더럽혀.	Булгалайм. 불갈라임 더럽힙니다.	Булгалаңыз. 불갈랑으즈 더럽히세요.
Бур. 부르 돌아.	Бурам. 부람 돕니다.	Буруңуз. 부룽우즈 도세요.
Бура. 부라 돌려.	Бурайм. 부라임 돌립니다.	Бураңыз. 부랑으즈 돌리세요.
Бүктө. 뷕뙤 접어.(*종이 등을)	Бүктөйм. 뷕뙤임 접습니다.	Бүктөңүз. 뷕뙹위즈 접어세요.
Бышыт. 브쏱 익혀, 삶아.	Бышытам. 브셔탐 익힙니다, 삶습니다.	Бышытыңыз. 브셔뚱으즈 익히세요, 삶으세요.

Өлчөйт 윌쵀잍 계량해, 측정해.	Өлчөйм. 윌쵀임 계량합니다. 측정합니다.	Өлчөңүз. 윌쵱위즈 계량하세요, 측정하세요.
Жап 잡 닫아, 닫어.	Жабам. 자밤 닫습니다.	Жабыңыз. 자붕으즈 닫으세요.
Жаз. 자즈 쓰, 적어, 기록해	Жазам. 자잠 씁니다. 적습니다.	Жазыңыз. 자중으즈 쓰세요, 적어세요.
Жармаштыр. 자르마쉬뜨르 붙여. (*풀로 종이를)	Жармаштырам. 자르마쉬뜨람 붙입니다.	Жармаштырыңыз. 자르마쉬뜨룽으즈 붙이세요.
Жаса. 자사 만들어.	Жасайм. 자사임 만듭니다.	Жасаңыз. 자상으즈 만드세요.
Жаят. 자얕 펼쳐, 펴. (*자리를)	Жаятам. 자야탐 펼칩니다. 폅니다.	Жаятыңыз. 자야뚱으즈 펼치세요, 펴세요.
Жулуп ал. 줄릅 알 뽑아. (*뿌리를)	Жулуп алам. 줄릅 알람 뽑습니다.	Жулуп алыңыз. 줄릅 알릉으즈 뽑으세요.
Жуу. 주- 씻어. (*빨래를)	Жууйм. 주-임 씻습니다.	Жууңуз. 주-웅즈 씻으세요.

Жуун. 주운 목욕해	Жуунам. 주-남 목욕합니다.	Жуунуңуз. 주-눙우즈 목욕하세요.
Жуур. 주-르 반죽해.	Жууруйм. 주-루임. 반죽합니다.	Жууруңуз. 주-룽우즈 반죽하세요.
Жүктө 쥑뙤 짐을 실어.	Жүктөйм. 쥑뙤임 짐을 싣습니다.	Жүктөңүз. 쥑똉위즈 짐을 실으세요.
Жыйна. 즈이나 모아. (* 책들을)	Жыйнайм. 즈이나임 모읍니다.	Жыйнаңыз. 즈이낭으즈 모으세요.
Жылдыр. 즐드르 옮겨, 이동시켜.	Жылдырам. 즐드람 옮깁니다, 이동시킵니다.	Жылдырыңыз. 즐드릉으즈 옮기세요. 이동시키세요.
Ий. 이- 구부려, 굽혀	Ийем. 이엠 구부립니다, 굽힙니다.	Ийиңиз. 이잉이즈. 구부리세요, 굽히세요.
Ил. 일 걸어. (*옷을)	Илем. 일렘 겁니다.	Илиңиз. 일링이즈 걸으세요.
Иретте 이렡떼 정돈해 (*순서대로)	Иреттейм. 이렡떼임 정돈합니다.	Иреттеңиз. 이렡뗑이즈 정돈하세요.

Как. 칵 박아.	Кагам. 카감 박습니다.	Кагыңыз. 카긍으즈 박으세요.
Карма. 카르마 (붙)잡아. (*손을)	Кармайм. 카르마임 (붙)잡습니다.	Карманыз. 카르망으즈 (붙)잡으세요.
Көрсөт. 괴르쉴 보여 줘.	Көрсөтөм. 괴르쉴뙴 보여 줍니다.	Көрсөтүңүз. 괴르쉴뜽위즈 보여 주세요.
Кес. 케스 잘라. (*나무를)	Кесем. 케셈 자릅니다.	Кесиңиз. 케싱이즈 자르세요.
Көтөр. 괴뙤르 들어. (*가방을)	Көтөрөм. 괴뙤룀 듭니다.	Көтөрүңүз. 괴뙤뤙위즈 들으세요.
Кийгиз. 기이기즈 입혀, (*옷을)	Кийгизем. 기이기젬 입힙니다.	Кийгизиңиз. 기이기징이즈 입히세요.
Кий. 기이 입어. (옷을)	Кием. 기이엠 입습니다.	Кийиңиз. 기이잉이즈. 입으세요.
Киргиз. 키르기즈 들어 오게 해.	Киргизем. 키르기젬 들어 오게 합니다.	Киргизиңиз. 키르기징이즈 들어 오게 하세요.

Күүлө.	Күүлөйм.	Күүлөңүз.
퀄-뢰	퀄-뢰임	퀄-뢩위즈
조율해 (*피아노를)	조율합니다.	조율하세요.

Кыймылдат.	Кыймылдатам.	Кыймылдатыңыз.
크이믈닫	크이믈다탐	크이믈다뜽으즈
움직이게 해.	움직이게 합니다.	움직이게 하세요.

Кырк.	Кыркам.	Кыркаңыз.
크르크	크르캄	크르캉으즈
잘라. (*머리카락을)	자릅니다.	자르세요.

Кыс.	Кысам.	Кысыңыз.
크스	크삼	크승으즈
압력을 가해.	압력을 가합니다.	압력을 가하세요.

Кыскар.	Кыскарам.	Кыскарыңыз.
크스카르	크스카람	크스카릉으즈
줄여.	줄입니다.	줄이세요.

Кыскарт.	Кыскартам.	Кыскартыңыз.
크스카를	크스카르탐	크스카르뜽으즈
짧게 해.	짧게 합니다.	짧게 하세요.

Кыйып сал.	Кыйып салам.	Кыйып салыңыз.
크이읍 살	크이읍 살람	크이읍 살릉으즈
잘라 버려.	잘라 버립니다.	잘라 버리세요.

Оро.	Оройм.	Ороңуз.
오로	오로임	오롱우즈
1) 싸. (*포장지로 선물을)	쌉니다.	싸세요.

2) 수확해. (*곡식을)	수확합니다.	수확하세요.
Отургуз. 오뚜르구즈 앉게 해.	Отургузам. 우뚜르구잠 앉게 합니다.	Отургузуңуз. 오뚜르구중우즈 앉게 하세요.
Оңдо. 옹도 고쳐.	Оңдойм. 옹도임 고칩니다.	Оңдоңуз. 옹동우즈 고치세요.
Сал. 살 넣어.	Салам. 살람 넣습니다.	Салыңыз. 살릉으즈 넣으세요.
Саа 사- 젖을 짜. (*소젖)	Саайм. 사-임 젖을 짭니다.	Сааңыз. 사-앙으즈 젖을 짜세요.
Сеп. 셉 뿌려. (*씨를)	Себем. 세벰 뿌립니다.	Себеңиз. 세벵이즈 뿌리세요.
Сугар. 수가르 물을 대. (*논에)	Сугарам. 수가람 물을 댑니다.	Сугарыңыз. 수가릉으즈 물을 대세요.
Сууруп ал. 수-룹 알 뽑아, 빼. (*칼을)	Сууруп алам. 수-룹 알람 뽑습니다. 뺍니다.	Сууруп алыңыз. 수-룹 알릉으즈 뽑으세요, 빼세요.

Сүйрөп кет.	Сүйрөп кетем.	Сүйрөп кетиңиз.
쉬륍 겥	쉬륍 게템	쉬륍 게띵이즈
끌고 가.	끌고 갑니다.	끌고 가세요.
Сүрт.	Сүртөм.	Сүртүңүз.
쉬륕	쉬륕툠	쉬륕뚱위즈
닦아. (*수건으로)	닦습니다.	닦으세요.
Сык.	Сыгам.	Сыгыңыз.
슥	스감	스긍으즈
비틀어 짜. (*빨래를)	비틀어 짭니다.	비틀어 짜세요.
Сыйпа	Сыйпайм.	Сыйпаңыз.
스이빠	스이빠임	스이빵으즈
바르다. (*연고를)	바릅니다.	바르세요.
Сыла.	Сылайм.	Сылаңыз.
슬라	슬라임	슬랑으즈
애무해.	애무합니다.	애무 하세요.
Сындыр	Сындырам.	Сындырыңыз.
슨드르	슨드람	슨드릉으즈
깨뜨려. (*병을)	깨뜨립니다.	깨뜨리세요.
Тарт.	Тартам.	Тартыңыз.
타를	타르탐	타르뚱으즈
당겨.	당깁니다.	당기세요.
Тегизде.	Тегиздейм.	Тегиздеңиз.
테기즈데	테기즈데임	테기즈뎅이즈
평평하게 해. (*땅을)	평평하게 합니다.	평평하게 하세요.

Терип ал. 테립 알 따. (*열매를)	Терип алам. 테립 알람 땁니다.	Терип алыңыз. 테립 알릉으즈 따세요.
Теш. 테쉬 구멍을 뚫어.	Тешем. 테쉠 구멍을 뚫습니다.	Тешиңиз. 테셩이즈 구멍을 뚫으세요.
Тигип бер. 티깁 베르 기워 줘.(*옷을)	Тигип берем. 티깁 베렘 기워 줍니다.	Тигип бериңиз. 티깁 베링이즈 기워 주세요.
Тийгиз. 티이기즈 손을 대.	Тийгизем. 티이기젬 손을 댑니다.	Тийгизиңиз. 티이기징이즈 손을 대세요.
Толтур. 톨투르 가득 채워.	Толтурам. 톨투람 가득 채웁니다.	Толтуруңуз. 톨투룽우즈 가득 채우세요.
Тосуп ал. 토숩 알 맞이해. (*손님을) 막아. (*공을)	Тосуп алам. 토숩 알람 맞이합니다. 막습니다.	Тосуп алыңыз. 토숩 알릉으즈 맞이하세요. 막으세요.
Тургуз. 투르구즈 일으켜 세워.	Тургузам. 투르구잠 일으켜 세웁니다.	Тургузуңуз. 투르구중우즈 일으켜 세우세요.

Туура.	Туурайм.	Туураңыз.
투-라	투-라임	투-랑으즈
흉내 내.	흉내 냅니다.	흉내 내세요.

Түй.	Түйөм.	Түйүңүз.
튀이	튀-웜	튀윙위즈
매. (*줄을)	맵니다.	매세요.

Түрт.	Түртөм.	Түртүңүз.
튀륄	튀륄툄	튀륄텅위즈
밀어.	밉니다.	미세요.

Түшүр.	Түшүрөм.	Түшүрүңүз.
튀쉬르	튀쉬룀	튀쉬륑위즈
내리다. (*짐 또는 가격을)	내립니다.	내리세요.

Тыкылдат.	Тыкылдатам.	Тыкылдатыңыз.
트클답	트클답탐	트클다뚱으즈
두드려. (*문을)	두드립니다.	두드리세요.

Ур.	Урам.	Уруңуз.
우르	우람	우룽우즈
때려. (*주먹으로)	때립니다.	때리세요.

Чап.	Чабам.	Чабыңыз.
찹	차밤	차븡으즈
때려. (*손바닥으로)	때립니다.	때리세요.
베. (*풀을)	벱니다.	베세요.

Чач. 차츠 훑어버려.(*씨앗을)	Чачам. 차참 훑어 버립니다.	Чачыңыз. 차충으즈 훑어 버리세요.
Чеч. 체츠 1) 풀어.(*매듭, 문제를) 2) 벗어.(*옷을)	Чечем. 체쳄 풉니다. 벗습니다.	Чечиңиз. 체칭이즈 푸세요. 벗으세요.
Чечиндир. 체친디르 벗겨. (옷을)	Чечиндирем. 체친디렘 벗깁니다.	Чечиндириңиз. 체친디링이즈 벗기세요.
Чогулт. 초굴트 모아. (*책들을)	Чогултам. 초굴탐 모읍니다.	Чогултуңуз. 초굴퉁우즈 모으세요.
Чой. 초이 늘려. (*고무줄을)	Чоём. 초욤 늘립니다.	Чоюуңуз. 초윰우즈 늘리세요.
Чымчы. 츰츠 꼬집어.	Чымчыйм. 츰츠임 꼬집습니다.	Чымчыңыз. 츰충으즈 꼬집으세요.
Шыпыр. 셔쁘르 쓸어.	Шыпырам. 셔쁘람 씁니다.	Шыпырыңыз. 셔쁘릉으즈 쓸으세요.

Үз. 위즈 끊어.	Үзөм. 위쥠 끊습니다.	Үзүңүз. 위쥼위즈 끊으세요.
Ыргыт. 으르글 1) 던지다. 2) 버리다	Ыргытам. 으르그탐 던집니다. 버립니다.	Ыргытыңыз. 으르그뚱으즈 던지세요. 버리세요.

[발에 관계된 동사 / Бутка байланыштуу этиштер]

Атта. 알따 넘어, 뛰어 건너. (*담, 개울을)	Аттайм. 알따임 넘습니다, 뛰어 건넙니다.	Аттаңыз. 아땅으즈 넘으세요. 뛰어 건너세요.
Бас. 바스 걸어.	Басам. 바삼 걷습니다.	Басыңыз. 바슝으즈 걸으세요.
Жанчы. 잔츠 짓밟어.	Жанчыйм. 잔츠임 짓밟습니다.	Жанчыңыз. 잔충으즈 짓밟으세요.
Кий. 기이 신어. (*신발을)	Кийем. 기옘 신습니다.	Кийиңиз. 기이잉즈 신으세요.

Киргиз.	Киргизем.	Киргизиңиз.
키르기즈	키르기젬	키르기징이즈
넣어. (*공을)	넣습니다.	넣어세요.

Кыймылдат.	Кыймылдатам.	Кыймылдатыңыз.
크이믈닫	크이믈다탐	크이믈다뚱으즈.
건드리다. (*발로)	건드립니다.	건드리세요.

Секир.	Секирем.	Секириңиз.
세키르	세키렘	세키링이즈
높이 뛰어. (*점프)	높이 뜁니다.	높이 뛰세요.

Тебеле.	Тебелейм.	Тебелеңиз.
테벨레	테벨레임	테벨렝이즈
짓밟어.	짓밟습니다.	짓밟으세요.

Теп.	Тебем.	Тебеңиз.
텝	테벰	테벵이즈
차. (*공을)	찹니다.	차세요.

Чурка.	Чуркайм.	Чуркаңыз.
추르카	추르카임	추르캉으즈
뛰어, 달려. (*빨리)	뜁니다, 달립니다.	뛰세요, 달리세요.

[눈에 관계된 동사 / Көзгө байланыштуу этиштер]

Айландыр.	Айландырам.	Айландырыңыз.
아일란드르	아일란드람	아일란드릉으즈
돌려.(*눈을)	돌립니다.	돌리세요.

Ач	Ачам.	Ачыңыз.
아츠	아참	아츙으즈
떠. (*눈을)	뜹니다.	뜨세요.
	(*Көз жаш чыгат.)	
	꾀즈 자쉬 츠갇	
	* 눈물이 나다.	
Жум.	Жумам.	Жумуңуз.
줌	주맘	주망으즈
감아. (*눈을)	감습니다.	감으세요.
Кара.	Карайм.	Караңыз.
카라	카라임	카랑으즈
쳐다 봐. (*나를)	쳐다 봅니다.	쳐다 보세요.
Көр.	Көрөм.	Көрүңүз.
꾀르	꾀룀	꾀룅위즈
봐.	봅니다.	보세요.
Ирме.	Ирмейм.	Ирмеңиз.
이르메	이르메임	이르멩이즈
깜박여. (*눈을)	깜박입니다.	깜박이세요.
Тикте.	Тиктейм.	Тиктеңиз.
틱테	틱테임	틱텡이즈
똑바로 봐. (*나를)	똑바로 봅니다.	똑바로 보세요.

[귀에 관계된 동사 / Кулакка байланыштуу этиштер]

Тыңша.	Тыңшайм.	Тыңшаңыз.
틍샤	틍샤임	틍샹으즈
귀를 기울여.	귀를 기울입니다.	귀를 기울이세요.
Ук.	Угам.	Угуңуз.
욱	우감	우궁우즈
들어. (*내 말을)	듣습니다.	들으세요.
Укпа.	Укпайм.	Укпаңыз.
욱빠	욱빠임	욱빵으즈
듣지 마. (*그의 말을)	듣지 않습니다.	듣지 마세요.

[코에 관계된 동사 / Мурунга байланыштуу этиштер]

Жытта.	Жыттайм.	Жыттаңыз.
즐따	즐따임	즐땅으즈
냄새를 맡아.	냄새를 맡습니다.	냄새를 맡으세요.
	(*Коңурук тартат.)	
	콩우룩 타르탈	
	코를 골다	
Дем ал.	Дем алам.	Дем алыңыз.
뎀 알	뎀 알람	뎀 알릉으즈
숨을 들이마셔.	숨을 들이마십니다.	숨을 들이마시세요.

Дем чыгар. 뎀 츠가르 숨을 내뱉어.	Дем чыгарам. 뎀 츠가람 숨을 내뱉습니다.	Дем чыгарыңыз. 뎀 츠가릉으즈 숨을 내뱉으세요.
Чимкир. 침키르 코를 풀어.	Чимкирем. 침키렘 코를 풉니다.	Чимкириңиз. 침키링이즈 코를 푸세요.
Чүчкүр. 취츠키르 재채기 해.	Чүчкүрөм. 취츠키륌 재채기 합니다.	Чүчкүрүңүз. 취츠키륑위즈 재채기 하세요.

[입에 관계된 동사 / Оозго байланыштуу этиштер]

Айт. 아읻 말해.	Айтам. 아읻탐 말합니다.	Айтыңыз. 아읻뜽으즈 말하세요.
Ач. 아츠 열어. (*입을)	Ачам. 아참 엽니다.	Ачыңыз. 아충으즈 여세요.
Буу чыгар. 부- 츠가르 입김을 불어.	Буу чыгарам. 부- 츠가람 입김을 붑니다.	Буу чыгарыңыз. 부- 츠가릉으즈 입김을 부세요.
Дем ал. 뎀 알 숨을 들이마셔.	Дем алам. 뎀 알람 숨을 들이마십니다.	Дем алыңыз. 뎀 알릉으즈 숨을 들이마시세요.

Дем чыгар. 뎀 츠가르 숨을 내뱉어.	Дем чыгарам. 뎀 츠가람 숨을 내뱉습니다.	Дем чыгарыңыз. 뎀 츠가릉으즈 숨을 내뱉으세요.
Жап 잡 닫아, (*입을)	Жабам. 자밤 닫습니다.	Жабыңыз. 자븡으즈 닫으세요.
Же. 제 먹어. (*음식을)	Жейм. 제임 먹습니다.	Жеңиз. 젱이즈 드세요.
Жут. 쥩 삼켜.	Жутам. 주탐 삼킵니다.	Жутуңуз. 주퉁우즈 삼키세요.
Жылмай. 즐마이 미소 지어.	Жылмайып жатам. 즐마이읍 자탐 미소 짓고 있습니다.	Жылмайып туруңуз. 즐마이읍 투룽우즈 미소 지으세요.
Ич. 이츠 마셔.	Ичем. 이쳄 마십니다.	Ичиңиз. 이칭이즈 마시세요.
Кекет. 케켙 잔소리 해 꾸짖어.	Кекетем. 케케템 잔소리 합니다. 꾸짖습니다.	Кекетиңиз. 케케팅이즈 잔소리 하세요. 꾸짖으세요.

Кус.	Кусам.	Кусуңуз.
쿠스	쿠삼	쿠숭우즈
토하다.	토합니다.	토하세요.

Сүйлө.	Сүйлөйм.	Сүйлөңүз.
쉴뢰	쉴뢰임	쉴뢩이즈
이야기해.	이야기합니다.	이야기하세요.
말해.	말합니다.	말하세요.

Үйлө.	Үйлөйм.	Үйлөңүз.
윌뢰	윌뢰임	윌뢩위즈
숨을 내셔.	숨을 내십니다.	숨을 내쉬세요.
숨을 불어 넣어.	숨을 불어 넣습니다.	숨을 불어 넣으세요.

Ырда.	Ырдайм.	Ырдаңыз.
으르다	으르다임	으르당으즈
노래해.	노래합니다.	노래하세요.

Эсте.	Эстейм.	Эстеңиз.
에스테	에스테임	에스텡이즈
하품해.	하품합니다.	하품하세요.

[머리에 관계된 동사 / Башка тиешелүү этиштер]

Баш ий.	Баш ийем.	Баш ийиңиз.
바쉬 이-	바쉬 이엠	바쉬 이잉이즈
머리를 숙여.	머리를 숙입니다.	머리를 숙이세요.
복종해.	복종합니다.	복종하세요.

Баш көтөр. 바쉬 괴뙤르 머리를 들어.	Баш көтөрөм. 바쉬 괴뙤룀 머리를 듭니다.	Баш көтөрүңүз. 바쉬 괴뙤뤙위즈 머리를 드세요.
Баш оң жакка бур. 바쉬 옹 작카 부르 머리를 오른쪽으로 돌려.	Баш оң жакка бурам. 바쉬 옹 작카 부람 머리를 오른쪽으로 돌립니다.	Баш оң жакка буруңуз. 바쉬 옹 작카 부룽우즈 머리를 오른쪽으로 돌리세요.
Баш сол жакка бур. 바쉬 솔 작카 부르 머리를 왼쪽으로 돌려.	Баш сол жакка бурам. 바쉬 솔 작카 부람 머리를 왼쪽으로 돌립니다.	Баш сол жакка буруңуз. 바쉬 솔 작카 부룽우즈 머리를 왼쪽으로 돌리세요.
Баш түшүр. 바쉬 튀쉬르 머리를 내려.	Баш түшүрөм. 바쉬 튀쉬룀 머리를 내립니다.	Баш түшүрүңүз. 바쉬 튀쉬뤙위즈 머리를 내리세요.
Ой жүгүрт 오이 쥐귀륃 깊이 생각해.	Ой жүгүртөм. 오이 쥐귀르툄 깊이 생각합니다.	Ой жүгүртүңүз. 오이 쥐귀르퉝위즈 깊이 생각하세요.
Ойло 오이로 생각해. (*네가)	Ойлойм. 오이로임 생각합니다.	Ойлоңуз. 오이롱우즈 생각하세요.
Ойлон 오일론 생각해.(*네 자신이)	Ойлоном. 오일로놈 생각합니다.	Ойлонуңуз. 오일로눙우즈 생각하세요.
Эсте. 에스테 기억해 봐.	Эстейм. 에스테임 기억해 봅니다.	Эстеңиз. 에스텡이즈 기억해 보세요.

[심장에 관계된 동사 / Жүрөккө тиешелүү этиштер]

Кысылат.	Лакылдайт.	Ооруйт.
크슬랏	라클다일	오-루일
눌립니다.(*가슴이)	뜁니다. 두근거립니다.	아픕니다.
Согот.	Титирейт.	Токтойт
소곹	티티레읻	톡토읻
고동칩니다.(*가슴이)	떨립니다.	멈춥니다.

[위에 관계된 동사 / Ашказанга тиешелүү этиштер]

Кичирейит.	Сиңире албайт.	Сиңирет.
키치레읻	싱이레 알바읻	싱이렡
줄어들다.	소화가 안됩니다.	소화가 됩니다.
Толот.	Чоюлат.	
톨롵	초율랕	
가득합니다.	늘어나다.	

2. 감정을 나타내는 동사
(Сезимди билдирген этиштер)

미래 (келерчак)	현재 (учур чак)	과거 (өткөнчак)
	Мен (나는)	
Ачууланам. 아출-라남 화를 냅니다.	Ачууланып жатам. 아출라늡 자탐 화를 내고 있습니다.	Ачууландым. 아출-란듬 화를 냈습니다.
Жакшы көрөм. 작쓰 괴룀 좋아 합니다.	Жакшы көрүп жатам. 작쓰 괴륍 자탐 좋아 하고 있습니다.	Жакшы көрдүм. 작쓰 괴르듬 좋아 했습니다.
Жек көрөм. 젝 괴룀 미워합니다.	Жек көрүп жатам. 젝 괴륍 자탐 미워하고 있습니다.	Жек көрдүм. 젝 괴르듬 미워했습니다.
Жек көрүнөм. 젝 괴뤼늄 멸시를 당합니다.	Жек көрүнүп жатат. 쥑 괴뤼늡 자탙 멸시를 당하고 있습니다.	Жек көрүндүм. 젝 괴륀듬 멸시를 당했습니다.
Каарданам. 카르다남 분노합니다.	Каарданып жатам. 카르다늡 자탐 분노하고 있습니다.	Каардандым. 카르단듬 분노했습니다.
Кабатырланам. 카바트를라남 근심(걱정)합니다.	Кабатырланып жатам. 카바트를라늡 자탐 근심(걱정)하고 있습니다.	Кабатырландым. 카바트를란듬 근심(걱정)했습니다.

Кайгырам. 카이그람 슬퍼합니다.	Кайгырып жатам. 카이그릅 자탐 슬퍼하고 있습니다.	Кайгырдым. 카이그르듬 슬퍼했습니다.
Канааттанам. 카낱따남 만족합니다.	Канааттанып жатам. 카낱따늡 자탐 만족하고 있습니다.	Канааттандым. 카낱딴듬 만족했습니다.
Капаланам. 카빨라남 마음이 상합니다. 근심합니다.	Капаланып жатам. 카빨라늡 자탐 마음이 상하고 있습니다. 근심하고 있습니다.	Капаландым. 카빨란듬 마음 상했습니다. 근심했습니다.
Корунам. 코루남 불편하게 느낍니다.	Корунуп жатам. 코루눕 자탐 불편하게 느끼고 있습니다.	Корундум. 코룬둠 불편하게 느꼈습니다.
Кубанам. 쿠바남 기뻐합니다.	Кубанып жатам. 쿠바늡 자탐 기뻐하고 있습니다.	Кубандым. 쿠반듬 기뻐했습니다.
Күмөн санайм. 퀴뭰 사나임 의심합니다.	Күмөн санап жатам. 퀴뭰 사납 자탐 의심하고 있습니다.	Күмөн санадым. 퀴뭰 사나듬 의심했습니다.
Кыжырданам. 크즈르다남 분노합니다.	Кыжырданып жатам. 크즈르다늡 자탐 분노하고 있습니다.	Кыжырдандым. 크즈르단듬 분노했습니다.

Кызганам.	Кызганып жатам.	Кызгандым.
크즈가남	크즈가늡 자탐	크즈간듬
질투합니다.	질투하고 있습니다.	질투했습니다.
Кыялданам.	Кыялданып жатам.	Кыялдандым.
크얄다남	크얄다늡 자탐	크얄단듬
상상합니다.	상상하고 있습니다.	상상했습니다.
Намыстан-	Намыстан-	Намыстан-
나므스타남	나므스타늡 자탐	나므스탄듬
부끄럽게 생각합니다.	부끄럽게 생각하고 있습니다.	부끄럽게 생각했습니다.
Оңтойсузданам.	Оңтойсузданып жатам.	Оңтойсуздандым.
옹토이수즈다남	옹토이수즈다늡 자탐	옹토이수즈단듬
불쾌합니다.	불쾌해 하고 있습니다.	불쾌했습니다.
Өкүнөм.	Өкүнүп жатам.	Өкүндүм.
외퀴뇜	외퀴늡 자탐	외퀸듬
후회합니다.	후회하고 있습니다.	후회했습니다.
Сагынам.	Сагынып жатам.	Сагындым.
사그남	사그늡 자탐	사근듬
그립습니다.	그리워하고 있습니다.	그리웠습니다.
Суктанам.	Суктанып жатам.	Суктандым.
숙타남	숙타늡 자탐	숙탄듬
부럽습니다.	부러워하고 있습니다.	부러웠습니다.
Сүйөм.	Сүйүп жатам.	Сүйдүм.
쉬이욈	쉬윕 자탐	쉬이듬
사랑합니다.	사랑하고 있습니다.	사랑했습니다.

Сүйүнөм. 쉬위뇸 기뻐합니다.	Сүйүнүп жатам. 쉬위늅 자탐 기뻐하고 있습니다.	Сүйүндүм. 쉬윈둠 기뻐했습니다.
Тамшанам. 탐샤남 즐깁니다.	Тамшанып жатам. 탐샤늡 자탐 즐기고 있습니다.	Тамшандым. 탐샨듬 즐겼습니다.
Сыймыктанам. 스이묵타남 자랑스럽게 여깁니다.	Сыймыктанып жатам. 스이묵타늡 자탐 자랑스럽게 여기고 있습니다.	Сыймыктандым. 스이묵탄듬 자랑스럽게 여겼습니다.
Таарынам. 타-르남 화가 납니다.	Таарынып жатам. 타-르늡 자탐 화가 나고 있습니다.	Таарындым. 타-른듬 화가 났습니다.
Тайманам. 타이마남 무서워합니다.	Тайманып жатам. 타이마늡 자탐 무서워하고 있습니다.	Таймандым. 타이만듬 무서워 했습니다.
Тынчсызданам. 튼츠스즈다남 걱정합니다.	Тынчсызданып жатам. 튼츠스즈다늡 자탐 걱정하고 있습니다.	Тынчсыздандым. 튼츠스즈단듬 걱정했습니다.
Шаттанам. 샤따남 즐거워합니다.	Шаттаныпжатам. 샤따늡 자탐 즐거워하고 있습니다.	Шаттандым. 샤딴듬 즐거워했습니다.
Шыктанам. 셕타남 감흥(격려)를 받습니다.	Шыктанып жатам. 셕타늡 자탐 감흥(격려)를 받고 있습니다.	Шыктандым. 셕탄듬 감흥(격려)를 받았습니다.

Ызаланам.	Ызаланып жатам.	Ызаландым.
으잘라남	으잘라늡 자탐	으잘란듬
분개합니다.	분개하고 있습니다.	분개했습니다.
Ынанам.	Ынанып жатам.	Ынандым.
으나남	으나늡 자탐	으난듬
허락합니다.	허락하고 있습니다.	허락했습니다.
Ынтызарланам.	Ынтызарланып жатам.	Ынтызарландым.
은트자를라남	은트자를라늡 자탐	은트자를란듬
열망합니다.	열망하고 있습니다.	열망했습니다.

3. 많이 사용하는 재귀 동사
(Көп колдонуучу өздүк мамиледеги этиштер)

미래 (келерчак)	현재 (учур чак)	과거 (өткөнчак)
Мен (나는)		
Айланам. 아이라남 돕니다.	Айланып жатам. 아이라늡 자탐 돌고 있습니다.	Айландым. 아이란듬 돌았습니다.
Алданам. 알다남 속습니다.	Алданып жатам. 알다늡 자탐 속고 있습니다.	Алдандым. 알단듬 속았습니다.
Арызданам. 아르즈다남 청원(탄원)합니다.	Арызданып жатам. 아르즈다늡 자탐 청원(탄원)하고 있습니다.	Арыздандым. 아르즈단듬 청원(탄원)했습니다.
Багынам. 바근듬 복종합니다.	Багынып жатам. 바그늡 자탐 복종하고 있습니다.	Багындым. 바근듬 복종했습니다.
башы айланат. 바쓰 아이라낟 현기증이 납니다.	башы айланып жатат. 바쓰 아이라늡 자탇 현기증이 나고 있습니다.	башы айланды. 바쓰 아이란드 현기증이 났습니다.
Өжөрлөнөм. 외즈르뢰뇜 고집을 부립니다.	Өжөрлөнүп жатам. 외즈르뢰늡 자탐 고집을 부리고 있습니다.	Өжөрлөндүм. 외죄르뢴듬 고집을 부렸습니다.

Жашынам. 자셔남 숨습니다.	Жашынып жатам. 자셔늡　　자탐 숨고 있습니다.	Жашындым. 자션듬 숨었습니다.
Жуунам. 주-남 목욕합니다.	Жуунуп жатам. 주-눕　　자탐 목욕하고 있습니다.	Жуундум. 준-둠 목욕했습니다.
Камынам. 카므남 준비(예비)합니다.	Камынып жатам. 카므늡　　자탐 준비(예비)하고 있습니다.	Камындым. 카믄듬 준비(예비)했습니다.
Көнөм. 괴넘 적응합니다.	Көнүп жатам. 괴눕　　자탐 적응하고 있습니다.	Көндүм. 괸둠 적응했습니다.
Кийинем. 기이넴 입습니다.	Кийинип жатам. 기이닙　　자탐 입고 있습니다.	Кийиндим. 기인딤 입었습니다.
кол сунам. 콜　수남 손을 뻗습니다.	кол сунуп жатам. 콜　수눕　　자탐 손을 뻗고 있습니다.	кол сундум. 콜　순둠 손을 뻗었습니다.
Куралданам. 쿠랄다남 무장합니다.	Куралданып жатам. 쿠랄다늡　　자탐 무장하고 있습니다.	Куралдандым. 쿠랄단듬 무장했습니다.
Кысынам. 크스남 억눌립니다.	Кысынып жатам. 크스늡　　자탐 억눌리고 있습니다.	Кысындым. 크슨듬 억눌렸습니다.

Минем.	Минип жатам.	Миндим.
미넴	미닙 자탐	민딤
탑니다.	타고 있습니다.(*말을)	탔습니다.
моюн сунам.	моюн сунуп жатам.	моюн сундум.
모윤 수남	모윤 수늡 자탐	모윤 순둠
순종합니다.	순종하고 있습니다.	순종했습니다.
Пайдаланам.	Пайдаланып жатам.	Пайдаландым.
파이달라남	파아달라늡 자탐	파이달란듬
이용합니다.	이용하고 있습니다.	이용했습니다.
Сунам.	Сунуп жатам.	Сундум.
수남	수늡 자탐	순둠
내밉니다.	내밀고 있습니다.	내밀었습니다.
Сыйынам.	Сыйынып жатам.	Сыйындым.
스이남	스이늡 자탐	스인듬
기도합니다.	기도하고 있습니다.	기도했습니다.
Табынам.	Табынып жатам.	Табындым.
타브남	타브늡 자탐	타븐듬
예배합니다.	예배하고 있습니다.	예배했습니다.
Тайгаланам.	Тайгаланып жатам.	Тайгаландым.
타이갈라남	타아갈라늡 자탐	타이갈란듬
미끄러집니다.	미끄러지고 있습니다.	미끄러졌습니다.
Танам.	Таныпжатам.	Тандым.
타남	타늡 자탐	탄듬
부정합니다.	부정하고 있습니다.	부정했습니다.

Таянам. 타야남 의지합니다.	Таяныeverymentp жатам. 타야늡 자탐 의지하고 있습니다.	Таяндым. 타얀듬 의지했습니다.
*Ал түгөнөт. 알 튀괴뇔 그것은 고갈됩니다.	*Ал түгөнүп жатат. 알 튀괴늡 자탙 그것은 고갈되고 있습니다.	*Ал түгөндү. 알 튀귄뒤 그것은 고갈되었습니다.
*тыюу салынат. 트유 살르낱 금지합니다.	*тыюу салынып жатат. 트유 살르늡 자탙 금지하고 있습니다.	*тыюу салынды. 트유 살른드 금지되었습니다.
Убадаланам. 우바다라남 약속합니다.	Убаданып жатам. 우바다라늡 자탐 약속하고 있습니다.	Убадаландым. 우바다란듬 약속했습니다.
Уланам. 올라남 이어서 계속합니다.	Уланып жатам. 올라늡 자탐 이어서 계속하고 있습니다.	Уландым. 올란듬 이어서 계속했습니다.
Чечинем. 체치넴 옷을 벗습니다.	Чечинип жатам. 체치닙 자탐 옷을 벗고 있습니다.	Чечиндим. 체친딤 옷을 벗었습니다.
Үйлөнөм. 위이뢰뇜 결혼합니다.	Үйлөнүп жатам. 위이뢰늡 자탐 결혼하고 있습니다.	Үйлөндүм. 위이뢴듐 결혼했습니다.
Үйрөнөм. 위이뢰뇜 배웁니다.	Үйрөнүп жатам. 위이뢰늡 자탐 배우고 있습니다.	Үйрөндүм. 위이뢴듐 배웠습니다.

4. 행위의 시작이 누구인지 불분명한 동사
(Туюк мамиледеги этиштер)

агыл- 아글 흐르다 (* 많이)	жарыл- 자를 폭발하다
айыптал- 아이읍탈 유죄를 받다, 정죄를 당하다	жаңыл- 장을 틀리다
арыл- 아를 정결해 지다, 깨끗해 지다	жетил- 제틸 인도를 하다
асыл- 아슬 걸리다, 매달리다	жеңил- 젱일 지다, 패하다
байкал- 바이칼 인지하다, 관찰되다	жогол- 조골 없어지다, 살아지다
берил- 베릴 1)주어지다 2)빠지다 (* 어떤 일에)	жул- 줄 뽑아지다, 뽑다
бурул- 부룰 회전하다	жыгыл- 즈글 넘어지다

жайыл- 자이을 1) 펼쳐지다, 퍼지다 2) 방목하다	жыртыл- 즈르틀 찢어지다, 째지다
кабыл- 카블 당하다, 경험하다	кырыл- 크를 학살하다, 전열하다
кайрыл- 카이를 청원하다, 호소하다	кысыл- 크슬 압박 당하다, 강제로 하다
качып кутул- 카츕 쿠툴 피하다, 도망하여 구원을 얻다	мүдүрүл- 뮈뒤륄 넘어지다
керил- 케릴 곧게 펴다	омкорул- 옴코룰 절멸하다, 뿌리째 뽑히다
кесил- 케실 잘라지다, 베어지다	санал- 사날 1)숙고하다, 고찰하다 2)세다(*개수를)
кошул- 코슐 합류하다, 결합하다	сапырыл- 사쁘를 흩어지다, 흩뿌려지다
кубул- 쿠불 변하다, 바꾸다	сатыл- 사틀 팔리다

кутул- 쿠툴 구원되다, 해방되다	**серпил-** 세르삘 1) 튀기다 (*물을), 2) 불쑥 나타나다
күбүл- 퀴뷜 흔들려서 떨어지다	**созул-** 소줄 연장되다, 끌다, 계속되다
кыйнал- 크이날 고통을 당하다, 고생하다	**суроо туул-** 수로- 툴- 질문이 생기다
таңг(к)ал- 탕갈 놀라다	**чайкал-** 차이칼 1)요동하다, 2)행구다
төгүл- 퇴궐 엎지르다	**чайпал-** 차이빨 흔들리다, 동요하다
тизил- 티질 정렬되다, 일렬로 늘어서다	**чогул-** 초굴 모이다
тирил- 티릴 부활하다, 소생하다	**шимил-** 쉬밀 빨리다
туул- 툴- 1) 낳다 2) 나타나다, 발생하다	**үзүл-** 위쥘 끊어지다

түйүл- 튀이윌 1)압착되다, 죄이다 2)잉태되다	эгил- 에길 심기다, 심어지다
угул- 우굴 들리다	эншерил- 엥쇠릴 붕괴되다, 무너지다
умтул- 움툴 노력하다, 도전하다, 시도하다	

5. 행위가 누구 또는 무엇을 통해서 이루어지게 하는 동사
(Аркылуу мамиледеги этиштер)

агыз- 아그즈 흐르게 하다, 쏟다	**акырындат-** 아크른닽 늦추게 하다, 늦추다
адаштыр- 아다쉬트르 미혹시키다, 길을 잃게 하다	**алмаштыр-** 알마쉬트르 바꾸다, 교환하다
ажырат- 아즈랕 1)구별(분리)하다 2)박탈하다	**аралаштыр-** 아랄라쉬트르 혼합시키다, 연루시키다, 섞다
азайт- 아자잍 줄이다, 감소시키다, 낮추다	**арзандат-** 아르잔닽 싸게 하다, 할인하다
азгыр- 아즈그르 유혹하다	**арт-** 아를 초과하다, 넘다
айландыр- 아일란드르 돌리게 하다, 회전 시키다	**арттыр-** 아를트르 1)성취시키다 2)증대시키다
айлант- 아일란트 회전시키다	**багындыр-** 바근드르 복종(굴복) 시키다, 길들이다

айыктыр- 아이윽트르 고치다, 낫게 하다	**багынт-** 바근트 복종시키게 하다, 길들이게 하다
байланыштыр- 바이라느쉬트르 연락하게 하다, 관계를 하게 하다	**бүтүр-** 뷔뛰르 끝내게 하다
байыт- 바이트 부자가 되게 하다, 부요 하게 하다	**бышыр-** 브쓰르 삶다, 익히다
басаңдат- 바상닼 낮추다, 내리다, 줄이다	**өгөйсүнт-** 외괴이쉰트 따돌리다, 소외시키다
басынт- 바슨트 깎아 내리다, 낮추다	**өздөштүр-** 외즈되쉬튀르 자기의 것으로 만들다, 일치시키다
баш калтыр- 바쉬 칼트르 당황케 하다, 난처하게 하다	**өлтүр-** 욀튀르 살해하다, 죽게 하다
баш катыр- 바쉬 카트르 당황케 하다, 난처하게 하다	**өндүр-** 왼뒤르 생산하다, 재조하다
бекит- 베킽 1)승인하다, 비준하다 2)숨기다	**өркүндөт-** 외르퀸될 발전(발달) 시키다

бөлүштүр- 뵐뤼쉬튀르 나누게 하다, 분배시키다	**өстүр-** 외스튀르 키우다, 성장시키다
билдир- 빌디르 1)알리다 2)의미하다 3)보고하다	**өткөр-** 욑푀르 통과시키다, 지나가게 하다
бошот- 보숕 자유롭게 하다, 해방시키다	**жактыр-** 작뜨르 좋아하게 하다, 마음에 들게 하다
жандандыр- 잔단드르 생기를 불어 넣게 하다	**желдет-** 젤뎉 환기 시키다
жандыр- 잔드르 켜다, 살아나게 하다.	**жөнөт-** 죄뇔 보내다, 파견 시키다
жарат- 자랕 창조하다	**жеткир-** 제트키르 마중하다, 보내 주다
жараштыр- 자라쉬트르 화해 시키다	**жеңилдет-** 젱일뎉 가벼워지게 하다, 경감시키다
жардыр- 자르드르 폭발 시키다	**жогот-** 조곹 잃다

жаткыр- 작뜨르 눕히다, 입원시키다 (* 병원에)	**жолуктур-** 졸룩투르 만나게 하다
жашыр- 자셔르 숨기다	**жумшарт-** 줌샤르트 부드럽게 하다, 연하게 하다
жаңыр- 장으르 메아리 치다, 울리다	**жүдөт-** 쥐될 피곤하게 하다, 따분하게 하다
жаңырт- 장으르트 새롭게 하다	**жылдыр-** 즐드르 옮기게 하다, 이동시키다
желбирет- 젤비렡 휘날리게 하다, 펄럭이게 하다	**жырт-** 즈르트 째다, 찢다
иштет- 이쉬텥 일을 시키다	**канааттандыр-** 카낱-딴드르 만족시키다, 충족시키다
каздыр- 카즈드르 파게 하다	**капалант-** 카빨란트 마음이 상하게 하다, 슬프게 하다
кайгыр- 카이그르 걱정하다, 슬퍼하다	**караштыр-** 카라쉬트르 조사하다, 알아보다

кайгырт- 카이그릍 괴롭히다, 슬프게 하다	**каткыр-** 캍크르 크게 웃다, 실컷 웃다
кайраштыр- 카이라쉬트르 격려하다, 자극하다	**каңгыр-** 캉그르 방랑하다, 헤매다
кайт- 카잍 돌아오다, 취소하다	**кезиктир-** 게직티르 마주치게 하다, 만나게 하다
кайыштыр- 카이으쉬트르 협력하게 하다, 공동으로 일하게 하다	**кекет-** 케겓 잔소리하다, 나무라다
какыр- 카크르 뱉다, 토해내다	**келиштир-** 겔리쉬티르 조정하다, 맞추다
калтыр- 캍트르 남기다, 버리다, 연기하다	**келтир-** 겔티르 하게 하다, 일으키다 (* ~을)
калыптандыр- 칼틉탄드르 형성하다, 조직하다	**кемсинт-** 켐신트 경멸하다, 멸시하다, 무시하다
көндүр- 괸뒤르 적응시키다, 익숙하게 하다	**кыйкыр-** 크이크르 소리치다, 외치다

көрсөт- 괴르쇹 보여주다	кыйрат- 크이랕 파괴시키다, 파멸시키다
кетир- 게티르 1)저지르다, 범하다, 2)떠나게 하다	кылдыр- 클드르 하게 하다 (* ~을)
козут- 코줕 자극하다, 선동하다	муздат- 무즈닽 차게 하다
кондур- 콘두르 1)착륙시키다 2)숙박시키다	муунт- 문-트 질식(사)시키다
коркут- 코르쿹 무서워하게 하다, 협박하다	ныгыр- 느그르 밀어 넣다, 쑤셔 넣다
кулат- 쿨랕 넘어 뜨리다, 물러나게 하다	ойгот- 오이곹 깨우다
күбөлөндүр- 귀뵐뢴뒤르 간증하다, 경험을 말하다	ойлонуштур- 오이로누쉬투르 생각하게 하다
күчөт- 퀴쵤 강하게 하다, 강화시키다	ойнот- 오이놑 놀게 하다

кызыктыр- 크즉트르 흥미를 일으키게 하다	окут- 오쿹 가르치다
орнот- 오르놑 설치하다, 임하다, 세우다	сураштыр- 수라쉬트르 묻게 하다, 문의하게 하다
орундат- 오룬닫 이루게 하다, 성취 시키다	сүрт- 쉬륕 문지르다, 닦다, 훔치다 (*걸레를)
оңойлот- 옹오이롵 쉽게 하다	сындыр- 슨드르 부수다, 깨뜨리다
салыштыр- 살르쉬트르 비교하다, 대조하다	тааныштыр- 타-느쉬트르 소개하다
сапыр- 사쁘르 흔들다	тажат- 타잩 따분하게 하다, 지루하게 하다
семирт- 세미릍 살찌게 하다	такылдат- 타클닽 두드리다
сергит- 세르긭 상쾌하게 하다	тапшыр- 탑셔르 1) 맡기다 2) 부여하다

создуктур- 소즈둑투르 오래 끌게 하다, 연장하게 하다	**тарат-** 타랕 1)해산시키다 2)전하다
соолуктур- 솔-룩투르 침착하게 하다	**тармалдат-** 타르말닿 꼬다, 꼬이게 하다
соорот- 소-롣 위로하다	**таң калтыр-** 탕 캍트르 놀라게 하다
тездет- 테즈뎉 서두르게 하다, 빠르게 하다	**тыкылдат-** 트클닿 두드리다
төмөндөт- 퇴왼됕 낮추다, 내리다	**узарт-** 우자릍 늘이다, 연장하다
териштир- 테리쉬티르 문의하다	**узат-** 우잩 배웅하다, 마중하다
төңкөр- 됭쾨르 뒤집어 엎다	**уйкаштыр-** 우이카쉬트르 조화시키다, 일치시키다
тирилт- 티릴티 부활시키다	**улант-** 울란트 계속하게 하다

тоголот- 토골롵 굴리게 하다	улаштыр- 울라쉬트르 묶게 하다, 매게 하다
толтур- 톨투르 가득하게 하다	унут- 우눝 잊다, 망각하다
томсорт- 톰소릍 좌절시키다, 실망시키다	урат- 우랕 파괴하다, 때려부수다
туудур- 투-두르 일으키다, 원인이 되게 하다	уюмдаштыр- 우윰다쉬트르 설립(조직, 창립)하다
түшүндүр- 뒤쉰뒤르 설명하다, 이해시키다	уюштур- 우유쉬투르 준비하다, 조직하다
чагылдыр- 차글드르 (반영, 반사, 표현) 하다	үмүттөндүр- 위뮡퇸뒤르 소망하게 하다, 기대하게 하다
чакыр- 차크르 부르다, 초청하다	ылайыкташтыр- 을라이윽타쉬트르 적응시키다, 적합하게 하다
чаңыр- 창으르 날카로운 소리를 내다	ынандыр- 으난드르 믿게 하다, 설득시키다

чөмүлдүр- 최뮐뒤르 물에 잠그다, 침례를 주다	**ышкыр-** 으쉬크르 휘파람을 불다
четтет- 쳍텥 무시하다, 소외 시키다	**элдештир-** 엘데쉬티르 화해시키다
чимкир- 침키르 코를 풀다	**эптештир-** 엡테쉬티르 화해시키다, 통합시키다
шыктандыр- 셕탄드르 감흥(도전, 격려)을 주게 하다	**эриктир-** 에릭티르 싫증나게 하다, 따분하게 하다
шыпыр- 셔쁘르 쓸다	**эскир-** 에스키르 닳게 하다, 낡게 하다

iv. Тактооч
(부사)

1. 시간을 나타내는 말
(Мезгилди билдирген сөздөр)

адегенде 아데겐데 처음에, 가장 먼저, 처음으로	**акырына чейин** 아크르나 체인 마지막까지
азыр 아즈르 현재, 지금	**акырында** 아크른다 최종적으로, 마침내, 마지막으로
азырынча 아즈른차 지금은, 지금으로는, 당분간	**алгачкы жолу** 알가츠크 졸루 첫 번째로
ай сайын 아이 사이은 매월	**алдын ала** 알든 알라 사전에, 미리, 먼저
айрым учурда 아이름 우추르다 때때로, 이따금(씩), 가끔(씩)	**али** 알리 아직(도)
акыр-аягында 아크르 아야근다 마직막에, 최후로, 최후에(는)	**анан** 아난 후에, 다음에

акыркы күндөрүндө 아크르끄 퀀되륀되 작금에, 최근에	**андан бери** 안단 베리 그 때부터, 그 후로
акыры 아크르 결국, 마지막으로, 마지막에	**анда-санда** 안다 산다 가끔, 이따금, 때때로, 종종
ар дайым 아르 다이음 언제나, 늘, 항상	**өгүнү** 외귀뉘 얼마 전에, 최근에
ар качан 아르 가찬 항상, 언제나, 늘	**өткөндө** 외트퀀되 과거에, 지나서(*시간적으로)
ар күнү 아르 퀴뉘 매일	**жакын арада** 자큰 아라다 속히, 곧, 머지않아, 최근에
баарынан мурда 바-르난 무르다 무엇보다(도), 가장 먼저	**жакынкы күндөрүндө** 자큰크 퀀되륀되 최근에
бара-бара 바라 바라 점차, 차차	**жанараак** 자나락- 이제 막, 방금
баятан бери 바야탄 베리 오랫동안, 오래 전부터	**жуук** 죽- 무렵에(*가을 무렵에)

бери 베리 1) 이쪽(으로), 가까이(*~보다 -) 2) 이후로	**жыл сайын** 즐 사이은 매년, 해마다
бир паста 비르 빠스타 순식간에, 깜짝할 사이에	**илгери** 일게리 오래 전에, 옛날에
дайым(а) 다이으마 항상, 늘	**илгеритен** 일게리텐 옛날부터
дароо эле 다로- 엘레 바로, 곧, 즉시	**качан** 가찬 언제
качанга чейин 가찬가 체인 언제까지	**күн сайын** 퀀 사이은 날마다, 매일
качантан бери 가찬탄 베리 언제부터	**кээде / кээ(де)-кээде** 게-데 게-데 게-데 때때로, 가끔, 드물게
көпкө (чейин) 쿕쾨 체인 오랫동안	**мөөнөтсүз** 뫼-뇔쉬즈 무기한으로
көптөн бери 쿕퇸 베리 오래 전부터	**мурда** 무르다 전에, 이전에

кеч 게츠 늦게	мурдагы 무르다그 전의, 전에 있었던
кечирээк 게치렉- 늦게, 나중에	мурдагыдай 무르다그다이 예전과 같이, 예전대로, 이전대로
кечке жуук 게츠케 죽- 해질 무렵에, 저녁 쯤에	мурдараак 무르다락- 보다 일찍, 더 일찍
кийинки 기이인키 뒤에, 다음에, 이후에	мурдатан (бери) 무르다탄 베리 오래 전부터, 훨씬 전에, 옛날부터
кийинчирээк 기이인치렉- 더 나중에, 더 있다가	мурун 무룬 이전에, 전에
кокустан / кокусунан 코꾸스탄 코꾸수난 우연히, 뜻밖에	мурунку заманда 무룬꾸 자만다 옛날에는, 이전 시대에(는)
мурункудай 무룬꾸다이 전처럼, 이전처럼, 이전대로	тезирээк 테지렉- 더 빠르게, 더 빨리
мындан ар 믄단 아르 이제부터(는), 지금부터(는)	токтоосуз 톡토-수즈 1) 지체 없이, 즉시 2) 끊임없이

мындан кийин 믄단 기이인 지금부터(는), 이후에, 앞으로	**түбөлүк** 튀뵐뤽 영원히
мындан мурда 믄단 무르다 이전에	**тынбай** 튼바이 꾸준히, 끊임없이
ошол заматта 오숄 자맡따 그 순간에	**улам** 울람 계속, 계속적으로, 끊임없이
ошондон бери 오숀돈 베리 그 이후로	**уламдан улам** 울람단 울람 더욱더, 점점
соң 송 뒤에(*시간적으로), 다음에, 후에	**ушул учурда** 우슐 우추르다 이 때에
табары менен 타바르 메넨 찾거든, 찾는 즉시	**чукул арада** 추쿨 아라다 가까운 시간에, 이제 곧
тез арада 테즈 아라다 빨리, 즉시, 빠르게, 바로, 신속히	**шыр** 셔르 빨리, 바로, 즉시
тезинен 테지넨 빨리, 빠르게	**эми** 에미 지금, 방금

эмки 엠키 다음에	**эртелеп** 에르테렙 서둘러서 빨리
эрте 에르테 일찍	**эртерээк** 에르테렉 더 일찍, 보다 일찍

2. 장소를 나타내는 말
(Орунду билдирген сөздөр)

айланасында 아이라나슨다 주변에, 주위에	**аркасынан** 아르카스난 뒤로부터, 뒤쪽에서
ал жакка 알 작카 거기에, 그곳에	**артка** 아를카 뒤로
алга 알가 전방으로, 앞으로	**ары** 아르 더 앞으로, 저쪽에, 더 멀리
алдында 알든다 앞에(*~의 -)	**ары жак** 아르 작 저쪽
анда 안다 1) 그기에, 그곳에 2) 그러면, 그렇다면	**ары-бери** 아르 베리 이리 저리(로), 이쪽 저쪽(으로)
анын үстүнө 아는 위스튄되 더하여, (*~에 -), 그 위에	**бери** 베리 1) 이쪽(으로), 가까이(*~보다 -) 2) 이후로
ар жерде 아르 제르데 곳곳마다, 어느 곳이든	**бул жерде** 불 제르데 여기에

ар тараптан 아르 타랍탄 모든 방면(영역, 관점)에서	өйдө 외이되 위에, 위쪽에
өйдөрөөк 외이되뢱- 더 높이, 더 높은 곳에	каякта 카약타 어디에
жанында 자는다 옆에, 곁에, 가까이	көзүнчө 괴쥔쵀 눈앞에서, 바로 앞에서
ар бир жерлерде 아르 비르 제르레르데 어디에나, 모든 곳에	мына 므나 여기에(*여기에 있어요)
жогоруда 조구루다 위에, 위쪽에	тегеректе 테게렉테 주변에, 근처에, 주위에
кайда 카이다 어디에	төмөн 퇴뢴 아래(에)
кайдан 카이단 어디에서	тушунда 투슌다 뒤(쪽)에
Кайсы жакка 카이스 작카 어디로, 어디에	ушул жерде 우슐 제르데 여기에, 이곳에

3. 수량을 나타내는 말
   (Сан-өлчөмдү билдирген сөздөр)

абдан 아브단 아주, 몹시, 매우, 대단히	**анчалык** 안찰륵 그 정도(는), 그만큼(은)
аз 아즈 조금, 적게	**аябай** 아야바이 아주, 매우
аз-аздан 아즈 아즈단 조금씩	**аябастан** 아야바스탄 아낌없이, 아끼지 않고
аздыр-көптүр 아즈드르 쾁뛰르 약간, 다소간, 얼마간	**бөксө** 뵉쇠 더 적게, 약간
аз-маз 아즈 마즈 조금, 적게	**берешендик менен** 베레쉰듹 에넨 후히, 후하게
азыраак 아즈락- 보다 적게, 더 적게	**беш бетер** 베쉬 베테르 더욱더, 더 크게, 더 심하게
алгачкы жолу 알가츠크 졸루 첫 번째로	**бир жолу** 비르 졸루 한 차례, 한 번

андан башка 안단 바쉬카 그 밖에, 그 외에	**бирден бирден** 비르덴 비르덴 하나씩, 한 사람씩
бүт бойдон 뷜 보이돈 전부, 전체, 완전히	**лыкый** 르크이 많이
жапырт 자쁘를 다 함께, 전부	**мынча** 믄차 이 만큼, 이 정도, 이렇게
бар 바르 있다	**ого** 오고 더(욱) 크게, 더(욱) 많이
жок 족 없다	**ого бетер** 오고 베테르 더욱더, 더 심하게, 더 강하게
кайра 카이라 다시	**чамалуу** 차말루 대략, 대강, 얼추
кайрадан 카이라단 다시, 다시 한번	**канчалык** 칸찰특 매우, 무척, 그처럼
кайра-кайра 카이라 카이라 몇 번이고, 다시, 되풀이해서	**көп** 괩 1) 많이 2) 종종, 자주

4. 상태, 성질을 나타내는 말
(Сын-сыпатты билдирген сөздөр)

адатынча 아닫튼차 습관적으로, 일반적으로	**али** 알리 아직(도)
айласыздан 아일라스즈단 마지못해, 어쩔 수 없이, 부득이	**андай** 안다이 그와같이, 그렇게
айрыкча 아이륵차 각별히, 특별히, 특히	**андан башка** 안단 바쉬카 그 밖에, 그 외에
айткандай 아이트칸다이 말했던 것처럼(같이)	**ар бир** 아르 비르 각자(가), 모든
айтор 아이토르 한 마디로 말해서, 결국, 요컨대	**араң** 아랑 간신히, 겨우
акырын 아크른 1) 느리게, 천천히 2) 조용히	**аргасыз менен** 아르가스즈 메넨 어찌할 도리 없이, 억지로
ал тургай 알 투르가이 더욱이, 게다가, 벌써, 이미	**арзаныраак** 아르잔으락- 보다 싸게, 더 싸게

алдыртан 알드르탄 비밀로, 몰래	**арине** 아리네 확실히, 물론
аста-аста 아스타 아스타 1) 점차, 차차 2) 매우 천천히	**биргелешип** 비르게레쉽 같이, 함께
атайын 아타이은 특별히, 일부러, 목적을 가지고	**биротоло** 비로톨로 전부, 완전히
баары бир 바-르 비르 1) 모두 똑같이 2) 결국(에는)	**буюрса / Кудай буюрса** 부유르사 쿠다이 부유르사 하나님의 뜻이 그렇다면
бара-бара 바라 바라 점차, 차차	**дал** 달 틀림없이, 정확히, 꼭
баракат 바라캍 침착하게, 온화하게	**деги** 데기 정확하게, 틀림없이, 바로, 꼭
башкача 바쉬카차 다르게, 다른 식(방법)으로	**деги эле** 데기 엘레 실로, 실은, 무릇, 참으로
бөтөнчө 뵈퇸최 1) 다른 방법으로 2) 완전히 다르게	**дээрлик** 데-를릭 거의, 대체로

бетме-бет 베트메 벹 마주 대하여, 정면으로	**өз ара** 외즈 아라 서로
бир паста 비르 빠스타 순식간에, 깜짝할 사이에	**өз ыктыяры менен** 외즈 윽뜨야르 메넨 기꺼이, 자진해서, 자원해서
бир гана 비르 가나 오직	**өзгөчө** 외즈괴최 각별히, 특히, 특별히
өзүнчө 외쥔최 스스로, 개인적으로, 독립적으로	**жөн эле** 죈 엘레 그냥, 단순히
жай 자이 천천히	**жөндөн жөн эле** 죈된 죈 엘레 특별한 이유 없이
жайма-жай 자이마 자이 매우 천천히	**жеңил** 졩일 1) 쉽게, 용이하게 2) 가볍게
жалаң 쟐랑 완전히, 오로지	**жогору** 조고루 높이
жалаң эле 쟐랑 엘레 오직, 단지	**жумуштап** 주무쉬땁 볼일이 있어서, 업무상으로

жан дили менен 잔 딜리 메넨 전심으로, 열심으로	жылуу 즐루- 따뜻이, 따뜻하게
жашыруун 자스툰- 몰래, 비밀히, 은밀히	жыңайлак 증아이락 맨발로
жашырын түрдө 자스른 튀르되 몰래, 은밀히, 은밀하게, 비밀로	зордо 조르도 억지로, 강제적으로, 강제로
жаңы 장으 새로, 새롭게	имиш 이미쉬 소문에 의하면
жөө 죄- 도보로, 걸어서	иш жүзүндө 이쉬 쥐쥔되 실제적으로, 실제로
кайраттуулук менен 카이랍뚜-룩 메넨 담대하게, 힘있게	кур дегенде 쿠르 데겐데 하여간, 어쨌든
капыстан / капысынан 카쁘스탄 카쁘스난 예기치 않게, 우연히, 뜻밖에	кызганычы менен 크즈가느츠 메넨 열심히, 질투함으로
көбүнчө 괴뷘최 주로, 대부분, 대개	кыйла 크일라 거의, 대체로

кесе 케세 단호히, 단호하게	**кылдаттык менен** 클달뜩 메넨 능숙하게, 노련하게
кескин 케스킨 날카롭게	**кыска айтканда** 크스카 아이트칸다 간단히 말하(자)면
кеңири 켕이리 널리	**кыскартып айтканда** 크스카르틉 아이트칸다 요약해서 말하(자)면, 줄여서 말하(자)면
кокустан / кокусунан 코꾸스탄 코꾸수난 우연히, 뜻밖에	**кыскача** 크스카차 짧게, 간략하게
колдон келишинче 콜돈 겔리쉰체 가능한 한, 할 수 있는 한	**кыскача айтканда** 크스카차 아이트칸다 짧게 말하(자)면
кошо 코쇼 같이, 둘 다	**кысталыш** 크스탈르쉬 부자연스럽게
коңултак 콩울탁 맨발로	**кыяз** 크야즈 분명히, 분명하게, 명백히
маселен 마셀렌 예를 들면, 예를 들어서	**обочо** 오보초 얼마간 떨어져서

мөөнөтсүз 뫼-뇔쉬즈 무기한으로	ордуна 오르두나 대신에, 자리에
менимче 메님체 나의 생각으로는, 내 생각에는	ошентип 오쎈팁 그렇게
милдеттүү түрдө 밀뎉뛰-　　튀르되 의무적으로	ошондой 오숀도이 그와 같이
мындай 믄다이 이와 같이, 이렇게	саал 살- 약간(*정도가 약한)
мындан тышкары 믄단　　트쉬카르 이(것) 외에	табигый түрүндө 타비그이　튀륀되 자연스럽게
нак 낙 바로(*바로 그 사람), 꼭, 틀림없이	тайманбастан 타이만바스탄 용감히, 대담하게, 용감하게
накта 낙타 완벽하게, 완전히	так 탁 정밀하게, 정확히, 정확하게
негедир / эмнегедир 네게디르　　엠네게디르 어떤 이유로, 무슨 이유로	такай 타카이 1)친밀히, 가깝게 2)변함없이, 끊임없이

негизинде / негизинен 네기진데 네기지넨 기본으로 해서, 기초로 해서	**такыр** 타크르 전혀, 완전히
таптакыр 탑타크르 전혀(*아주 강한 의미로), 철저히, 완전히	**туура** 투-라 곧장, 똑바로
тез 테즈 급히	**түгөл** 튀굍 충분히, 완전히
тезинен 테지넨 빨리, 빠르게	**түркөй** 튀르쾨이 무식하게, 억지로
тезирээк 테지렉- 더 빠르게, 더 빨리	**тымызын** 트므즌 남몰래, 은밀히, 비밀로
тескерисинче 테스케리신체 반대로	**тышкары** 트쉬카르 그 밖에, 이외에
тигинтип 티긴팁 저렇게	**удаа** 우다- 계속하여, 연달아, 잇따라
тик 틱 똑바로	**удаасы менен** 우다-스 메넨 연속하여, 연속적으로

тилекке каршы 틸렉케 카르쓰 유감스럽게도, 공교롭게도	узак 우작 멀리
токтоосуз 똑토-수즈 1) 지체 없이, 즉시 2) 끊임없이	улам 울람 계속, 계속적으로, 끊임없이
толук 툴룩 전부, 완벽하게, 완전히	уламдан улам 울람단 울람 더욱더, 점점
чечкиндүүлүк менен 체츠킨뒤-뤽 메넨 단호하게	чымырабай 츠므라바이 가차 없이
улунуп-жулунуп 울루눕 줄루눕 미친 듯이 날뛰어	чын жүрөк менен 츤 쥐뢱 메넨 진심으로
ушул сыяктуу 우슐 스야뚜 이와 같이	чын көңүлдөн 츤 평윌된 진심으로, 진정으로
ушундай 우슌다이 이(와) 같이	чын эле 츤 엘레 정말로, 참으로
чала 찰라 서투르게, 변변치 않게	чындап (эле) 츤답 엘레 정말로, 진실로, 참으로

чанда 찬다 드물게	**шыдыр** 셔드르 쾌히, 거침없이, 망설임 없이
чыны менен 츠느 메넨 진지하게, 진실하게, 진심으로	**үзгүлтүксүз** 위즈귈뤽쉬즈 중단 없이, 끊임 없이
чогуу 초구- 함께, 같이	**үнсүз** 윈쉬즈 잠자코, 조용히
чорт 초롵 퉁명스럽게, 무례하게	**үстүртөн** 위스튀뵨 외면적으로, 피상적으로
чоңураак 총우락- 크게	**ылайык** 을라이윽 적당하게, 알맞게
ылдам 을담 빨리, 빠르게	**эптеп-septep** 엡텝 셉텝 겨우, 간신히, 가까스로
эптеп 엡텝 어떻게든지 하여, 어떻게든	**эрте** 에르테 일찍
ыраак 으락- 멀리, 아득히	**эртелеп** 에르테렙 서둘러서 빨리

ыраттуу 으랕-뚜 균형 있게, 바르게	эч кандай 에츠 칸다이 그 어떤 것도
ырас 으라스 실제로는, 사실은	эч качан 에츠 가찬 결코(절대로) ~ 하지 않다
элек 엘렉 아직(*~ 않다)	эң кеминде 엥 케민데 최소한
эч 에츠 결코(전혀, 조금도) ~ 않다	

V. Кызматчы сөздөр
(기능어 - 접속사, 관계사, 전치사)

1. 접속사, 관계사, 전치사
(Жандооч жана байламталар)

абдан 아브단 아주, 매우, 대단히, 무척	**антсе да** 안트세 다 그렇게 해도, 그렇지만
ал тургай 아 투르가이 (그) 뿐만 아니라, 또한 ~ 도	**аркылуу** 아르클루 ~ 을 통해서, ~ 을 통하여
ал эми 알 에미 그러나, 그리고, 지금은	**атүгүл, түгүл** 아튀귈 튀귈 ~ 뿐만 아니라, 오히려 ~ 도
албетте 알벹떼 당연히, 물론, 틀림없이	**аябай** 아야바이 아주, 매우, 엄청
андан ары 안단 아르 그 이후로, 거기에서 더 (나아 가서)	**балким** 발킴 혹시, 아마(도), 어쩌면
андыктан 안득탄 그런 까닭에, 따라서, 그 결과(로서)	**башка** 바쉬카 다른, 이외의, ~ 외에 다른 것은

анткени 안트케니 왜냐하면 ~ (때문이다), 그 때문에	**бейм** 베임 ~ 인(한) 것 같다, 표면적으로는
анткени менен 안트케니 메넨 그 반대로, 그에 반하여	**белем** 벨렘 ~ 인(한) 것 같다
бери 베리 1) 그 이후로 (지금까지), ~ 동안 2) 어떤 지점보다 못 미친	**го** 고 ~ (인 것을) 아니, ~ 인(한) 것 같다
бетер 베테르 보다 많은(큰), 보다 좋은	**да** 다 ~ 도, ~ 도 또한
бирок 비록 그러나	**дагы** 다그 다시, 아직도, 또
бойдон 보이돈 ~ 한 상태로, ~ (한) 대로	**деги** 데기 정확하게, 그러면, 그렇다면
бойлоп 보일롭 ~ 을 지나서, ~ 을 따라, ~ 을 끼고	**деги эле, дегеле** 데기 엘레 데겔레 사실, 실제(로는)
болбосо 볼보소 ~ 않다면, 그렇지 않으면	**дейре** 데이레 ~ 까지

болжолу 볼졸루 대략	**деле** 델레 ~ 도, ~ 해도, ~ 되도
бою 보유 ~ 하는 동안 죽, ~ 의 전체에 걸쳐서	**дурус** 두루스 정당한, 옳은, 훌륭한
боюнча 보윤차 (~ 하는) 대로, ~ 에 따라(서), ~의 (전체)에서	**өтө** 외뙤 아주, 매우, 대단히, 몹시
гана 가나 ~ 밖에, ~ 뿐, ~ 만	**өндүү** 윙뒤- ~ 와 같은, ~ 와 같이
өңчөй 윙최이 모두 같은, 완전히 같은	**карап** 카랍 ~ 을 보고
жана 자나 그리고	**карата** 카라타 ~ 을 향한, ~ 에 대한
жараша 자라샤 ~ 에. 따라(서), ~에 맞게	**көздөй** 피즈되이 ~ 을 향하여
же 제 또는, 혹은	**керек** 케렉 필요하다, ~을 해야(만) 한다

же болбосо 제 볼보소 그것도(이) 아니라면	кийин 기이인 ~ 후에, ~ 다음에
жөнүндө 죄뉜되 ~ 에 관하여, ~ 에 대하여	кыскасы 크스카스 한마디로, 짧게
жуук 죽- ~ 쯤에, ~ 무렵에	кыскача 크스카차 짧게, 간략하게
имиш 이미쉬 소문에 의하면	мейли 메일리 여하간에, 좋아
караганда 카라간다 ~ 보다(는), ~ 와 비교해서	менен 메넨 ~ 와 함께, ~ 와 같이, ~와
карай 카라이 ~ 을 향하여, ~ 쪽으로	мисалы, маселен 미살르 마셀렌 예를 들면
мурун 무룬 전에, 이전에	ошол(ошон) үчүн 오숄 오숀 위췬 그것을 위해서, 그래서
мүмкүн 뮴퀸 아마(도), 어쩌면	ошондо да 오숀도 다 아무리 ~ 할지라도(~ 해도), 그래도

мындан ары 믄단 아르 이제부터, ~ 이후로, 이보다 더	**ошондой болсо да** 오숀도이 볼소 다 그럼에도 불구하고, 그런데
нары 나르 어떤 지점보다 더 멀리(먼)	**ошондуктан** 오숀둑탄 그렇기 때문에, 그래서
негедир 네게디르 어떤 이유로(이유에서)	**ошонун натыйжасында** 오쇼눈 나트이자슨다 그것의 결과로 (인해)
окшойт 옥쇼잍 ~ 와 같이 보이다, ~ 인 것으로 생각되다	**сайын** 사이은 ~ 할 때 마다
ошенткени менен 오쉰트케니 메넨 그렇지만	**себеби** 세베비 (~ 와 같은) 이유로
ошентсе да 오쉰트세 다 그렇게 할 지라도	**сөзсүз** 쇠스쉬스 반듯이, 꼭, 확실히
ошол себептен 오숄 세벱텐 그러므로, 그런 이유 때문에	**соң** 송 ~ 뒤에, ~ 후에, (~라고) 하니, (~ 하고) 나서
ошол себептүү 오숄 세벱뛰 그러므로, 그래서, 그와 같은 이유로	**сымак** 스막 ~ 처럼, 마치 ~ 처럼

сыягы 스야그 똑같이, 비슷하여	үчүн 위췬 ~ 을 위해서, ~ 을 위하여
сыяктуу 스약뚜- ~ 와 같은, ~ 와 같아	ыктымал 윽트말- 아마도, 어쩌면, 가능한
тийиш 티이쉬 ~ 에 해당하다, 필요하다	ырас 으라스 1) 사실(은), 실제로는 2) 정말로
тууралуу 투-랄루- ~ 에 관하여, ~ 에 대하여	ыя 으야 뭐, 어, 야
тышкары 트쉬카르 ~ 외에, 그밖에	эгер 에게르 만일(만약) ~ 라면
чамасы 차마스 대략 ~ 쯤	эгерде 에게르데 만약에(만약에) ~ 라면
чейин 체인 ~ 까지	эле 엘레 ~ (에)만, 조차(도), ~ 뿐
чындыгында 츤드근다 진실로, 진짜	эмне үчүн 엠네 위췬 왜, 무엇을 위해서

шексиз 쉭시즈 의심 없이, 참으로, 정말	**эч** 에츠 조금도 ~ 않다(없다), 결코 ~ 않다, 전혀
эң 엥 가장, 제일	**ээ** 에- 참, 야, 자

«Из-Басма» басма үйүндө басылды
Бишкек ш., Интергельпо көч., 1а
тел.: +996 (312) 640 587